权威·前沿·原创

皮书系列为
"十二五""十三五""十四五"时期国家重点出版物出版专项规划项目

BLUE BOOK

智 库 成 果 出 版 与 传 播 平 台

中国社会科学院创新工程学术出版资助项目

金融监管蓝皮书
BLUE BOOK OF FINANCIAL REGULATION

中国金融监管报告（2023）

ANNUAL REPORT ON CHINA'S FINANCIAL SUPERVISION AND REGULATION(2023)

主　编／胡　滨

副主编／郑联盛　尹振涛

社会科学文献出版社
SOCIAL SCIENCES ACADEMIC PRESS (CHINA)

图书在版编目（CIP）数据

中国金融监管报告 . 2023 / 胡滨主编；郑联盛，尹
振涛副主编 . --北京：社会科学文献出版社，2023.5
（金融监管蓝皮书）
ISBN 978-7-5228-1778-1

Ⅰ.①中⋯　Ⅱ.①胡⋯ ②郑⋯ ③尹⋯　Ⅲ.①金融监
管-研究报告-中国-2023　Ⅳ.①F832.1

中国国家版本馆 CIP 数据核字（2023）第 076266 号

金融监管蓝皮书

中国金融监管报告（2023）

主　　编 / 胡　滨
副 主 编 / 郑联盛　尹振涛

出 版 人 / 王利民
组稿编辑 / 周　丽
责任编辑 / 张丽丽
责任印制 / 王京美

出　　版 / 社会科学文献出版社·城市和绿色发展分社(010)59367143
　　　　　　地址：北京市北三环中路甲 29 号院华龙大厦　邮编：100029
　　　　　　网址：www. ssap. com. cn
发　　行 / 社会科学文献出版社（010）59367028
印　　装 / 三河市东方印刷有限公司

规　　格 / 开　本：787mm×1092mm　1/16
　　　　　　印　张：19　字　数：282 千字
版　　次 / 2023 年 5 月第 1 版　2023 年 5 月第 1 次印刷
书　　号 / ISBN 978-7-5228-1778-1
定　　价 / 128.00 元

读者服务电话：4008918866

主要编撰者简介

胡　滨　法学博士，金融学博士后，研究员，博士生导师。现任中国社会科学院金融研究所党委书记、副所长，国家金融与发展实验室副理事长。先后主持国家社会科学基金重点课题、中国社会科学院重大课题等40多项；撰写多篇要报获党和国家领导人批示；主编《中国金融监管报告》（11部）；在《经济研究》《法学研究》等刊物发表学术论文100余篇；出版英文专著2部、译著1部。先后获得中央国家机关青年创新奖，中国社会科学院优秀对策信息奖对策研究类一等奖、二等奖和三等奖，优秀皮书奖一等奖，金融研究所优秀科研成果奖，并被授予中国社会科学院优秀青年等荣誉称号。2014年入选国家百千万人才工程并被授予有突出贡献中青年专家，享受国务院政府特殊津贴。主要研究领域为金融监管、金融风险、金融科技及普惠金融等。

郑联盛　经济学博士，研究员。现任中国社会科学院金融研究所金融风险与金融监管研究室主任，国家金融与发展实验室金融法律与金融监管研究基地主任。曾任职于上海飞机研究所、财政部亚太财经与发展中心、中信建投证券研究部和广发基金。主持国家社会科学基金青年项目等课题十余项，曾参与国家社会科学基金、自然科学基金重大项目等各类课题40余项，出版专著5部，在《世界经济》《财贸经济》《经济学动态》《数量经济技术经济研究》等发表学术文章100余篇，在《人民日报》《经济日报》等发表评论150余篇。主要研究领域为宏观经济、宏观审慎、金融风险和金融监管等。

尹振涛 经济学博士，研究员。现任中国社会科学院金融研究所金融科技研究室主任，兼任国家金融与发展实验室金融法律与金融监管研究基地秘书长。在《管理世界》《经济学（季刊）》《南开管理评论》《政治学研究》等核心期刊发表学术论文50余篇。出版学术专著3部、译著1部，主编著作多部，主持和参与多项省部级及国家社会科学基金项目。2014年荣获"中国青年经济学人"荣誉称号，2016年荣获第九届中国社会科学院优秀科研成果三等奖，2018年荣获中国社会科学院优秀对策信息奖对策研究类一等奖等。主要研究领域为金融监管、金融风险和金融科技等。

摘　要

　　面对复杂严峻的国际形势和需求收缩、供给冲击、预期转弱"三重压力"的考验，中国金融监管机构在稳增长和防风险的同时，进一步推动中国金融监管改革与创新。党的二十大报告指出，加强和完善现代金融监管，强化金融稳定保障体系。对于问题金融机构的处置是维护金融稳定、保障金融业高质量发展的关键步骤之一。在当前和未来一段时间内，健全金融风险处置和问题金融机构处置机制，提高风险处置的可操作性和有效性，是完善我国金融监管体系的重点之一。

　　回顾 2022 年，我国银行业监管工作紧紧围绕化险、改革、发展三大任务，稳妥有序化解房地产、中小金融机构风险，持续完善监管制度体系；证券业监管改革纵深推进，深化注册制改革，持续推进发行、交易、退市、信息披露等重点领域的基础制度建设，中国特色现代资本市场建设进程加快；保险业监管工作围绕完善财产保险、养老保险等经营规范，加强消费者权益保护工作，强化银行保险机构关联交易管理等；信托业监管基调从严监管转向稳健，但风险隐患与监管应对压力仍然突出；外汇管理工作有效防范化解了外部冲击风险，外汇储备经营管理力度加大，实现外汇储备规模总体稳定。

　　展望 2023 年，应持续防范化解金融风险，健全金融风险处置机制，完善现代金融监管体系，加大金融服务实体经济的力度，深化金融高水平对外开放，做好重点领域风险防范化解工作，特别是中小银行化险、地方政府债务管理、地方金融监管体制改革、农村信用社改革与监管、企业集团财务公司管理和气候风险及监管等领域，进一步统筹发展与安全。

　　关键词：　金融监管　问题金融机构　监管改革

目 录 ↖

Ⅰ 总报告

Ⅱ 分报告

Ⅲ 专题报告

皮书数据库阅读**使用指南**

总 报 告
General Reports

B.1

问题金融机构处置：理论逻辑、
国际经验与政策建议

胡 滨 范云朋*

摘 要： 对问题金融机构的处置是维护金融稳定、保障金融行业健康发展
的关键步骤之一，同时也是深化金融供给侧结构性改革、促进金
融业高质量发展的重要举措。作为金融监管体系的重要组成部分，
问题金融机构处置的总体目标主要包括维持金融体系整体稳定、
保证关键金融功能可持续性和保护利益相关者。当前美国、英国
和欧盟等发达经济体都建立了较为完备的问题金融机构风险处置
机制，从法律体系建设、风险处置主体、处置流程、处置资金来
源等多方面进行健全完善，从近年来的风险处置实践来看，也达
到了良好的效果。我国金融市场的相互联系和复杂性日益加强，问

* 胡滨，法学博士，金融学博士后，研究员，中国社会科学院金融研究所党委书记兼副所长、
国家金融与发展实验室副理事长，主要研究方向为金融风险与监管、金融科技等；范云朋，
金融学博士，中国社会科学院金融研究所金融风险与金融监管研究室助理研究员，主要研究
方向为金融风险与金融监管、绿色金融、宏观经济。

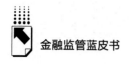

题金融机构处置难度也随之上升，规范化处置机制建设虽初步完成，但仍存在一些亟待解决的问题。基于此，未来我国应完善顶层设计，健全相关法律体系，统筹协调各部门职责分工，制定满足处置目标的最优处置策略，选择合适的处置形式，提高风险处置的可操作性和有效性，充分保障存款人权利，确保金融体系的稳健运行。

关键词： 问题金融机构　金融风险处置　金融稳定　金融监管

党的二十大报告指出，加强和完善现代金融监管，强化金融稳定保障体系。对问题金融机构的处置是维护金融稳定、完善现代金融监管体系的关键步骤之一。问题金融机构处置主要是指对那些存在重大违规问题或风险的金融机构进行整治和清理，防止其出现金融风险扩散现象并保护市场和消费者利益。问题金融机构不仅自身存在各种形式的风险，并且通过资产负债关系、支付清算、流动性乃至市场情绪而与金融体系的其他机构有着广泛而密切的联系。如果问题金融机构风险得不到及时处置，就可能会在金融市场形成连锁反应，甚至引发系统性金融风险，给金融体系和实体经济带来不可预估的影响。同时，及时处置问题金融机构，防止风险扩大，对于保护相关投资者和金融消费者的利益也至关重要。因此，问题金融机构处置已成为现代金融监管的核心内容。

在我国，随着防范化解金融风险攻坚战的有序推进，风险处置已从金融产品和业务层面逐步延伸至金融机构层面，问题金融机构的处置变得愈发重要。同时，加强金融监管和处置问题金融机构也是深化金融供给侧结构性改革、促进金融业高质量发展的重要举措。《金融稳定法》正在制定当中，出台后将为问题金融机构恢复正常经营或平稳有序退出提供有力的法律支撑。基于这一背景，本文在深入梳理问题金融机构处置概念与核心内容的基础上，对我国问题金融机构处置机制的历史沿革与存在的问题进行了分析，并结合最新国际实践，就其完善提出政策建议。

一 问题金融机构的定义与类型

问题金融机构（Problematic Financial Institution）指经营出现严重问题，若不及时采取风险处置和救助措施将发生挤兑风险或破产倒闭的金融机构，在国内也常被称为"高风险金融机构"。不过，与通常意义上的"高风险"金融机构相比，问题金融机构的特定含义体现在金融机构对监管救助或处置的需求上。基于这一思路，本文将所讨论的问题金融机构限定为，已经出现资不抵债、流动性风险、偿付性风险或未满足监管标准这几种情况中的一种或多种，运营偏离稳健状态，除非立即采取改善措施或经济援助，否则将可能面临破产、倒闭的金融机构。

鉴于商业银行在金融体系中的主导地位，国内外学者和国际组织在研究问题金融机构时大多将关注重点放在问题银行方面。根据巴塞尔银行监管委员会的报告，问题银行是指流动性或偿债能力已经受损的银行，或在财务资源、风险状况、经营模式、风险管理系统及控制、治理及管理质量等方面存在问题，导致流动性或偿债能力即将受损的银行①。商业银行一旦经营出现问题，造成的风险便会波及与其有业务往来的其他金融机构和实体企业，导致金融市场资源配置功能暂时性或部分受损，对金融体系稳定运行带来严重危害。

问题证券公司与问题保险公司在金融机构风险处置中也占据着不小的比例。问题证券公司是指根据《证券公司分类监管规定》分类评价为 D、E 类别②，且潜在风险可能超过公司可承受范围及因发生重大风险被依法采取风险处置措施的证券公司。由于证券公司与其他金融机构的业务关联性较强，同时证券操作也具有公众普及性，证券公司运营状况关系到广大投资者的利

---

① 参考巴塞尔银行监管委员会（BCBS）2015 年 7 月公布的 "Guidelines for Identifying and Dealing with Weak Banks"。

② 根据《证券公司分类监管规定》，分类评价为 A、B、C 类别的证券公司属于正常经营，为 D 和 E 类别的证券公司会受到监管限制，业务范围会受到影响。

益，对资本市场稳定和经济社会健康发展具有重要作用。问题保险公司是指由于偿付能力不足可能面临破产、倒闭的保险机构①。相比商业银行、证券公司等金融机构，保险公司发生风险时复杂性、关联性更强②。

还有一种特殊类型的问题金融机构即问题金融控股公司，它是指因风险暴露或出现严重经营违规，对金融体系乃至国民经济造成较大影响的金融控股公司或集团。在《金融控股公司监督管理试行办法》推出之前，我国在监管层面缺乏对金融控股集团和大股东控制的监管细则，导致集团内部金融风险未能得到有效控制，金融腐败和违规违纪金融活动时有发生。尤其是部分投资者通过交叉持股、虚假注资等违规手段成为金融机构的大股东，控制董事会和决策层，导致内控制度失效，造成严重的风险隐患。问题金融控股公司一旦出现危机，便会因复杂的股权关系而导致风险迅速扩散，因此必须对其加以及时的治理和处置。

二 问题金融机构处置的目标与核心要素

作为金融监管体系的重要组成部分，问题金融机构处置的目标具有多元性。IMF 和 WB 认为问题银行处置的目标主要包括三项：保障支付清算系统的正常运转、保护公众存款人的利益、维护银行的信用中介功能③。FSB 认为金融机构有效处置的目标是保护金融机构的关键功能可持续以及通过合理赔偿顺序维护股东和债权人的利益④。欧盟《银行恢复和处置指令》将处置目标归纳为五个方面：保持关键金融功能的可持续性、防止对金融系统产生

---

① 《保险法》规定："公司偿付能力严重不足的，或违反本法规定，损害社会公共利益并严重危及公司偿付能力的保险机构，国务院保险监督管理机构应对其实行接管。"
② 王静：《保险公司破产处置若干问题研究——以企业破产法修订与保险法的协调衔接为视角》，《法律适用》2022 年第 9 期。
③ IMF&WB，"An Overview of the Legal, Institutional, and Regulatory Framework for Bank Insolvency"，April 17，2009，https：//www.imf.org/~/media/Websites/IMF/imported - full - text - pdf/external/np/pp/eng/2009/_ 041709. ashx.
④ Financial Stability Board，"Key Attributes to Effective Resolution Regimes for Financial Institutions"，October，2011，https：//www.fsb.org/2011/11/r_ 111104cc/.

重大负面影响、维护公共资金安全并减少依赖、保护相关债权人和投资者权益、保护客户资金与资产。可以看到，以上文献关于问题金融机构处置的目标总体是一致的，都包含了维持金融体系整体稳定、保证关键金融功能可持续性和保护利益相关者这三大要素，主要差异在于欧盟将降低问题金融机构处置的成本也列入了目标之中。

金融稳定理事会（FSB）发布的《金融机构有效处置机制的关键要素》（Key Attributes of Effective Resolution Regimes for Financial Institutions，下文简称《关键要素》）[①] 中列出了处置问题金融机构的十二个准则，明确了问题金融机构有效处置机制的整体框架和核心特征。本文在《关键要素》的基础上，结合我国目前金融风险防范与处置的所处阶段与现实情况，提炼出处置问题金融机构应包含的六个核心要素。

（一）确保速度、透明度和可预期性

首先，问题金融机构的处置要确保快速高效。全球主要经济体均为问题金融机构的早期纠正、接管和关键处置环节设置了时限要求和触发条件。一是触发处置的启动机制要快速。快速的触发金融机构处置的启动机制有利于尽早实施金融机构的自救措施和外部救助手段，可以尽量挽回损失。这一机制应确定能够判定金融机构经营失败的明确标准和适当指标，支持启动处置决策的制定，确保金融机构在资不抵债或股东权益消耗殆尽前及时、尽早启动处置。二是处置的整个过程要高效迅速。只有以最快速度完成问题金融机构的处置工作，才能将金融风险保持在可控范围，避免持续对消费者利益造成损害，破坏金融稳定。

其次，问题金融机构处置要保证公平透明。公平透明的处置过程可以有效化解道德风险，避免对金融体系造成严重后果。一要保证金融机构的处置方式透明，以确保各类市场主体对处置信息的可获得性。处置资金的来源及筹集过程要公开透明，以防止暗箱操作、利益输送和不当交易；利益相关者

[①] https：//www.fsb.org/2011/11/r_ 111104cc/.

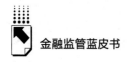

在破产程序中的排序应是透明的并且相关信息应适当披露给存款人、保单持有人及其他债权人。二要保证监管和清偿公平公正。整个处置过程的监管要公平公正，以保障金融机构股东、债权人及投资者或纳税人等各方主体的权益；对债权人的清偿要符合 FSB 提出的"避免进一步损害债权人利益"原则，明确各主体参与问题金融机构处置的损失下限，提高各主体参与风险处置的积极性。

最后，问题金融机构的处置要稳定可预期。一是问题金融机构要满足可处置标准。通过对可处置性进行评估，监管当局和金融机构可以更清楚地了解处置可能涉及的各类风险，同时确定影响处置措施有效执行的因素和条件，包括内生性因素（如金融机构结构和基本功能）、外生性因素（如处置机制和跨境合作机制）、与被处置金融机构有关的因素（如金融机构的财务指标和经营状况）以及应急准备方面的情况等①。二是问题金融机构的处置要能稳定市场预期。要运用符合市场规则的处置手段，以起到有效控制问题金融机构产生的负面影响、减少股东和债权人资金损失、保障纳税人权益的作用，进而稳定市场预期、提振市场信心、激发市场活力。

（二）持续提供金融服务

确保在金融市场中具有关键作用的系统重要性金融机构持续提供金融服务是维持金融体系稳定运行的保障。在恢复与处置过程中要保持金融机构金融服务的持续开展，特别是要维持其关键、核心业务不中断，以保证金融体系正常、稳定运行。要尽可能采取措施，确保系统重要性金融机构支付、清算、结算等功能的持续性，避免系统重要性金融机构陷入破产倒闭的境地。在不中断金融机构核心功能的前提下，保障其持续提供金融服务，可以尽可能地不影响金融体系运行和实体经济发展，不影响金融消费者的核心权益。

（三）强化金融机构自救措施，明确处置资金来源和顺序

明确问题金融机构以自救为本，金融机构应先自救纾困后再寻求外部救

---

① https：//www.fsb.org/2011/11/r_ 111104cc/.

助，这是降低金融业道德风险以及预防金融危机的重要措施。《关键要素》中提出，要建立金融机构"强制性自救"（bail-in）替代政府救助手段，瑞士、英国、巴西、新西兰、日本、德国等相继修改法律，将金融机构强制性自救纳入国内法；欧盟颁布《银行恢复和处置指令》，要求欧盟成员国将金融机构强制性自救纳入国内法①。我国审议中的《金融稳定法（草案）》也采取了相似的原则，规定问题金融机构处置过程中的资金来源和使用顺序为：被处置金融机构的主要股东和实际控制人按照恢复与处置计划或者监管承诺补充资本，对金融风险负有责任的股东、实际控制人对被处置金融机构实施救助；调动市场化资金参与被处置金融机构并购重组；存款保险基金、行业保障基金依法出资；危及区域稳定，且穷尽市场化手段、严格落实追赃挽损措施仍难以化解风险的，省级人民政府应当依法动用地方公共资源，省级财政部门对地方财政资金的使用情况进行财务监督；重大金融风险危及金融稳定的，按照规定使用金融稳定保障基金。

（四）明确损失分摊机制

损失分摊机制是问题金融机构处置中的关键要素之一，明确损失分摊机制可以有效减少纳税人损失，保障其利益，因此要明确风险处置中各方的职能定位，合理分摊处置成本。一是通过金融机构的自救机制，适当减轻政府和纳税人的损失。在行政处置中由政府和纳税人承担的金融机构破产损失，应通过自救机制转移至股东、管理层、债权人等，按照主体责任对机构破产损失进行分摊，不应只由公共利益承担。二是重点发挥存款保险公司在问题金融机构处置成本分摊机制中的角色作用。审慎合理使用存款保险基金，对个人存款和企业大额债权给予较高保障。三是灵活运用资产担保、共担损失以及给予资金支持等方式消除问题金融机构不良资产，最大限度地降低损失。四是完善各级政府金融管理体制，发挥好公共资金的兜底作用。根据风险程度、债权性质、资产缺口情况，由地方政府、问题金融机构股东、债权人及纳税人协议分摊损失。

---

① 敖希颖：《金融机构强制性自救的中国价值及法律因应》，《现代法学》2020年第4期。

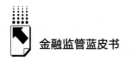

（五）有效降低处置过程中的成本

对问题金融机构的处置要采取多种方式，尽量降低处置成本。授权处置当局根据问题金融机构的风险程度采取相应纠正、尽早干预和及时处置措施，争取以最小成本达成处置目标。对较早期和较小的风险问题采取早期纠正措施；当早期纠正措施无法实现风险化解的预期目标时，应采取更严厉、更迅速的强制补救措施；当问题金融机构风险迅速恶化、资产负债表出现较大问题且难以持续经营时，应立即启动处置程序，快速采取救助措施，防止风险继续蔓延，造成更大损失。通过实施跨境合作机制，降低跨境处置成本。处置机构应能够与外国处置机构就跨境信息共享、直接对外国在本国的分支机构开展处置、协商共同制订和实施处置计划等方面达成合作协议[1]，有效降低在处置跨境机构时的通勤成本与处置成本。同时要加强各国中央银行、监管部门、处置机构和财政部门之间的信息共享，减少各部门机构间的信息搜集成本。

（六）保证市场参与主体的权益

加强对市场各参与主体的权益保护工作是金融风险防范化解的应有之义，对维护金融安全与稳定、促进金融业持续健康发展具有重要意义。第一，要保障消费者或投资者等纳税人的权益。通过问题金融机构自救措施，让损失主要由股东、管理层、无担保债权人分担，减少纳税人损失；在处置资金来源方面，设立存款保险基金和行业保障基金等，充分吸收纳税人承担的损失，进一步保障纳税人的权益。第二，债权人的损失下限应得到明确规定，即便承担相应损失，股东及债权人等的权益也应当受到一定程度的保护，避免其损失的加重。在问题金融机构处置过程中要遵循债权人清偿顺序和"避免进一步损害债权人利益"原则，如果债权人获得的赔偿比其在机

---

① 张鑫：《金融机构有效处置机制：国际准则、改革进展与启示》，《国际金融》2021 年第2 期。

构破产清算时所应获得的赔偿还要少，债权人有权申请补偿，以避免利益进一步受到损害。第三，被处置机构的董事和高管按照处置当局的指示采取行动时也应受到法律保护，相关合法权益要得到保障。

三　域外问题金融机构处置机制及其启示

2008 年金融危机后，英美等发达经济体通过立法对金融风险处置机制进行完善，主要的改革措施包括三方面：一是重视所有问题金融机构的处置，普遍将证券经纪商等非银行金融机构涵盖在金融风险处置对象中①；二是明确问题金融机构处置主体和职责，注重央行、财政部门等政府部门在风险处置中的协调配合；三是规范监管当局可使用的风险处置工具，并对于公共资金的使用提出了严格的限制。在问题金融机构处置实践中，各国虽然在风险处置主体上有所区别，例如美国以存款保险公司作为主要的风险处置主体，英国的风险处置主体是英格兰银行，但都选择在法律框架下以市场手段化解问题金融机构风险，在处置过程中谨慎使用公共资金，从而达到维护金融稳定的目的。

（一）美国

美国的金融风险处置以《多德—弗兰克华尔街改革和消费者保护法》（下文简称《多德—弗兰克法》）为核心，辅之以《联邦储备法》和《联邦存款保险法》等法规。2010 年出台的《多德—弗兰克法》建立了系统重要性金融机构的有序清算机制，通过允许系统重要性金融机构在"损失自担"的前提下有序破产，化"大而不能倒"为"大而能倒"，成为美国重大金融风险处置的关键法律依据。除此以外，《联邦储备法》赋予了美联储在紧急情况下向金融机构贷款的权力，《联邦存款保险法》规定了受到存款保险保护的银行在面临倒闭风险时的处置程序。

① 过往主要关注问题银行的风险处置，对非银行金融机构的风险处置关注度不高。

　　美国金融风险的处置主体包括美联储、财政部和联邦存款保险公司（FDIC）等，其中 FDIC 是问题金融机构的处置主体。根据《联邦存款保险法》和《多德—弗兰克法》，FDIC 负责接管的处置对象包括受到存款保险保护的银行机构和具有系统重要性的金融机构（含银行控股公司）。在接管问题银行时，FDIC 有权根据自己的决定直接接管，但对于系统重要性金融机构的接管，需要经由财政部、美联储等联邦机构协商决定。如果被接管的系统重要性金融机构为证券经纪人或交易商，除以 FDIC 为接管人外，还将由证券投资者保护公司（SIPC）作为受托人，接管 FDIC 未转让给过桥金融机构的任何资产，以保护投资者利益。一旦接管问题金融机构，FDIC 便可以行使相当广泛且独立的处置权，必要时还可以向财政部借款以履行处置权。在职能架构上，FDIC 于 2019 年设置了复杂机构监管处置部（CISR），并规定 CISR 同专门负责处置问题银行机构的处置监管部相互独立，以便 CISR 更好地履行其系统重要性金融机构处置职责。

　　美联储和财政部在金融风险处置中也发挥着重要作用。美联储在金融风险处置中的职能包括两部分，一是在紧急情况下向所有金融机构发放紧急贷款以维持金融稳定，二是牵头开展系统重要性金融机构是否进入有序清算的评估工作。财政部主要参与《多德—弗兰克法》框架下的大型金融机构的"有序清算机制"，其职能体现在两方面，一是决定是否将大型金融机构置于 FDIC 的接管之下，二是决定是否向 FDIC 提供"有序清算基金"并用于大型金融机构的破产清算。

　　美国严格限制处置过程中公共资金的使用，处置问题银行和系统重要性金融机构的资金主要来源于私营部门。《多德—弗兰克法》规定，系统重要性金融机构破产清算所需的全部费用必须通过处置问题金融机构的资产和向其他适格金融公司①及并表资产总额等于或高于 500 亿美元但不具有适格金融公司身份的金融公司征收费用来支付。在处置过程中设立的过桥金融机构

---

　　① 适格金融公司是指并表资产总额等于或高于 500 亿美元的任何银行控股公司和受美国联邦储备委员会监管的任何非银行金融公司。

和子公司都需要从私营市场上获取资金以维持正常运转，但考虑到融资可能存在困难，《多德—弗兰克法》在财政部设立了"有序清算基金"以满足此类机构的暂时流动性需求。有序清算基金事前不积累资金，在需要时由FDIC通过向财政部发行债券募资，募资金额不超过过桥金融机构并表资产总额的10%。基金的使用遵循"成本可回收"原则，FDIC在使用有序清算基金时需提供不长于5年的还款计划，并以问题金融机构及其子公司的资产作为抵押，在破产清算中也享有优先求偿权。当问题金融机构的资产不足以完全偿还有序清算基金时，不足部分将通过风险评估向大型金融机构征收或摊派，以确保公共资金的安全。有序清算基金的设立，在保护公众利益的前提下满足了有序清算过程中的临时资金需求，有效规避了政府介入过程中的道德风险。

美国对金融风险的处置主要包括流动性风险处置和偿付性风险处置两部分。在金融系统面临流动性风险时，美联储可以通过贴现窗口向银行等存款机构提供流动性，还可以在财政部的批准下向非银行机构提供紧急贷款。当金融机构存在偿付性风险时，美国政府将根据金融机构的类型采取不同的处置行动。受到存款保险保护的银行机构在面临偿付性风险时，可由FDIC接管。具有系统重要性或可能引发系统性风险的金融机构在面临偿付性风险时，需要由美联储、FDIC联合该机构的具体监管部门（如美国证券交易委员会和联邦保险办公室）出具接管建议，经财政部与总统协商后做出接管决定，由FDIC履行接管人职责。不属于以上两类的金融机构将按照《破产法》的要求进行一般的破产清算。

在问题金融机构处置程序方面，不同类型的问题金融机构的处置程序存在差异。在处置问题银行时，FDIC在接管后会首先启动收购承接程序。收购承接程序主要包括以下四个步骤：一是根据问题银行的现状确定收购策略。二是进行投标前准备，整理问题银行资料并进行资产评估审查，建立问题银行数据库并允许潜在投标人对问题银行进行现场审查。三是竞购人公开竞标，FDIC根据"成本最小化"原则确定承接机构。四是履行承接手续。FDIC关闭问题银行，原问题银行的资产和负债按协议约定转至承接机构。当没有其他银

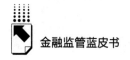

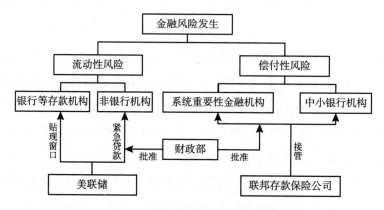

图1 美国金融风险处置总体框架

资料来源：笔者根据美国金融风险处置相关法规整理。

行收购承接该银行时，FDIC 会通过直接支付、受保存款转移支付和存款保险国民银行支付等多种方式进行存款偿付。

在处置系统重要性金融机构时，FDIC 遵循"单点进入"策略，即主要通过设置过桥金融机构的方式对母公司进行处置。由于美国系统重要性金融机构多为金融控股集团，先对母公司进行处置而维持子公司的正常运营有助于金融稳定。FDIC 的具体处置流程如下：首先成立一个过桥金融机构，董事会由 FDIC 任命，对原先金融机构的经营失败负有责任的管理人员将不能留任，过桥金融机构将取代原来的母公司履行控股职责；其次对原金融机构的损失进行估值并按规定由股东及债权人承担，减记后的原金融机构资产及负债将转移至新的过桥金融机构；最后在新的过桥金融机构框架下，采取重组、调整公司业务范围、拆分或关闭某些子公司等方式逐步化解金融风险。过桥金融机构的存续期一般为 2 年，特殊情况下可以延期。设置过桥金融机构的好处在于可以使系统重要性金融机构在危机面前继续履行某些关键职能，从而在不引起金融危机的前提下实现大型金融机构的有序退出。

（二）英国

英国的金融风险处置立法以《2009 年银行法》为核心，辅之以《2012

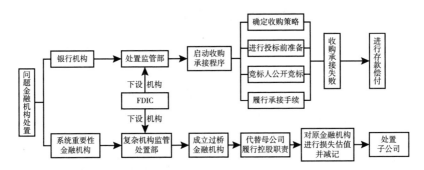

图 2　美国问题金融机构处置程序

资料来源：笔者根据相关法律法规整理。

年金融服务法》。《2009 年银行法》建立了银行的特别处置制度（SRR），并对银行的破产程序和接管程序进行了完善。特别处置制度是金融危机后英国完善银行处置制度的核心制度，赋予了英格兰银行（BOE）通过内部纾困、私营部门转移、过桥银行和临时国有化等措施处置危机银行的权力。《2012 年金融服务法》扩展了《2009 年银行法》建立的特别处置制度，使其涵盖范围扩大到所有受审慎监管机构①监管的金融机构，具体包括银行、住房互助协会、特定投资公司②和中央对手方（CCP）等。特别处置制度也因此成为英国在问题金融机构风险处置方面的通用准则。但值得注意的是，英国的特别处置制度并不适用于保险公司，现阶段保险公司的破产还是通过法院进行，主要措施包括自然结清（Runoff）和保险业务转让等③。

英国金融风险处置的政府机构包括英格兰银行、财政部、审慎监管局与金融行为监管局。英格兰银行作为处置机构，在处置活动中具有决定和实施的权力。英格兰银行可以在与审慎监管局、金融行为监管局协商后决定是否将问题金融机构纳入处置流程中，以及选择相应合适的工具进行处置。在金融风险处置方面，英格兰银行主要有以下三方面目的：一是维持金融稳定，

---

① 英国的审慎监管机构主要包括审慎监管局（PRA）和金融行为监管局（FCA）。

② 特定投资公司是指作为委托人交易，持有客户资产且资本金大于 73 万欧元的金融机构。

③ Bank of England，"The Bank of England's Approach to Resolution"，2017.

确保金融业关键服务职能的连续性；二是保障存款人和投资者权益，增强公众信心，避免挤兑现象发生及进一步恶化；三是保护公共资金，减少金融危机处置对公共财政的依赖。

财政部在金融风险处置过程中对任何涉及公共资金的使用都负有唯一法定责任。英格兰银行在财政部批准后方可在处置银行等金融机构时使用公共资金，财政部还具体负责实施处置工具中的临时国有化措施。此外，财政部还可以指示央行采取特别行动，如在面临金融危机时向金融机构提供紧急流动性援助（ELA）或实施特定的稳定方案。审慎监管局（PRA）与金融行为监管局（FCA）在判定银行是否存在倒闭风险上具有建议权。

英国在处置金融风险时对公共资金的使用规定也较为严格。公共资金的使用一般包含以下两种情况：一是在救助问题金融机构时，需要先由股东及债权人承担相当于公司负债至少8%的损失后才可以使用公共资金。二是金融服务补偿计划①在为问题金融机构的储户、投保人和投资者进行赔付时，如果偿付能力不足，则公共资金可以为金融服务补偿计划提供贷款，但这类贷款后续将通过向该行业征税费以及对问题金融机构进行清算来偿还。

英国并未像美国那样设置专门的基金用于处置，而是在需要时由财政部发放救助资金。2010年以来，由于银行部门的潜在风险和可能的政府救助需要，在一般公司税的基础上，英国政府一直按照利润的8%向银行部门收取特定行业税。该税种使得英国可以从银行业获取更多的收入，从而使得财政部可以使用公共资金救助问题金融机构。2021年10月，英国政府发布规定，自2023年4月起英国政府将银行部门特定行业税的税率下降至3%，而将一般公司税税率提高至25%②。

在问题金融机构的认定方面，英国在将金融机构纳入处置程序时需要满足四个条件。首先，问题金融机构是否倒闭或可能倒闭（条件一），由审慎

---

① 独立于监管机构运行，在人员任命上由财政部批准。

② https：//www.gov.uk/government/publications/amendments－to－the－surcharge－on－banking－companies/amendments-to-the-surcharge-on-banking-companies.

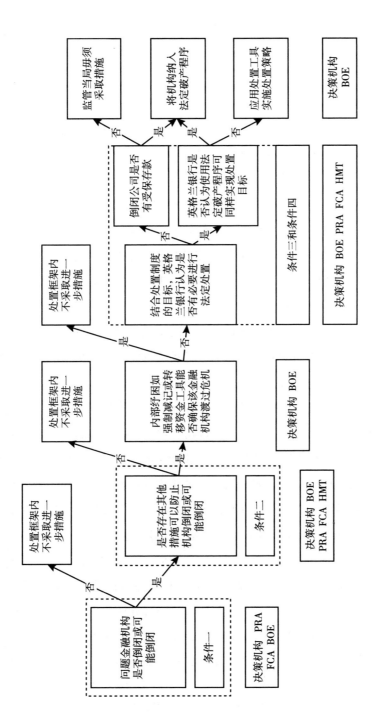

图 3　英国在认定问题金融机构时的决策流程

资料来源：The Bank of England's Approach to Resolution。

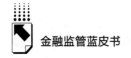

监管局确定,如果问题金融机构是受金融行为监管局监管的投资公司,则由金融行为监管局与英格兰银行协商确定①。其次,是否存在其他措施可以防止机构倒闭或可能倒闭(条件二),该条件由英格兰银行与审慎监管局、金融行为监管局和财政部(HMT)协商确定。在上述两个条件满足后,还需由英格兰银行进行公共利益评估,评估内容包括两部分:是否有必要进行法定处置(条件三);纳入法定破产程序(如破产清算程序)后能否在同等程度上实现处置目标(条件四)。如果对比评估表明,后者无法达到与使用处置工具相同的目标,则可以进行处置。未通过公共利益评估的金融机构则进入正常破产程序。

英格兰银行在实际进行问题金融机构处置时的流程主要可分为稳定、重组和退出处置三个阶段。在稳定阶段,英格兰银行可以使用内部纾困、私营部门转移、过桥银行和临时国有化等多种处置工具,以确保金融机构关键功能的持续运行。首先,英格兰银行会尝试通过债转股等工具推动问题金融机构的内部纾困。实现内部纾困的关键在于金融机构在风险事件或危机发生之前建立的损失吸收能力机制,主要包括针对系统重要性金融机构的总损失吸收能力(TLAC)和针对一般金融机构的自有资金与合格负债(MERL)要求。当内部纾困不足以解决问题时,英格兰银行可以通过公开竞标的方式将问题金融机构的部分或全部资产出售给其他机构。对于难以出售的资产可以成立过桥银行对其暂时进行管理,以便后续通过 IPO 或竞标的方式再次出售。金融服务补偿计划(FSCS)可以对私营部门的买方或过桥银行支付一定的补偿费用。对于某些难以处置的不良资产,英格兰银行可以将其交由专门的资产管理公司进行管理,但该工具仅能和私营部门转移或过桥银行工具结合使用。

当英格兰银行通过上述措施暂时稳定问题金融机构的运营后,问题金融机构将进入重组阶段。在这一阶段,英格兰银行将协同其他监管部门完成对问题金融机构的重组。如果问题金融机构通过内部纾困可以恢复稳定,则在完成纾困后需要总结公司陷入危机的原因,将恢复长期运营能力所采取的措施、时间表以及业务重组计划交由英格兰银行。英格兰银行将与审慎监管局

---

① 在英国,大部分投资公司受到 FCA 的监管,而大型投资公司受到 PRA 的监管。

及金融行为监管局对重组计划进行审查，通过后交由问题金融机构实施。在使用过桥银行工具时，也可能进行业务重组以便最大限度地将问题金融机构的资产出售给私营部门。进行重组有助于恢复市场对问题金融机构的信心。

在退出处置阶段，英格兰银行处置权力的退出时机取决于其使用的处置工具。如果使用的是内部纾困工具，那么当足够多的多数股权归至新股东下时，英格兰银行即退出处置，后续由银行新的董事会和管理层在审慎监管局和金融行为监管局的监管下恢复经营。如果使用的是私营部门转移，则转移完成后，英格兰银行退出处置。在过桥银行工具中，需要等过桥银行将资产出售给其他金融机构后退出处置。如果使用的是普通的破产程序，那么英格兰银行在存款得到金融服务补偿计划的偿付后，退出处置。总而言之，英格兰银行将在实现金融稳定目标后结束对问题金融机构的处置程序。

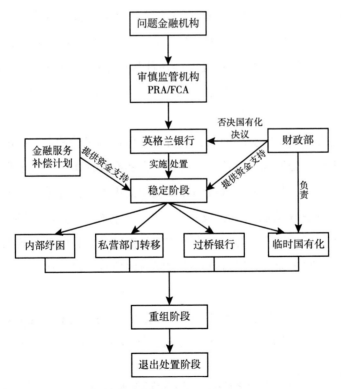

图 4　英国问题金融机构处置流程

资料来源：根据相关资料整理。

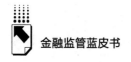

（三）欧盟

欧盟的金融风险处置法律体系包括《银行恢复和处置指令》、《单一处置机制设立条例》和《欧洲稳定机制设立条约》等法规。由于欧盟各国的金融机构普遍从事跨国经营，资金和业务的跨地区连通使得金融危机的传染性大大增强，欧盟整体层面的法律处置就显得较为必要。建立欧盟层面的金融风险处置机制也是 2008 年金融危机后欧盟金融改革的重点之一。2012 年出台的《欧洲稳定机制设立条约》①建立了欧盟成员国间的永久救助机制——欧洲稳定机制，其前身是为应对欧债危机而临时设立的欧盟金融稳定基金。欧洲稳定机制以欧盟成员国为救助对象，其资金可用于处置成员国内的金融风险。2014 年通过的《单一处置机制设立条例》成立了单一处置委员会（SRB），与欧央行和成员国监管当局一起进行银行风险处置，并设立单一处置基金（SRF）为银行的处置提供资金援助。2014 年出台的《银行恢复和处置指令》旨在建立欧盟银行处置和重组的共同规则，为区域内银行风险处置方案创建标准化框架，同《单一处置机制设立条例》一起为欧盟银行危机处置提供重要指导。

单一处置机制是欧盟层面处置银行等金融机构风险的重要制度。单一处置机制规定风险处置部门由单一处置委员会和欧元区国家负责金融风险处置的监管当局组成，与单一监管机制和尚在建设中的欧洲存款保险计划一起构成了欧洲银行业联盟的"三大支柱"。单一处置机制的设立是欧盟在 2008 年金融危机后所采取的金融体系改革重要举措，主要目的是有效和快速处置银行业风险，减少风险处置过程对公共财政的依赖，以及协调统一各成员国的风险处置。

单一处置机制的适用对象主要为欧盟范围的所有银行和系统重要性非银行机构。根据单一处置机制设立条例，受欧央行和成员国监管机构监管的银行及

---

① 主要还是针对成员国的经济危机，包括主权债务危机等，援助手段以向成员国发放附加条件贷款为主。类似于 IMF 的援助贷款，贷款使用需要以成员国的一些经济金融体制改革为条件。

在成员国设立且受欧央行监管的金融控股集团、混合金融控股集团、投资公司等均在单一处置机制框架下。由于欧央行监管的机构多具有系统重要性特征，因此单一处置机制基本涵盖了欧盟范围内的所有系统重要性金融机构。

单一处置委员会（SRB）是在单一处置机制下设立的行政机构，在欧盟金融风险处置中发挥着核心作用。SRB 主要负责危机前金融机构恢复及处置计划的制订和评估、危机的早期干预和危机后监督国家处置机构执行恢复及处置计划。在危机的实际处置中，单一处置委员会的作用主要体现在决策权方面，即其享有对于处置方案的批准、处置工具的选择及单一处置基金的使用等权力，成员国的处置当局主要负责处置方案的具体执行。对于非系统重要性金融机构，如果所在国监管当局有能力进行处置，则不需要单一处置委员会介入。

单一处置机制在应对银行危机时的处置流程包括早期干预、危机评估和实际处置等。当银行业务经营困难或财务状况恶化时，单一处置委员会可以采取包括执行恢复及处置计划在内的早期干预措施督促银行恢复正常经营。在早期干预不能帮助银行脱困的情况下，需对银行机构进行处置评估。评估内容包括三部分，一是由欧央行或成员国监管当局认定银行倒闭或可能倒闭，二是由单一处置委员会确定来自私营部门的救助已不可用，三是单一处置委员会认定实施处置是为维护公共利益所必须采取的措施。若公共利益评估未通过，则应对银行机构以破产清算的方式进行处置。通过处置评估后，银行处于危机状态的消息将被公布，同时单一处置委员会在国家处置当局的协助下，拟定处置方案，经欧盟委员会和理事会在 24 小时内批准后，由银行机构所在国家负责问题金融机构处置的当局实施处置方案。

单一处置机制在金融风险处置上重视预防和早期干预。单一处置委员会要求银行机构每年在危机前提前制订恢复及处置计划（RRP），恢复及处置计划主要包括银行的财务结构、业务条线等在经营困难情况下的应对措施和解决方案。单一处置委员会对银行提交的恢复及处置计划进行评估，评估内容主要包括恢复及处置计划的可行性和及时性。如果银行提交的恢复及处置计划在银行遇到危机时可以得到有效执行，从而使银行得以继续运行，则该计划

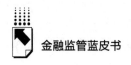
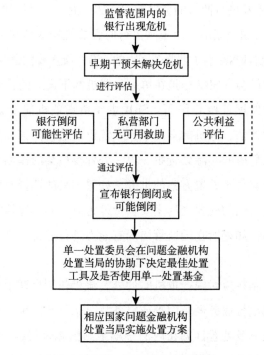

图 5　欧盟单一处置机制运作流程

资料来源：单一处置委员会。

是有效的。如果银行未提供恢复及处置计划或计划未通过评估，监管当局有权要求银行通过限制展业、改善治理结构和资本重组等方式减少银行风险暴露。

在银行出现经营困难时，单一处置委员会可以通过早期干预措施及时介入，避免更大的金融危机的发生。早期干预的触发条件一般包括银行出现流动性紧张、杠杆率增加、不良贷款增加等。当银行出现上述情况时，单一处置委员会可以采取广泛的早期干预举措，主要包括三部分：一是要求银行机构执行设定的恢复及处置计划以应对危机；二是撤换造成危机的管理层，任命临时管理人进行管理；三是调整公司经营战略和业务结果。早期干预可以让银行机构在危机的早期阶段采取有力措施降低经营风险，从而避免危机的进一步深化，有助于降低危机处置成本。

当早期干预无法实现纾困目的时，经欧央行等进行评估后可进入危机处置程序，这一阶段可使用的危机处置工具主要包括四类：内部纾困、营业转让、过桥银行和资产分离。内部纾困是 2008 年金融危机后引入的最为重要的处置工具，主要指大型金融机构通过股权减记、债转股等方式对其负债进行处置的工具。内部纾困的实施需要一系列先决条件，如银行应当满足最低程度的自有资本和负债要求、需要对陷入困境的银行财务状况进行准备估值等。实施债转股措施时需要考虑两个方面，一是新的股东需符合金融机构的股东监管要求，二是需要建立债权人审查程序，使得在内部纾困情况下债权人的利益不能比破产清算时差。营业转让是指处置当局可以在不经过银行股东等同意的前提下，将银行的资产及负债转让给其他机构。该机构在收购时应当具有从事原银行相关业务的资质，以便继续从事经营活动。处置当局在进行营业转让时，应当采取公开的方式，出售价格应当最大化以免损害原银行股东的正当利益。在没有收购方的情况下，处置当局可以设置过桥银行，过桥银行资产及负债来自原问题金融机构，这种方式主要应用在系统重要性金融机构的处置中。系统重要性金融机构在陷入危机时往往难以及时对外进行转让，但突然倒闭又会造成金融市场的动荡，因此需要通过成立过桥银行继续向市场提供关键服务，等待市场条件改善后再进行营业转让或采取其他措施。过桥银行的存续期一般为两年，特殊情况下也可延长一年。资产分离是将问题金融机构的资产或负债转移给公共的资产管理公司，由资产管理公司再进行销售或减记。考虑到道德风险问题，通常将资产分离工具与其他处置工具一同使用。

（四）小结

如前所述，2008 年全球金融危机后，美国、英国和欧盟等发达经济体都建立了较为完备的问题金融机构处置机制，从近年来的风险处置实践来看，也达到了良好的效果。虽然主要发达经济体之间的处置机制有一定差异，但有一些共性优势值得学习。第一，问题金融机构处置机制的法律基础完善，处置主体和处置流程有章可循；第二，处置流程的市场化程度较高，私营部门参与度高；第三，在问题金融机构的认定或判定上具有明确的原则或触发条件，避免了"一事一议"的弊端；第四，严格谨慎使用公共资金，

注重保护纳税人的利益，避免金融机构道德风险累积，同时公共资金的退出渠道也较为通畅；第五，各处置部门之间的职责划分相对清晰，参与处置的前后次序明确，有利于避免出现权责不清的现象。

四 我国问题金融机构处置的历史演进

改革开放以来，我国共经历了三轮问题金融机构的风险处置，其中主要问题金融机构的特点和处置方式都存在较大差异。

第一轮问题金融机构的出现集中在 1998 年前后，主要包括广东国际信托、中国农村发展信托等具有国资背景的信托机构和地方信用社。我国信托业自设立以来长期定位不清，不少信托机构经营管理混乱，缺乏清晰的风险防控体系，偏离信托主业，大量违规从事银行和证券业务，在房地产市场和股市进行了大规模的投机行为，在宏观经济下行后发生了巨额亏损。类似地，地方信用社也大量存在高息揽储、非法资金拆借、违规贷款等行为，在房地产等投机泡沫破灭后集中出现风险暴露，并引发了风险传染的次级效应。在海南省，"带病重组"的海南发展银行兼并了濒临破产的 28 家信用社而导致资产质量严重恶化，并引发了挤兑风潮，最终走向关闭清算。

第一轮问题金融机构的处置基本依靠行政手段，中国人民银行发挥了主导作用。例如，除广东国际信托最终通过破产清算的方式退出市场外，其余问题金融机构均被中国人民银行解散或关闭。在金融体系市场化仍处于初级阶段的情况下，这种风险处置方式是监管当局的正常选择，并且确实对于快速遏制金融风险传染、维护金融体系稳定发挥了积极作用，但它也显示出了一些弊端。一是处置过程中的法律法规缺位，对于问题金融机构的消费者权益保护、债务清偿、并购重组等均缺乏具体规定。二是以公共资金承担处置成本，自然人债权在处置过程中基本得到了偿付，法人机构债权则得到部分清偿。三是机构债权清偿过程过于漫长，尤其是法人机构的债权偿付迟迟难以推进，严重影响了机构债权人的合法权益。

第二轮问题金融机构出现在 2003 年至 2007 年，主要包括南方证券、华夏证券、大鹏证券、联合证券等券商机构。早期的证券公司缺乏完善的公司治理，内控与合规长期缺位。一部分券商机构经营过程中频繁进行股票投机，通过挪用客户资金和委托理财业务进行融资，部分证券公司还存在操纵市场、违规担保、股东抽逃资本等违规行为。随着我国股票市场的结构性调整，证券业出现行业性亏损，资金链迅速断裂，导致偿付危机。2004年开始，政府用3年的时间，以数百亿元救助资金，处置了58家问题证券公司。

第二轮问题金融机构的处置仍然由政府部门主导，但相对于第一阶段有了一些新的特点。处置过程中综合运用了政府救助、并购重组、关闭撤销、破产清算等处置方式，并且引入经营稳健的金融机构参与问题金融机构的处置。在这一阶段，监管部门还着力改革完善相关制度，先后施行了第三方存管、买断式国债回购制度等，对证券公司自营股票账户进行实时监控，并于2008年制定了《证券公司风险处置条例》，对规范证券公司的经营行为和防范风险起到了积极的作用。不过，这一阶段问题金融机构处置的资金来源仍然单一，主要依赖公共资金，并且多部门联合"集中办案"的处置方式占用了大量监管资源。

第三轮问题金融机构处置集中在2018年以来，其中问题金融机构以民营金融控股公司及其下属地方金融机构为主，主要包括"安邦系"、"明天系"与"海航系"等。2021年《银行保险机构大股东行为监管办法（试行）》颁布以前，我国缺乏对银行保险等金融机构股东行为的监管细则，这使得民营资本可以通过增资扩股和受让股权等方式逐步取得金融机构的控制权，通过交叉持股、虚假注资等手段违规成为金融机构的大股东。问题金融机构的实际控制人架空公司治理体系，绕过内控机制，通过关联交易、资产担保及资金挪用等手段侵占资金，严重降低机构资产质量，最终不仅导致金融机构倒闭，还造成了潜在的系统性风险。

第三轮问题金融机构的处置是我国近年来"金融风险攻坚战"的重要内容，中国人民银行、银保监会和地方政府按照"稳定大局、统筹协调、分类施策、精准拆弹"的方针，成功处置了一批高风险金融机构。相较于前两轮问题金融机构的处置，本轮处置具有处置介入及时、参与处置主体较多、处置资金来源多元化等特点，综合运用了收购承接、资产剥离、引战重组等多种处置工具，

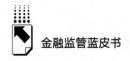

并且首次对问题银行的二级资本债实施了全额减记。从处置效果来看，本轮处置最大限度地保护了存款人等个人客户的合法权益，有序打破了刚性兑付，对于恢复市场秩序、守住系统性风险底线和维护社会稳定具有重要意义。

五　当前我国问题金融机构处置机制的不足之处

随着我国金融市场的逐步完善，金融监管等领域的制度建设逐步加强。从三轮问题金融机构的处置实践来看，我国金融市场的相互联系和复杂性日益加强，问题金融机构处置难度也随之上升。我国政府在三轮金融风险处置过程中，不断深化市场化、法治化的处置渠道建设，处置制度和处置能力都有了较大提升，规范化处置机制初步形成，但仍存在一些亟待解决的问题。

（一）问题金融机构处置的法律体系亟待完善

金融机构由于具有高杠杆性、高复杂性和强外部性等特性，普通的企业破产制度不能完全适用于金融机构处置，需要有专门的处置法例相配套。虽然我国现阶段初步形成了问题金融机构处置的法律体系，但仍存在以下三方面的问题。一是缺乏针对问题金融机构的专门规则。美国、欧盟、英国在问题金融机构处置方面均有专门立法，相比之下，虽然我国的《企业破产法》授权国务院制定金融机构实施破产的具体法规，但目前尚未落地。2022 年出台的《金融稳定法（草案）》在宏观层面纳入了金融风险处置，但对于问题金融机构的处置规定仍较为笼统，在风险识别、资金使用、处置方案等方面缺乏细致的处置流程。二是不同法规之间缺乏有效的衔接。美国规定一般金融机构的破产清算可以直接在《破产法》框架下进行，而系统重要性金融机构则可以更进一步地适用《多德—弗兰克法》设立的"有序清算机制"，二者的衔接较为顺畅。我国问题金融机构处置的过程中，程序法与金融机构实体法的协同衔接不够完善，行政权和司法权的衔接不足。例如，《企业破产法》中规定了金融监管部门可以就问题金融机构向法院提出重整申请，但《商业银行法》中并未就申请重整的情形做出明确规定。2023 年

3月中共中央、国务院印发了《党和国家机构改革方案》，对于中央与地方的监管职能做出了新的规定，相应地，问题金融机构处置主体也需要加以明确，审议中的《金融稳定法（草案）》和《地方金融监管条例（征求意见稿）》的相关内容也需要进行调整。

表1 我国法律法规中对问题金融机构处置的相关规定

法律法规	银行业相关法律法规	证券行业相关法律法规	保险业相关法律法规	金融控股公司相关法律法规
相关规定	《银行监督管理办法》：监管部门可以通过暂停部分业务、限制分红、责令控股股东转让股权、责令调整董事及高级管理人员等措施，要求问题银行机构进行纠正 《商业银行资本管理办法（试行）》：监管部门可根据问题银行资本不达标的程度，采取逐步增强的风险纠正措施 《商业银行监管评级办法》：监管部门对监管评级高、风险较大的机构采取强制性纠正措施	《证券法》：证券公司违法经营或者出现重大风险，严重危害证券市场秩序、损害投资者利益的，国务院证券监督管理机构对该公司采取责令停业整顿、指定其他机构托管、接管或撤销等监管措施 《证券公司风险处置条例》：明确规定了问题证券公司的具体情形：(1)治理混乱、管理失控；(2)挪用客户资金且无法弥补；(3)证券交易结算中多次违约或违约金额较大；(4)风险控制指数不符合规定，发生重大财务危机	《保险法》：保险公司有以下情形的，国务院保险监督管理机构可以对其实行接管：(1)公司偿付能力严重不足；(2)违反本法规定，损害公共利益，严重危及公司偿付能力的 《存款保险条例》：投保机构因重大资产损失等原因导致资本充足率大幅下降，严重危及存款保险基金安全的，投保机构应当按照存款保险基金管理机构、中国人民银行、银行业监督管理机构的要求及时采取补充资本、控制资产增长、控制重大交易授信、降低杠杆率等改进措施	《金融控股公司监督管理试行办法》：金融控股公司违反本办法及相关规定，或自身经营不善，对所控股金融机构、金融控股集团造成重大风险的，中国人民银行可以要求其限期整改。所造成的风险状况可能影响金融稳定、严重扰乱金融秩序、损害公众利益的，中国人民银行可以要求金融控股公司采取下列措施：(1)限制经营活动；(2)限制向股东分红和高管薪酬；(3)限期补充资本；(4)调整负有责任的董事、监事、高级管理人员或限制其权利；(5)转让所控股金融机构的股权

资料来源：笔者根据中国人民银行、银保监会和证监会等网站资料整理。

（二）问题金融机构的判定标准和判定流程有待细化

问题金融机构的判定是风险处置的基础，细致的判定标准和流程不仅有助于后续风险处置工作的顺利开展，也有利于市场建立明确的预期，提高处置的透明度。

在问题金融机构的判定标准上，我国现阶段主要依据行政规定或《企业破产法》的相关规定，即只要金融机构存在资不抵债和无力清偿到期债务的情形，一般都会被纳入行政化的处置程序中，缺乏更为细致的判定标准。相形之下，欧美各国普遍考虑三个关键要素：一是金融机构是否已经或可能资不抵债，二是金融机构是否已穷尽私营部门救援手段，三是金融机构的处置是否符合公共利益。这三个要素中，第一个要素侧重于问题金融机构的识别，后两个则是对将问题金融机构纳入处置程序的重要考量，尤其对私营部门救援可获得性和公共利益的评估是分级风险处置机制的一个关键步骤，也有助于防范风险处置过程中的道德风险，值得我们加以借鉴。

清晰的问题金融机构判定流程可以降低政府部门间的沟通成本，从而提高实际处置过程中的判定效率。在此方面，我国《金融稳定法（草案）》尚未做出具体规定，问题金融机构的判定流程尚不够清晰。相形之下，美国在判定系统重要性金融机构是否应纳入处置程序时，首先由美联储和联邦保险机构等部门提出书面建议，其次由财政部综合意见形成最终决定，如果有部门对被处置公司存在异议，可启动相应的司法审查程序[①]。英国则建立了完整的评估流程，具体环节包括评估破产可能性、评估外部援助可行性、评估处置必要性、评估破产清算可替代性，并为每个环节指定了相应的负责机构。问题金融机构的评估环节按顺序进行，且只有同时满足每个环节的处置条件才能进入处置程序[②]。

[①] US, "Dodd-Frank Wall Street Reform and Consumer Protection Act", 2010.

[②] Bank of England, "The Bank of England's Approach to Resolution", 2017.

（三）问题金融机构处置工具的使用条件与次序尚待优化

国际上对于问题金融机构的处置工具可以分为流动性救助、内部纾困和外部处置三类。流动性救助工具包括央行和财政部门的紧急贷款，主要针对具有流动性危机的金融机构。内部纾困工具是指强制由股东或无担保债权人承担损失，包括股权和债务减记、债转股等手段。外部处置工具则是由监管当局在接管问题金融机构后，通过过桥机构、收购承接、资产分离等手段进行风险处置。不同类型的处置工具有着不同的经济效应和使用成本，因此欧美等发达经济体在它们的使用条件和使用顺序方面多有明确规定。如美国在《多德—弗兰克法》中规定了紧急贷款的三个使用条件，即需经财政部部长批准、贷款对象需为五家以上金融机构、贷款需有一定的担保品。英国及欧盟都规定在内部纾困工具对机构总负债的至少8%进行承担后，外部处置工具方可使用。我国在近些年的金融风险处置中，通过同业存单、常备借贷便利等流动性救助工具，债务减记等内部纾困工具，以及资产分离、收购承接等外部处置工具成功处置了安邦集团、包商银行等重大金融风险，但在使用条件和使用顺序上有待进一步优化。如处置包商银行过程中，我国首次使用了债务减记等内部纾困工具，但减记时收购承接等外部处置已经完成。

（四）公共资金使用机制仍需完善

我国在问题金融机构处置中较多依赖公共资金，对问题金融机构进行的收购承接、资产分离和股权重组多在政府部门的主导或斡旋下完成，转让对象多为中央或地方政府控股的金融机构，社会资本参与风险处置的渠道和激励机制建设不足，私营部门参与度不高。例如在包商银行的处置过程中，由于缺乏战略投资者参与包商银行重组，只能由存款保险基金作为第一大股东参与蒙商银行的设立。再如保险保障基金对安邦集团的救助耗费了52%的资金余额。公共资金的过度使用强化了政府兜底的刚性兑付预期，不利于形成市场纪律的硬约束。与此同时，我国财政部门在风险处置过程中的职权未得到清晰界定，《金融稳定法（草案）》中仅指出财政部门按规定履行相关

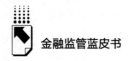
职责，没有具体说明各级财政部门的职权范围和救助条件，这也影响了公共资金的使用效率。

常态化的处置资金退出机制不畅。目前，我国已成功使用公共资金完成了包商银行、安邦集团等的风险处置，但公共资金在新设立的机构中均占有较大股份，尚未完成公共资金有序退出。这实质上把临时性的救助转为了长期性的控股，不利于公共资金的可持续运用。其中的问题主要有两个方面。一是法律层面上尚未对公共资金的退出渠道和退出时间做出细致规定，影响了处置资金的回收效率和可持续性。二是实践中问题金融机构处置后的公共资金退出困难。保险保障基金作为大家保险持股比例达98%的第一大股东，已持股三年，其间虽通过北京金融资产交易所等渠道尝试进行股权挂牌转让，但由于缺乏私营资本参与竞标，截至目前仍未成功，而保险保障基金在中华联合保险中的股权历经九年时间方才完成转让。在新华人寿的处置过程中，保险保障基金将股权转让至同为公共部门的中央汇金公司①。在这种情况下，公共资本不仅承担了危机期间的处置责任，更承担了处置完成后金融机构的经营风险。

（五）地方政府在问题金融机构处置过程中的角色有待厘清

尽管问题金融机构处置由中央监管部门主导，但在地方问题金融机构的处置中，地方政府仍然可以发挥重要的作用。从以往的实践来看，地方政府在问题金融机构处置过程中很容易出现地方保护主义倾向，往往更为关注地方经济和财政收入的增长，在风险处置方面存在中央兜底的侥幸心态，也因此导致问题金融机构处置中的道德风险。由于地方金融机构与当地经济发展深度绑定，出现问题后，地方政府主观上希望进一步保全问题金融机构，客观上又较为依赖中央政府给予的风险处置资金等方面的支持。处置完成后，地方政府在重组完成后的金融机构中一般仍会占据较大股份，一定程度上存在地方政府收益内部化、成本外部化的现象。

---

① 保险保障基金官网，http://www.cisf.cn/fxcz/czzq/czal/1456.jsp。

六 完善我国问题金融机构处置机制的政策建议

问题金融机构处置需要政府和金融监管部门的统筹协调，不仅包括跨部门之间的事项协调，还包括中央与地方之间的监管分工和协调合作，这就意味着问题金融机构处置工作的推进需要各相关主体发挥合力，实现各部门、各地区间的协作联动。因此，应统筹协调中国人民银行、金融监管部门、财政部、国家发改委和各地方政府的职责分工，制定满足处置目标的最优处置策略，选择合适的处置形式，提高风险处置的可操作性和有效性，确保金融体系的稳健运行。

（一）完善顶层设计，健全相关法律体系

相较欧美等主要发达经济体，我国的金融稳定法律体系尚不完善。2022年底，《金融稳定法（草案）》正式提请人大，意味着金融稳定领域的上位法即将正式出炉。应根据2023年中共中央、国务院印发的《党和国家机构改革方案》，对《金融稳定法（草案）》做进一步调整，健全金融稳定顶层设计，对现有法律法规中零散的、不成体系的风险处置规定进行整合，特别是统筹《企业破产法》、《公司法》、《银行法》、《证券法》和《保险法》中关于问题金融机构处置的相关法规，弥补监管空白，理顺监管冲突，做好衔接工作，并重新修订《金融控股公司监督管理试行办法》，明确在新监管框架下的风险处置主体，细化风险处置和市场退出的相关规定。从《金融稳定法（草案）》本身来看，可以在以下方面继续完善：一是基于此次地方金融监管框架的调整，明确地方金融机构风险处置的主体和相关程序；二是鉴于当前存款保险机构的触发条件和运用方式有限，应细化明确存款保险功能定位并丰富存款保险在风险处置中的运用机制；三是当前对于风险处置和司法程序之间关系问题的描述是总体性的制度安排，有待进一步完善及细化。

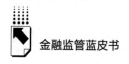

（二）加强市场化处置，提高处置程序透明度，鼓励市场主体参与

从目前我国问题金融机构的处置实践来看，问题金融机构处置主要在政府和金融监管部门的主导下进行，这种行政主导的处置模式虽然具有较高的效率，但经常以大量的行政资源和公共资金为代价。应针对不同金融机构、不同风险问题采取不同的处置方式，细化监管部门介入的标准，使得处置程序透明公开，这样一方面可以稳定市场预期，另一方面可以鼓励和引导国有资本、社会资本和私人资本公平参与问题金融机构的处置和重组工作，营造透明公开的政策环境。同时，注重在我国金融市场和不良资产市场中培育专业的风险处置机构，丰富金融处置工具，为问题金融机构处置提供良好的市场基础。

（三）灵活设置风险分担方案，单独或组合使用多种风险处置工具

一方面，由于问题金融机构可能具有区域性或系统性特征，对问题金融机构进行风险处置涉及多方权责，同时也涉及各方风险分担问题，既要保护个人债权人的利益损失补偿，也要注重机构债权人的合法权益保障；在设计风险处置方案时中央政府和地方政府之间也应提前明确风险分担方案，避免地方政府过于重视地方利益和将风险处置压力向上传导。另一方面，当前我国问题金融机构处置实践中较多使用重组、接管、托管、撤销等工具，对于"新增第三方主体整体转移业务、资产和负债"和"设立过桥银行和特殊目的载体"两项新工具的应用不够。这两项新工具旨在实现风险隔离，使得承接主体能够尽快恢复经营，保障业务的正常开展，但在应用过程中应注意无论是新增第三方主体还是设立过桥银行和特殊目的载体，都要明确退出时机和退出方式，避免长期存续，应符合风险处置的临时性特征。

（四）完善问题金融机构的判定标准，明确触发条件和时限要求

完善问题金融机构的判定标准和触发条件的意义在于推动风险处置工作

的提早介入，以尽早避免风险外溢、损失扩大和处置成本增加。借鉴欧美等先进经验，为问题金融机构的认定、早期纠正、接管和关键处置环节设置触发条件和时限要求。尤其在进入救助处置过程之前需要进行市场资源与公共利益评估，确认对于问题金融机构的救助符合公共利益并且不存在其他市场化救助方案。进一步丰富早期纠正措施，在原有补充资本、降低杠杆率、控制资产负债等基础上，采取限制分红、限制股权投资、停办高风险资产业务等措施，有效降低风险敞口。而且在早期纠正无法实现预期目标时，应尽快采取更严格的强制补救措施或立即启动处置程序。由于金融机构的资产价值与外部经济环境、金融市场条件和监管政策环境息息相关，无法对问题金融机构处置的整体流程设置规定时限，但为提高处置效率，应在关键环节设置明确时限要求，特别是完成接管的时限、债权申报时限、第三方主体或过桥机构的存续时限、被保险存款的偿付时限、金融稳定和行业保障基金的退出时限等。

（五）规范公共资金的使用，完善公共资金退出机制

公共资金的使用关系到金融机构道德风险和市场预期形成，对于问题金融机构风险处置的市场化和可持续性至关重要。应针对当前问题金融机构处置中公共资金使用存在的问题，明确公共资金的使用范围、程序和标准，畅通公共资金的退出渠道，从而抑制相关道德风险，提高公共资金的安全性和使用效率。此外，财政部门在公共资金的使用和退出方面应发挥重要作用，财政部门可通过发行债券参与问题金融机构风险处置，并采用事后收费制，在处置资产分配中享有优先求偿权，这样既可以实现市场化目标，也可以完善公共资金退出机制。此外，在问题金融机构处置的公共资金使用上，金融稳定保障基金具有特殊的意义。《金融稳定法（草案）》仅对金融稳定保障基金的使用方式做了原则性规定，缺乏细则。建议加快出台《金融稳定保障基金管理条例》，细化基金筹集、管理、使用和监督相关规定。

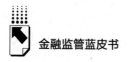

参考文献

［1］IMF&WB, "An Overview of the Legal, Institutional, and Regulatory Framework for Bank Insolvency", April 17, 2009, https://www.imf.org/~/media/Websites/IMF/imported-full-text-pdf/external/np/pp/eng/2009/_041709.ashx.

［2］Financial Stability Board, "Key Attributes to Effective Resolution Regimes for Financial Institutions", October, 2011, https://www.fsb.org/2011/11/r_111104cc/.

［3］Bank of England, "The Bank of England's Approach to Resolution", 2017.

［4］US, "Dodd-Frank Wall Street Reform and Consumer Protection Act", 2010.

［5］王静：《保险公司破产处置若干问题研究——以企业破产法修订与保险法的协调衔接为视角》，《法律适用》2022 年第 9 期。

［6］敖希颖：《金融机构强制性自救的中国价值及法律因应》，《现代法学》2020 年第 4 期。

［7］张鑫：《金融机构有效处置机制：国际准则、改革进展与启示》，《国际金融》2021 年第 2 期。

B.2
中国金融监管2022年重大事件评述

尹振涛　侯姝琦*

摘　要： 面对复杂严峻的国际环境与需求收缩、供给冲击、预期转弱"三重压力"的考验，中国金融监管机构在助力稳定宏观经济大盘的同时，进一步推进中国金融监管改革与创新。纵观2022年，金融监管部门在助力实体经济恢复发展、持续化解金融风险、进一步完善监管规则、提升金融服务水平、扩大金融高水平对外开放、规范绿色金融发展、金融科技高质量发展以及加速建设个人养老制度等方面取得突出成绩。展望2023年的金融监管，有几个趋势值得关注：一是加大金融对消费的支持力度；二是强化金融支持民营企业；三是深化金融高水平对外开放；四是持续防范金融风险。

关键词： 金融监管　稳定保障　防范风险

2022年是党的二十大胜利召开之年，是实施"十四五"规划、全面建设社会主义现代化国家的重要一年，也是金融业发展不平凡的一年。面对复杂的国际环境和严峻的国内疫情带来的多重考验，中国金融业为经济高质量发展提供了强大的金融支持，在推进构建双循环新发展格局、建设中国式现代

---

* 尹振涛，经济学博士，研究员，中国社会科学院金融研究所金融科技研究室主任，国家金融与发展实验室金融法律与金融监管研究基地秘书长，主要研究方向为金融监管、金融风险和金融科技；侯姝琦，中共中央党校（国家行政学院）经济学教研部在读博士研究生，主要研究方向为农村经济与区域经济。

化进程中起着重要的引领和保驾护航的作用。回顾 2022 年，金融监管部门始终坚持问题导向，在促发展、防风险和保稳定之间统筹决策，推出一系列的重磅政策，不断优化监管治理机制，落实服务实体经济、防控金融风险、深化金融改革三大任务，在引导金融稳定经济大盘的同时，加强对金融行业自身的规范，对于国民经济的稳定和发展起到了压舱石和助推器的作用。

一　多举措助力实体经济恢复发展

实体经济是我国经济的发展本线与财富之源，是现代经济运行的坚实基础。受复杂的国内国际环境影响，我国实体经济复苏的基础尚不稳固，需求收缩、供给冲击、预期减弱三重压力仍然较大。在局势复杂之际，坚持"稳字当头、稳中求进"有助于协调经济短期波动与长期增长的关系，对于夯实经济恢复基础、应对外部环境动荡至关重要，有利于保持经济运行在合理区间，保持社会大局稳定。在"稳字当头、稳中求进"的国家方针下，作为经济发展的血脉，金融助力实体经济恢复发展的作用愈加凸显。2022年，各金融监管部门出台一系列政策措施，全力支持疫情防控与经济恢复，为稳住我国经济大盘贡献了金融力量。

2022 年 4 月 18 日，中国人民银行和国家外汇管理局印发《关于做好疫情防控和经济社会发展金融服务的通知》（银发〔2022〕92 号，以下简称《金融服务通知》）①，从支持受困主体解难纾困、畅通国民经济循环、促进外贸出口平稳发展三个方面提出 23 条政策举措，旨在通过加强金融服务支持实体经济发展。要点内容包括：一是明确货币政策偏宽松的总基调，通过发挥贷款市场报价利率改革效能、适时增加支农支小再贷款额度、合理延长贷款期限等方式，引导金融机构向实体经济合理让利。二是优化信贷结构，要求实现金融机构对信贷增长缓慢区域的新增贷款占比稳中有升，进一步提

---

① 《关于做好疫情防控和经济社会发展金融服务的通知》，中国人民银行网站，2022 年 4 月 18 日。

高民营企业贷款在新发放企业贷款中的占比，重点关注农业、能源、物流等关系到国民经济命脉的基础性行业及住房金融和消费金融等稳增长相关领域。三是引导金融机构加大对基础设施建设的支持力度，要求金融机构合理购买地方政府债券，支持地方政府适度超前开展基础设施投资。《金融服务通知》精准覆盖中小企业、民营企业、外贸企业等各类型主体，涉及农业、能源、物流、基础设施建设、房地产等多个行业，为疫情防控和实体经济恢复提供了有力的金融支持。

为拓宽受疫情影响相关企业的融资渠道，2022年5月20日，证监会发布《关于进一步发挥资本市场功能　支持受疫情影响严重地区和行业加快恢复发展的通知》（证监发〔2022〕46号，以下简称《通知》）[1]，为提振市场主体的信心与积极性提出23项政策举措。要点内容包括：一是加大直接融资支持力度，优化受疫情影响严重区域企业的上市审批流程，提升上市公司再融资申请审批效率。二是适当延长相关时限，对于受疫情影响严重地区与行业在上市期间的反馈和问询时间予以适当延长。三是鼓励证券公司、基金管理公司、期货公司等行业机构积极发挥融资中介职能，降低企业融资成本，帮助企业抗疫和复工复产。《通知》在企业申请首发上市、北交所上市、再融资、并购重组、资产证券化等方面均加大了政策的支持力度，对维护资本市场稳定与促进经济复苏具有重要意义。

为推进金融支持小微企业减负纾困与恢复发展，2022年4月6日，银保监会发布《关于2022年进一步强化金融支持小微企业发展工作的通知》（银保监办发〔2022〕37号，以下简称《金融支持小微企业通知》）[2]，要求银行业金融机构延续普惠型小微贷款增速不低于各项贷款增速、有贷款余额的户数不低于年初水平的"两增"目标，持续提高普惠型小微企业贷款余额中信用贷款占比，拓展首贷户，降低贷款成本。同时，《金融支持小微

---

① 《关于进一步发挥资本市场功能　支持受疫情影响严重地区和行业加快恢复发展的通知》，证监会网站，2022年5月20日。

② 《关于2022年进一步强化金融支持小微企业发展工作的通知》，银保监会网站，2022年4月6日。

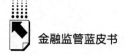

企业通知》亦强调推进银担合作、银保合作，加大信贷产品创新力度；推广存货、应收账款、知识产权等动产和权利质押融资业务，增强小微企业贷款可获得性。对于细分行业的小微制造业、小微科技企业、小微外贸企业、以及新市民、个体工商户等重点领域和薄弱环节的小微企业强化金融支持。

2022 年 11 月 14 日，中国人民银行、银保监会、财政部、国家发展改革委、工业和信息化部、国家市场监管总局等六部门联合印发《关于进一步加大对小微企业贷款延期还本付息支持力度的通知》（银发〔2022〕252号)①，针对 2022 年底到期的小微企业贷款，鼓励银行遵循市场化原则与借款企业商榷延期还本付息。

服务实体经济是金融的使命与目标，同时也是金融发展与稳定的根基。面对经济发展所面临的三重冲击，金融行业采取多方面措施加大对实体经济的金融支持与服务力度。中国人民银行借助结构性货币政策工具，引导资金流向关键领域与短板环节，稳定各类主体信心和预期。针对因疫情受困的行业，金融监管部门积极引导金融机构落实好延期还本付息政策，帮助受疫情影响的企业纾困，激发市场生机与活力。根据《2022 年金融统计数据报告》，2022 年我国人民币贷款增加 21.31 万亿元，比上年多增 1.36 万亿元；实体经济综合融资成本明显下降，新发放企业贷款加权平均利率为 4.17%，比上年低 34 个基点，切实为实体经济恢复发展提供了有力金融支持。

二　持续化解金融风险

防范化解金融风险是金融工作的永恒主题，2022 年，金融监管部门持续推动健全金融稳定长效机制，坚持市场化和法治化处置风险，在化解中小金融机构风险、保障房地产市场平稳运行等方面分类施策，维护金融稳定安全发展大局。

---

① 《关于进一步加大对小微企业贷款延期还本付息支持力度的通知》，中国人民银行网站，2022 年 11 月 14 日。

近年来，由于市场竞争加剧叠加疫情冲击与经济下行周期，部分中小银行因自身风险抵御能力弱，可持续发展能力受到制约，风险隐患突出。截至2021年底，我国银行业金融机构法人共计4602家。其中，中小金融机构数量占比超80%，但总资产占比不足30%，抵御风险能力明显不足。根据中国人民银行发布的2021年第四季度金融机构评级结果，高风险中小金融机构占全部高风险金融机构的93%，高风险中小金融机构发展形势较为严峻。金融防风险的关键在于保障金融机构的稳健运行，妥善处理金融机构涉众性风险和防范风险外溢，进一步增强中小金融机构市场竞争力，实现中小金融机构可持续发展，有助于夯实我国金融体系稳定基础。2022年监管部门出台多项政策措施推进中小银行改革化险。2022年6月6日，银保监会印发《关于引导金融资产管理公司聚焦主业积极参与中小金融机构改革化险的指导意见》（银保监办发〔2022〕62号）[1]，进一步促进金融资产管理公司聚焦主营业务，推动金融资产管理公司在加强不良资产收购与处置、提供兼并重组方案、帮助完善公司治理等方面积极发挥作用，提升金融资产管理公司参与中小金融机构改革化险的主动性与积极性。2022年上半年，全国中小银行共处置不良资产6700亿元，同比增加1640亿元。截至2022年底，金融监管部门共批准34家中小银行合并重组，支持河南、安徽等省份稳妥处置5家村镇银行风险事件，持续推进中小银行风险处置。

房地产行业是我国国民经济支柱性产业，房地产行业的稳健发展不仅是经济转型发展的关键，也是防范系统性金融风险爆发的关键。2022年，我国房地产行业销售增速降至历史低点，部分大型房企债务风险暴露，部分省份出现住房开发项目延期交付现象。由于房地产行业风险传染性强，房企债务风险极易转化为金融机构的经营风险，处置不当则可能引发系统性风险。为防范化解房地产金融风险，金融监管部门出台一系列扩需求、保供给、缓解融资难的政策措施，确保房地产市场平稳发展。2022年8月29日，中国

---

[1] 《关于引导金融资产管理公司聚焦主业积极参与中小金融机构改革化险的指导意见》，银保监会网站，2022年6月6日。

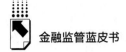

人民银行指导政策性银行推出 2000 亿元"保交楼"专项借款，用于支持已售逾期难交付住宅项目加快建设交付。2022 年 11 月 23 日，中国人民银行和银保监会联合发布《关于做好当前金融支持房地产市场平稳健康发展工作的通知》（银发〔2022〕254 号)①，其核心内容包括：支持银行与信托对房地产企业和项目进行贷款、支持地方政府和银行因城施策调整首付比例和贷款利率下限、支持优质企业对"僵尸项目"和企业开展并购融资、支持优质房企发债、支持发展租赁住房融资等，并放宽了风险考核要求。为鼓励优质房地产企业合理使用预售监管资金，进一步防范化解房地产企业的流动性风险，2022 年 11 月 14 日，银保监会、住建部与中国人民银行联合发布《关于商业银行出具保函置换预售监管资金有关工作的通知》（银保监办发〔2022〕104 号)②，从全国层面对保函置换预售监管资金的方式提出细致要求，既允许房企以保函置换部分监管资金，提高资金流动性，又要求资金监管账户留存充足额度，保障项目竣工交付。

三 强调金融机构合规经营与业务规范

合规经营是金融机构稳健运行和防范金融风险的基本要求。为加强金融机构合规管理，夯实我国金融机构健康发展基础，监管部门出台多项政策规范金融业经营行为，进一步完善监管框架，切实提升金融机构风险防范能力。

2022 年，监管部门进一步完善系统重要性金融机构的监管框架。全球系统重要性金融机构在金融体系中地位关键，具有规模较大、复杂性高、关联性强等特征，系统重要性金融机构的稳健发展对整个金融体系高效运行有着重要影响。2022 年 4 月 29 日，中国人民银行与银保监会发布《关于全球

---

① 《关于做好当前金融支持房地产市场平稳健康发展工作的通知》，中国人民银行网站，2022 年 11 月 23 日。
② 《关于商业银行出具保函置换预售监管资金有关工作的通知》，银保监会网站，2022 年 11 月 14 日。

系统重要性银行发行总损失吸收能力非资本债券有关事项的通知》（银发〔2022〕100号，以下简称《TLAC通知》）①，正式推出TLAC非资本债券这一创新型工具，进一步拓宽我国全球系统重要性银行的总损失吸收能力补充渠道。《TLAC通知》从偿付顺序、损失吸收方式、信息披露、发行定价以及登记托管等方面明确了TLAC非资本债券的核心要素和发行管理规定，为全球系统重要性银行有序组织债券发行工作提供了依据。2022年7月8日，中国人民银行与银保监会就《系统重要性保险公司评估办法（征求意见稿）》②向社会公开征求意见，明确了我国系统重要性保险公司的评估范围、方法流程和门槛标准，将主要保险公司纳入宏观审慎管理和金融业综合统计，进一步完善了保险监管制度，推动了保险行业稳健发展。2022年9月10日，中国人民银行与银保监会公布了2022年我国系统重要性银行名单，认定19家国内系统重要性银行，有助于进一步提升大银行的经营稳健性，更好地促进我国金融业对外开放。

近年来，随着银行业金融机构逐步对外开放以及不断加大对金融产品与服务的创新力度，银行业金融机构资产规模持续增长，金融市场化程度逐步加深，《银行业监督管理法》部分规定相对滞后的弊端逐渐显现，部分重要领域存在空白，难以满足监管实践的需要。为进一步完善监管机制，提升监管质效，2022年11月11日，银保监会发布《银行业监督管理法（修订草案征求意见稿）》③向社会公开征求意见，在加强股东监管、健全处置机制、加大监管力度、提升监管能力等方面做出了诸多调整。本次《银行业监督管理法》修改工作立足中国国情，在总结和巩固近年来银行业监管经验和改革成果的同时，充分借鉴国际先进经验，为我国银行业监管和发展提供了法治支撑。

为更好地应对金融领域风险问题，完善金融稳定法律制度的顶层设计，

---

① 《关于全球系统重要性银行发行总损失吸收能力非资本债券有关事项的通知》，中国人民银行网站，2022年4月29日。
② 《系统重要性保险公司评估办法（征求意见稿）》，中国人民银行网站，2022年7月8日。
③ 《银行业监督管理法（修订草案征求意见稿）》，银保监会网站，2022年11月11日。

弥补金融风险防范化解处置的制度短板，2022 年 12 月 30 日，中国人民银行会同国家发展改革委、财政部、司法部、证监会、银保监会以及国家外汇管理局等多部门共同起草了《金融稳定法（草案）》①，该草案通过了第十三届全国人大常委会第三十八次会议审议，并已向社会公开征集意见。《金融稳定法》是我国首部专注于防范化解处置金融风险的法律，它的出台将进一步明确各方关于维护金融稳定的责任，通过建立健全完善的金融风险防范机制、化解机制与处置机制，夯实我国金融稳定的法制基础，有效增强跨部门、跨地区金融风险防控化解能力，为践行全面依法治国方略、维护金融稳定提供法律保障，是建立维护金融稳定长效机制的一个关键环节。

四　提升金融服务水平

2022 年，银行业金融机构坚持以服务实体经济为根本，通过为国民经济重点领域与短板环节积极注入金融资源，持续向实体经济让利，在推动我国经济复苏与高质量发展的同时，显著提升了自身服务实体经济的能力与效率。

2022 年 7 月 4 日，银保监会颁布《关于进一步推动金融服务制造业高质量发展的通知》（银保监办发〔2022〕70 号，以下简称《金融服务制造业高质量发展通知》）②。《金融服务制造业高质量发展通知》指出，强化金融服务功能，找准金融服务重点，以服务实体经济、服务人民生活为本；对受疫情影响严重的制造业 2022 年底前到期的普惠型小微企业贷款，根据实际情况给予倾斜，适当放宽延期期限；用好普惠小微贷款增量奖励、支小再贷款等货币政策工具，缓解制造业小微企业流动性资金困难；为支持国家产业发展，综合运用各种金融手段、金融工具和金融制度政策体系，促进金融资源合理、有效配置。《金融服务制造业高质量发展通知》提到，要提高

---

① 《金融稳定法（草案）》，中国人民银行网站，2022 年 12 月 30 日。
② 《关于进一步推动金融服务制造业高质量发展的通知》，银保监会网站，2022 年 7 月 4 日。

金融服务的专业化水平。为有效应对信贷风险的大规模反弹，银行业金融机构应扎实做好资产分类工作，加强对不良资产的处置。加强金融机构管理制度建设，对股东资质与行为做好穿透式审查监管。在稳步拓宽金融活动监管范围的同时，注重提升监管效率。稳步扩大银行业保险业制度型开放。加快中小银行改革，稳步化解城市商业银行和农村信用社的相关风险，积极推动村镇银行改革与重组工作。全面推动保险公司聚焦主业与处置风险，严厉打击恶意竞争现象。

2022年3月29日，国务院颁布了《关于推进社会信用体系建设高质量发展促进形成新发展格局的意见》①，提出推进试点示范，统筹抓好社会信用体系建设示范区创建工作，要建设一个规范、透明、开放、有活力、有韧性的资本市场，完善资本市场基础性制度，把好市场入口和市场出口两道关，加强对交易的全程监管。

在重点抓好服务实体经济工作的同时，如制造业等重点行业，进一步补好农村金融的短板和弱项，积极推动乡村振兴，有效提高我国农村金融的服务水平和服务能力。2022年4月21日，中国人民银行正式颁布了《关于做好2022年金融支持全面推进乡村振兴重点工作的意见》（银发〔2022〕74号）②，该意见提出立足积极畅通国内循环中的农村环节，以健全、发展农村金融服务为核心目的，以金融科技发展为总抓手，全力建设、完善乡村金融服务体系。金融科技一直是金融发展的根本，农民使用金融科技产品能够有效推动农业产业数字化，使农民生产交易账目有数字记录，有迹可循，有效解决农村地区长期存在的信息不对称问题，改善农业领域的经济困境。为农民提供更加便捷的金融服务能够有效促进提升农业收入，提高农民的可支配收入，对畅通国内循环中的消费环节起到关键作用。尤其是将大数据、云计算等运用在农村金融服务中，能够帮助农民对其生产等行为进行深度学

---

① 《关于推进社会信用体系建设高质量发展促进形成新发展格局的意见》，中国政府网，2022年3月29日。
② 《关于做好2022年金融支持全面推进乡村振兴重点工作的意见》，中国人民银行网站，2022年4月21日。

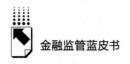

习，完善数据模型，找到需求曲线，精准帮助农民促进农业产业发展。

2023 年，应当进一步提升金融服务高质量发展成效，继续引导金融机构纾困帮扶，为新型消费和服务消费提供信贷支持，创新改善新市民金融服务，推动涉农贷款持续增长。以高水平服务深化金融体制改革，推动银行业金融机构将党的领导整合到公司治理的各个环节，加快建设具有中国特色的现代金融企业制度，持续提升金融服务效率。

五 金融科技高质量发展

2022 年，我国金融科技领域持续贯彻落实创新驱动发展战略，不断完善顶层设计，全面推进金融机构数字化转型，不断加强金融领域的网络安全保障，金融标准建设与实施稳步向纵深推进。

2022 年 1 月 4 日，中国人民银行印发《金融科技发展规划（2022-2025年）》（以下简称《规划》）①，在回顾"十三五"时期金融科技发展状况的基础上，提出"十四五"时期金融科技发展愿景，明确金融科技发展的指导思想和 4 个基本原则、6 个发展目标，确定了 8 项重点任务和 5 项保障措施。2022 年 1 月 10 日，中国银保监会办公厅印发《关于银行业保险业数字化转型的指导意见》（银保监办发〔2022〕2 号）②；2022 年 6 月 22 日，习近平总书记主持召开中央全面深化改革委员会第二十六次会议，审议通过了《强化大型支付平台企业监管促进支付和金融科技规范健康发展工作方案》。以上文件的陆续出台，吹响了"十四五"时期数字经济发展背景下的金融科技创新发展集结号角，推动了我国金融科技从"立柱架梁"全面迈入"积厚成势"新阶段，金融科技助力数字经济发展方向更加明确、路径更加清晰、规则更加完善。

目前，数字鸿沟、技术排斥、算法歧视、隐私泄露等科技伦理挑战逐渐凸显。《规划》等文件提出，在健全金融科技治理体系过程中不仅要完善现

---

① 《金融科技发展规划（2022-2025 年）》，中国人民银行网站，2022 年 1 月 4 日。
② 《关于银行业保险业数字化转型的指导意见》，银保监会网站，2022 年 1 月 10 日。

代化治理结构与全面塑造数字化能力，还要重视"加强金融科技伦理建设"。预计未来几年我国将逐步强化金融科技伦理建设，目前部分省市已经创建"金融科技伦理委员会"。2021年3月浙江成立全国首个省级金融科技伦理委员会，2021年12月在深圳市地方金融监督管理局的推动和指导下，深圳市金融科技协会组建成立了深圳市金融科技伦理委员。

在强化数据能力建设方面，《规划》等文件提到要深刻认识数据要素重要价值，通过制定企业层级的数据规划和发展战略，进一步明确基本目标、主要任务、工作机制以及具体实施路径等内容，以推动数据工作高效有序开展。建立协调一致、涵盖数据全生命周期的数据治理体系，有助于提高金融机构挖掘数据的能力，促进金融机构加大数据挖掘投入，有效提高金融机构对于数据的管控水平，切实将数据规划好、治理好、应用好、保护好。

在数据中心绿色发展方面，《规划》等文件提出，要建设绿色高可用数据中心，积极应用绿色节能技术和清洁可再生能源，加快数据中心绿色化建设与改造，加强能耗数据监测与管理。新建大型、超大型数据中心电能利用效率不超过1.3。到2025年，数据中心电能利用效率普遍不超过1.5。

《规划》中还指出，要加强核心技术的应用攻关，事前把好选型关口，保障供应链稳定可靠，构建开放创新的产业生态，不断壮大开放创新、合作共赢的产业生态，打通科技成果转化"最后一公里"，进一步夯实金融创新发展的"数字底座"。构建低耦合、高内聚架构的技术中台；筑牢集整合、加工、分析、管控于一体的综合数据中台；建设模块化、可定制、高复用的业务中台。健全自动化风险控制机制，推动风险管理主体由"人防"向"技防""智控"方向转型，提升风险处置的及时性与准确性。不断提升智能化营销能力，在获客、活客、留客方面不断深耕细作。

六 扩大金融高水平对外开放

党的二十大报告指出："推进高水平对外开放，稳步扩大规则、规制、管理、标准等制度型开放。"2022年，中国不断深化金融改革和对外开放，

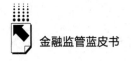
提高金融机构"走出去"经营管理水平和全球竞争力。尽管受到疫情冲击，我国金融业对外开放的步伐依然稳健。

2022年1月29日，中国人民银行、国家外汇管理局发布《关于银行业金融机构境外贷款业务有关事宜的通知》（银发〔2022〕27号，以下简称《银行境外贷款通知》）①。《银行境外贷款通知》自2022年3月1日起实施。《银行境外贷款通知》的落地实施，为境内银行提高国际化经营水平营造了良好的政策环境，切实发挥了跨境业务服务实体经济、促进贸易投资便利化的积极作用。2022年5月27日，中国人民银行、证监会和国家外汇管理局颁布了《关于进一步便利境外机构投资者投资中国债券市场有关事宜》②，进一步便利境外机构投资者投资中国债券市场，统筹同步推进银行间和交易所债券市场对外开放。在金融双向开放政策持续出台、经济发展对国际市场影响日益增强等背景下，我国金融机构也在"走出去"方面持续发力，在对外金融网点布局、业务开拓等方面都取得了巨大进步。在以工、农、中、建、交为领头羊的银行机构带领下，证券、基金、保险等行业机构也同步加大了全球分支机构建设，通过不断拓展国际市场服务体系布局，目前已成功构建覆盖62个国家和地区的全球金融服务网络，对外金融业务覆盖了跨境人民币、现金管理、投资银行、金融投资、保险等主要业务，一个具有中国特色的多元化全球金融服务体系逐步建成。"开放提速"使得我国金融机构在国际金融体系中的地位不断提升。

随着人民币国际化的不断深入推进，如何确定人民币国际化影响金融稳定的因素及各因素的影响程度成为亟待解决的问题。对此问题的探讨及解决有利于在稳步推进人民币国际化的过程中从不同层面推动金融稳定，防范各类不稳定因素的冲击。"十四五"规划和2035年远景目标纲要提出，稳妥审慎推进人民币国际化，打造一种基于人民币自由使用的合作关系。党的二

---

① 《关于银行业金融机构境外贷款业务有关事宜的通知》，国家外汇管理局网站，2022年1月29日。
② 《关于进一步便利境外机构投资者投资中国债券市场有关事宜》，国家外汇管理局网站，2022年5月27日。

十大报告提出，要有序推进人民币国际化。人民币目前得到各国广泛认可，国际化水平稳步提升。2022 年 8 月，国际货币基金组织最新特别提款权（SDR）货币篮子正式生效，人民币在其中的权重提升 1.36 个百分点。2022 年 6 月 16 日，中国人民银行发布《关于支持外贸新业态跨境人民币结算的通知》（银发〔2022〕139 号）①，提出要推动金融高水平开放，为人民币国际化迈上新台阶增添动力。

2023 年，我国金融机构国际布局目前仍然存在可提升的空间，特别是在如今全球通胀高企、不确定性犹存的大环境下，金融机构在加速"走出去"的同时，走得"更远、更稳"是其真正实现高质量发展的关键所在。对此，我国金融机构不仅需在金融业高水平对外开放持续推进的背景下，加大"走出去"力度，还要积极对接国际资本市场体系，加强产品、业务多元化布局，强化风险管理能力，进一步提升自身经营管理水平和全球竞争力。

七　规范绿色金融发展

绿色低碳转型是全球经济发展的必然趋势，金融业在其中发挥着重要推动作用。2022 年，相关部门持续完善绿色金融发展顶层设计，积极支持与引导金融机构加快绿色金融领域探索，坚定不移助力"双碳"目标推进，我国绿色金融发展取得显著成绩。截至 2022 年 9 月末，我国本外币绿色贷款余额达 20.9 万亿元，同比增长 41.4%，高于各项贷款增速 30.7 个百分点；绿色债券存量规模逾 1.26 万亿元，位居全球前列。

2022 年 11 月 16 日，由中美两国共同主持的 G20 可持续金融工作组起草的《G20 转型金融框架》正式发布。当前，国内外转型金融的市场实践尚处于早期探索阶段，《G20 转型金融框架》为各国编制转型金融政策提供了基本的原则，在转型金融标准、信息披露要求、激励机制等方面建立了一

---

① 《关于支持外贸新业态跨境人民币结算的通知》，中国人民银行网站，2022 年 6 月 16 日。

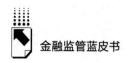

套新的投融资框架,可用于指导各成员结合自身情况制定转型金融的具体政策,对于推动全球各主要经济体加速建立转型金融政策框架,促进金融业支持高碳排放行业向低碳和零碳转型具有里程碑意义。

2022年4月12日,证监会发布《碳金融产品》金融行业标准(JR/T 0244—2022)①,在碳金融产品分类的基础上,制定了具体的碳金融产品实施要求,为碳金融产品规范发展提供了依据。作为我国首个国家层面的碳金融标准,《碳金融产品》从范围、术语和定义、碳金融产品分类、碳金融产品实施要求等方面对碳金融产品进行了详细的定义,这一方面有利于促进各类碳金融产品有序发展,另一方面有利于全国碳排放权交易市场的繁荣发展。

2022年6月1日,银保监会印发《银行业保险业绿色金融指引》(银保监发〔2022〕15号)②,引导金融机构通过完善组织架构、流程优化、内控管理等从战略高度持续推进绿色金融工作,加大对绿色、低碳、循环经济的支持力度。一是要将绿色金融发展的思路设计摆在战略地位,从组织建设、制度安排、产品理念等多层次体系框架下制定深度战略规划;二是要将企业社会责任摆在重点位置,明确指出企业要对环境问题进行重点监控、严格管控、有效治理,关注企业生产上游厂商的环境问题,针对企业的整条生产链条都进行有效治理,防止尾端治理、上游排污的情况出现。三是要加快发展绿色金融的社会和政策环境,提高绿色金融的普适性,提高对企业环境责任的要求,设立社会面的正面典型,倡导树立企业注重环境责任的新风尚。《银行业保险业绿色金融指引》的发布进一步强化了绿色金融政策的指导性,拓宽了绿色金融覆盖面,提升了绿色金融政策的有效性。

为推进绿色债券稳健发展,拓展绿色项目资金来源,2022年7月29日《中国绿色债券原则》③正式发布,明确了募集资金用途、项目评估与遴选流程、募集资金管理以及披露报告等中国绿色债券的核心要素。《中国绿色债券原则》的发布明确了中国绿色债券的核心机制,满足了绿色项目融资

---

① 《碳金融产品》,证监会网站,2022年4月12日。
② 《银行业保险业绿色金融指引》,银保监会网站,2022年6月1日。
③ 《中国绿色债券原则》,绿色债券标准委员会,2022年7月29日。

需求的多变性和多样性，提升了融资的规范化水平，推动了国内绿色债券标准的统一，标志着我国正式建立起与国际接轨的绿色债券标准，对推进国家绿色债券市场的高质量发展具有重大意义。

此外，2022年我国绿色金融体系建设的地方试点再次深化，地方经验持续积累。2022年8月19日，中国人民银行会同国家发展改革委等6部门，共同印发《重庆市建设绿色金融改革创新试验区总体方案》（银发〔2022〕180号）①，正式将重庆纳入国家绿色金融改革创新试验区范围，持续探索绿色转型具体发展路径与模式。2017年以来，中国先后在7个省（区）和10个地方设立了绿色金融改革创新试验区。通过探索地方绿色金融的发展路径，"自下而上"让绿色金融在支持绿色低碳高质量发展中发挥作用。经过多年努力，绿色金融改革创新试验区在创新绿色金融产品和服务、完善政策支持体系和激励约束机制等方面取得了一系列可复制、可推广的经验，有力支持了当地绿色产业发展和经济社会绿色低碳转型。截至2022年6月底，绿色金融改革创新试验区绿色贷款余额1.1万亿元，占比高于全国平均水平2.2个百分点。

八　个人养老制度加速建设

截至2021年底，全国60岁及以上老年人口达2.67亿人，占总人口的18.9%。目前我国养老保险体系仍以由政府法律强制实施的公共养老金计划为主，随着老龄化程度日益加深，养老金支付需求逐渐扩大，发展基于个人意愿的、完全积累制的个人养老计划迫在眉睫。

2022年4月8日，国务院办公厅发布《关于推动个人养老金发展的意见》（国办发〔2022〕7号）②，明确国家将制定税收优惠政策，鼓励符合条件的人员参加个人养老金制度并依规领取个人养老金，个人养老金参加人可

---

① 《重庆市建设绿色金融改革创新试验区总体方案》，中国人民银行网站，2022年8月19日。
② 《关于推动个人养老金发展的意见》，中国政府网，2022年4月8日。

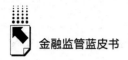
自主选择购买符合规定的金融产品，金融监管部门对参与个人养老金运行金融机构的经营活动进行监管。在我国人口老龄化的背景下，个人养老金制度的建设有利于满足人民群众多样化的养老保险需求，能够让人们的老年生活更有品质、更具保障，个人养老金制度的实施在我国多层次社会保障体系建设中具有里程碑意义。

个人养老金制度本质上是一种养老属性的储蓄计划，其成功运作的关键在于投资产品具有一定吸引力。为加速我国个人养老金制度的建设与完善，银保监会与证监会陆续出台相关监管配套措施，促进更多金融产品进入个人养老金产品范畴，提升金融产品的吸引力与金融机构参与个人养老金业务的积极性。2022 年 6 月 24 日，证监会发布《个人养老金投资公开募集证券投资基金业务管理暂行规定（征求意见稿）》（证监会公告〔2022〕46号）[①]，明确了个人养老金投资公募基金的制度安排，对参与机构主体运作提出了高标准与严要求，持续保障广大投资者的养老投资需求。2022 年 9 月 29 日，银保监会发布《关于保险公司开展个人养老金业务有关事项的通知》（银保监规〔2022〕17 号）[②]，明确险企个人养老金业务的经营资质、销售要求及个人养老金产品的保险产品范畴。2022 年 11 月 17 日，银保监会发布《商业银行和理财公司个人养老金业务管理暂行办法》（银保监规〔2022〕16 号）[③]，公布首批开办个人养老金业务的机构名单，明确个人养老金资金账户的账户性质、缴费限额以及购买产品范围。

2022 年 11 月 25 日，个人养老金制度在 36 个先行城市（地区）启动实施，各金融机构积极参与试点，陆续推出养老储蓄、养老理财、养老目标基金、专属商业养老保险等金融产品，推动个人养老金制度平稳有序运行。截至 2022 年底，个人养老金参加人数 1954 万人，缴费人数 613 万人，总缴费金额 142 亿元，实现第三支柱个人养老金业务良好开局，弥补了我国多层

---

① 《个人养老金投资公开募集证券投资基金业务管理暂行规定（征求意见稿）》，证监会网站，2022 年 6 月 24 日。
② 《关于保险公司开展个人养老金业务有关事项的通知》，银保监会网站，2022 年 9 月 29 日。
③ 《商业银行和理财公司个人养老金业务管理暂行办法》，银保监会网站，2022 年 11 月 17 日。

次、多支柱养老金制度的短板。总体来看，个人养老金制度的实施对个人养老与金融体系均有积极影响。从微观层面看，个人养老金制度对居民个人与金融机构均大有裨益，对居民个人而言，个人养老金制度的发展有益于个人积累养老资产；对金融机构而言，个人养老金制度能够激励金融机构创新产品与服务，丰富养老金融产品供给，满足居民多样化、个性化的养老需求。从宏观角度看，个人养老金的发展有利于建成覆盖全民、权责明晰、保障适度的多层次养老保险体系，为资本市场发展持续稳定地注入资金，充分发挥资本市场的优势，推进中国式现代化建设。

九 2023年金融监管展望

2023年是全面贯彻落实党的二十大战略部署的开局之年，也是实施"十四五"规划的关键一年。2022年12月15日中央经济工作会议明确2023年经济工作的总基调依然是"稳字当头、稳中求进"，强调保持经济平稳运行至关重要。2023年中国金融业将坚守服务实体经济的本源，金融监管政策将秉持促发展与防风险"两手抓"的原则，在着力支持恢复经济与扩大消费的同时，恪守风险防范和金融安全的底线，继续构建具有中国特色的金融监管体系。展望2023年的金融监管，以下几个趋势值得关注。

一是加大金融对消费的支持力度。2022年12月15日国务院印发《扩大内需战略规划纲要（2022—2035年）》，提出要"全面促进消费，加快消费提质升级"。在此背景下，2023年金融政策将积极配合财政政策和社会政策，重点做好促进恢复与扩大消费的金融支持工作。一方面，通过完善相关领域监管规则，促进居住消费水平提升，为新型消费和服务消费提供信贷支持和保障。另一方面，加大金融消费者权益保护监管和执法力度，敦促金融机构进一步优化消费者权益保护工作机制。积极开展消费者教育宣传和风险提示工作，严厉查处侵害消费者权益行为并通报典型案例，切实维护金融消费者的合法权益。

二是强化金融支持民营企业。当前，民营企业经营困难偏多，发展

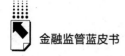

预期较弱，信心有待提升。党的二十大报告强调要"毫不动摇鼓励、支持、引导非公有制经济发展"，"优化民营企业发展环境，依法保护民营企业产权和企业家权益，促进民营经济发展壮大"及"支持中小微企业发展"。2022 年中央经济工作会议则进一步明确金融机构应进一步树立"一视同仁"理念。民营企业和中小微企业不仅是解决就业问题与改善民生的重要市场力量，也是高水平社会主义市场经济体系不可分割的一部分。2023 年，对民营企业的金融服务力度，特别是信贷支持力度将进一步加大。监管部门应持续完善相关政策，引导金融机构依托数字金融创新加大对优质民企的金融支持力度。同时，鼓励金融机构向实体经济让利，缓解中小微企业融资压力，提振民营企业发展信心，优化民营企业发展环境。

三是深化金融高水平对外开放。稳步扩大金融双向开放是高水平开放的重要组成部分，2023 年我国将继续坚持市场化、法治化、国际化的原则，稳妥有序推进系统性的制度型开放。第一，营造与高水平开放相适应的制度环境，并在扩大开放中持续提升我国金融体系和金融机构的国际竞争力。第二，丰富境外投资者可投资的行业和资产种类，提升外资机构投资中国金融市场的积极性，畅通外资机构进入中国金融市场的渠道。第三，支持香港国际金融中心持续繁荣发展，深化香港与内地市场互联互通，巩固香港国际金融中心地位。第四，不断提高跨境金融监管能力，加强国际金融监管协调合作，平衡金融开放的节奏与安全。

四是持续防范金融风险。全球经济下行周期叠加疫情三年冲击导致我国部分地区和行业的风险进一步集聚和显现。为更好地防范和化解区域性、系统性金融风险，2023 年金融监管部门应从以下三方面完善政策措施，夯实制度基础，牢牢守住不发生系统性风险的底线。第一，加大对中小银行的支持力度，加快处置高风险金融机构，加快推进中小银行机构风险化解，积极推动信托等非银行金融机构聚焦主业转型发展，保障银行体系运行稳健。第二，支持房地产市场平稳发展，推动防范化解优质头部房企风险，加快优化差别化住房信贷政策，更好地满足居民的刚性住房需求与改善性住房需求，努力促进房地产市场与金融市场良性循环。第三，进一步压紧压实地方政府主体责任与属地责任，严格防范地方政府债务风险与区域性金融风险。

参考文献

［1］ Sustainable Finance Working Group，"2022 G20 Sustainable Finance Report"，November 16，2022，https：//g20sfwg. org/wp－content/uploads/2022/10/2022－G20-Sustainable-Finance-Report-2. pdf.

［2］ 曾刚、燕翔：《金融伦理与数字普惠金融发展》，《中国金融》2023 年第 1 期。

［3］ 马骏：《〈G20 转型金融框架〉及对中国的借鉴》，《中国金融》2022 年第 23 期。

［4］ 成新轩、冯潇：《共同富裕目标下我国多支柱养老保障体系研究》，《理论探讨》2022 第 4 期。

［5］ 朱兰、郭熙保：《党的十八大以来中国绿色金融体系的构建》，《改革》2022 年第 6 期。

［6］ 刘非、郑联盛：《我国金融高水平开放问题研究》，《理论探索》2021 年第 3 期。

［7］ 王兆星：《防范化解系统性金融风险的实践与反思》，《金融监管研究》2020 年第 6 期。

分 报 告
Sub-reports

B.3
2022年银行业监管报告

白啸威　李育峰　巴劲松*

摘　要： 2022年，我国银行业监管工作紧紧围绕化险、改革、发展三大任务，引导银行业加大对重点领域和薄弱环节的支持力度，稳妥有序化解房地产、中小金融机构风险，持续完善监管制度体系建设，不断深化银行业改革开放，银行业运行整体保持稳健。展望2023年，预计银行业监管总体上将继续坚持稳中求进工作总基调，一方面，加大对消费领域的金融支持，突出做好稳增长稳就业稳物价工作，全力支持经济运行整体好转；另一方面将防范化解系统性风险放在首要位置，努力促进金融与房地产正常循环，加快推动中小银行改革化险，有效应对信用风险集中反弹。同时，紧紧抓住公司治理"牛鼻子"，持续强化金融机构治理体系建设，多措并举持续提升监管有效性。

---

* 白啸威，国家金融与发展实验室金融法律与金融监管研究基地特约研究员，主要研究方向为金融监管、金融风险管理；李育峰，博士，副研究员，国家金融与发展实验室金融法律与金融监管研究基地特约研究员，主要研究方向为金融监管、金融风险管理；巴劲松，博士，副研究员、高级经济师，国家金融与发展实验室金融法律与金融监管研究基地特约研究员，主要研究方向为金融监管、金融风险管理、金融法律。

关键词： 银行业 系统性风险 金融监管

一 2022年银行业监管回顾与发展状况

（一）2022年银行业发展的宏观经济金融环境

2022年，我国发展的外部环境复杂严峻，以俄乌冲突为代表的地缘政治动荡不安，全球经济下行压力持续加大，疫情反复冲击经济社会运行，需求收缩、供给冲击、预期转弱的三重压力持续显现，给我国经济发展带来较大困难。在此背景下，我国高效统筹疫情防控与经济社会发展，积极应对各种超预期因素不利冲击，宏观经济大盘总体稳定。2022年，我国国内生产总值达到121万亿元，经济总量继2020年、2021年连续突破100万亿元、110万亿元之后再上新台阶；同比增速为3%，是国际主要经济体中比较快的增速。经济发展有以下几方面的特征：一是创新发展的驱动作用持续增强。2022年，规模以上高技术制造业增加值同比增长7.4%，较整体规模以上工业增加值增速快3.8个百分点；工业控制计算机及系统、移动通信基站设备、新能源汽车产量分别增长15.0%、16.3%、97.5%，绿色发展、信息通信等战略新兴产业增长迅猛。二是在全球经济下行压力加大、贸易增长动能趋缓的背景下，我国对外贸易保持较快增长。2022年，我国货物贸易总额达到42万亿元，同比增速达7.7%；1~11月服务进出口总额达到5.4万亿元，较上年增长15.6%。三是固定资产投资快速增长，有效发挥了稳增长作用，投资结构持续优化。2022年，我国固定资产投资额（不含农户）达到57.21万亿元，同比增长5.1%，较GDP增速快2.1个百分点。其中基础设施投资和制造业投资分别增长9.4%和9.1%，有效对冲了房地产投资下降（-10.0%）对投资的拖累。从投资结构上看，高技术产业投资和社会领域投资保持较快增长，同比增速分别为18.9%和10.9%，分别较整体固定资产投资增速快13.8个和5.8个百分

点。四是在欧美主要经济体通胀率高企、输入性通胀压力较大的情况下，我国物价水平保持温和上涨，2022年全年CPI同比上涨2.0%。同时，2022年经济运行确实也存在一些不利因素。居民收入增长乏力，2022年全年全国居民人均可支配收入3.69万元，扣除价格因素影响实际增长仅2.9%，低于GDP增速。受收入因素影响，叠加疫情、预期转弱、养老医疗需求、不动产价格变化带来的家庭财富效应转弱等，居民消费支出趋于保守，全年全国居民人均消费支出24538元，比上年名义增长1.8%，扣除价格因素影响实际下降0.2%。反映在消费端数据上，全年社会消费品零售总额为43.97万亿元，比上年下降0.2%。

2022年，面对复杂的内外部形势，我国金融管理部门加大稳健货币政策实施力度，全力支持稳住宏观经济大盘。2022年，我国两次降低银行存款准备金率，综合运用公开市场操作、再贴现、再贷款、中期借贷便利（MLF）等多种方式投放流动性，为经济社会发展提供较宽松的流动性环境。2022年末，我国广义货币（M2）余额266.43万亿元，同比增长11.8%，增速比上年高2.8个百分点；狭义货币（M1）余额67.17万亿元，同比增长3.7%，增速比上年高0.2个百分点。金融体系持续加大对实体经济的支持力度，2022年末社会融资规模344万亿元，同比增长9.6%；社会融资规模增量32万亿元，比上年多增6689亿元。其中，银行贷款对社会融资规模的增长贡献突出，2022年人民币贷款增加近21万亿元，同比多增9746亿元，占比65.3%，提高了1.7个百分点。政府债券和企业债券分别增加7.12万亿元和2.05万亿元。从贷款投向上看，银行对制造业、科技企业、普惠领域、基础设施领域的信贷支持力度较大，制造业中长期贷款、科技型中小企业贷款、"专精特新"企业贷款、普惠小微贷款、基础设施领域的中长期贷款余额同比分别增长36.7%、24.3%、24%、23.8%、13%，比各项贷款增速分别高25.6个百分点、13.2个百分点、12.9个百分点、12.7个百分点、1.9个百分点。与此同时，为支持实体经济发展，降低实体经济融资负担，中国人民银行持续释放贷款市场报价利率改革红利，指导商业银行建立健全存款利率市场化调整机制，稳定负债成本，推动实体经济综合融资成本明显下降。2022 年，银行新吸收定期存款加权平均利率比上年低 11 个基点，全年 1 年期 LPR 和 5 年期 LPR 分别下降 15 个基点和 35 个基点，有效促进社会融资成本的下降，降低实体企业财务负担。2022 年，银行新发放企业贷款加权平均利率为 4.17%，比上年下降 34 个基点。

（二）2022年银行业监管回顾

2022 年，我国银行业监管工作围绕化险、改革、发展，引导银行业金融机构提升服务实体经济质效，化解金融风险，完善监管制度体系建设，深化银行业改革开放，银行业运行整体保持稳健。

1.着力提升金融服务实体经济质效

引导银行业金融机构持续加大对重点领域和薄弱环节的支持力度，2022 年人民币贷款新增 21 万亿元，同比多增 1.36 万亿元，新发放的企业贷款超过 50% 投向民营企业，企业类贷款平均利率较 2021 年下降 0.47 个百分点。制造业各项贷款新增 4.7 万亿元，增量为 2021 年的 1.7 倍。出台金融支持货运物流保通保畅政策，加大金融对受疫情影响困难行业企业的支持力度，统筹做好疫情防控和经济社会发展工作。持续加大对小微企业发展的支持力度，普惠型小微企业贷款同比增长 23.6%。改进"三农"金融供给，全面推进乡村振兴，出台政策促进金融服务制造业与公路交通等高质量发展。

2.稳妥有序防范化解金融风险

出台"金融十六条"①，优化调整差别化住房信贷政策，延长房地产贷款集中度管理过渡期，推动银行保函置换预售监管资金政策落地，出台支持保障性租赁住房发展的指导意见，多措并举优化房地产金融监管机制，有效防范房地产市场风险。积极稳妥应对经济下行周期信用风险集中暴露风险，

---

① 《关于做好当前金融支持房地产市场平稳健康发展工作的通知》，中国人民银行网站，2022 年 11 月 23 日。

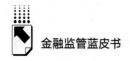

2022 年全年银行业金融机构累计处置不良资产 3.1 万亿元。有序推动中小金融机构改革化险，中原银行吸收合并洛阳银行等三家城商行，辽阳农商行、太子河村镇银行完成破产清算，稳妥处置河南、安徽村镇银行风险事件，信托公司、资产管理公司、财务公司等非银行金融机构风险化解稳步推进。设立金融稳定保障基金，进一步完善风险处置长效机制。

3. 持续完善监管制度体系建设

出台《商业银行表外业务风险管理办法》这一统领性、综合性规制，将所有表外业务全部纳入监管，构建全面统一的表外业务管理与风险控制体系。完善商业银行互联网贷款业务管理规则，有效防范互联网贷款管理"空心化"。修订完善商业汇票承兑、贴现与再贴现业务制度，完善票据市场信用管理框架和市场化约束机制。出台《关于进一步促进信用卡业务规范健康发展的通知》，对商业银行信用卡业务经营行为进一步进行规范，保护金融消费者合法权益。

4. 不断深化银行业改革开放

印发《银行保险机构关联交易管理办法》，有效防范利益输送风险。修订完善《银行保险机构公司治理监管评估办法》，完善评估机制、提升评估质效。出台《理财公司内部控制管理办法》，推动理财公司依法合规、健康平稳运行。出台《关于银行业保险业数字化转型的指导意见》，对银行业数字化转型予以规范和指导。印发《银行业保险业绿色金融指引》，引导金融机构加大对绿色发展领域的支持力度。批准高盛工银理财、施罗德交银理财开业，坚定不移推动银行业对外开放。

（三）2022年银行业发展情况

1. 资产负债平稳较快增长

2022 年末，我国银行业金融机构本外币资产余额 379.39 万亿元，同比增长 10.0%，增速较上年高 2.2 个百分点；我国银行业金融机构负债余额 348 万亿元，同比增长 10.4%，增速较上年高 2.6 个百分点。从不同类型机构来看，大型商业银行和城市商业银行资产负债增速高于平均水平，占比均有所提高，股份制商业银行、农村金融机构资产负债增速低于平均水平，占比有所下降。具体来看，大型商业银行资产总额为156.3万亿元，同比增速12.9%，较平均增速高2.9个百分点，占比为41.2%，较上年提高1.1个百分点；负债总额为143.5万亿元，同比增速13.4%，较平均增速高3个百分点，占比为41.2%，较上年提高1.1个百分点。股份制商业银行资产总额66.5万亿元，同比增速仅6.9%，较平均增速低3.1个百分点，占比17.5%，较上年下降0.5个百分点；负债总额61.1万亿元，同比增速也仅6.9%，较平均增速低3.5个百分点，占比17.5%，较上年下降0.6个百分点。

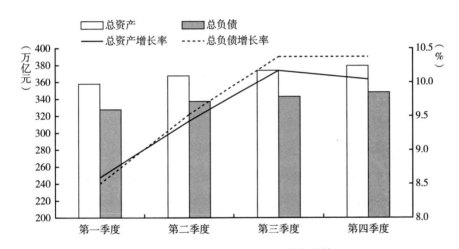

图1　2022年银行业金融机构资产负债情况

资料来源：银保监会网站。

2. 商业银行贷款质量保持稳定

2022年末，我国商业银行不良贷款余额3万亿元，较上年末增长1500亿元；商业银行不良贷款率1.63%，较上年末下降0.10个百分点。2022年末，商业银行正常贷款余额179.7万亿元，其中正常类贷款余额175.6万亿元，关注类贷款余额4.1万亿元。

3. 商业银行利润增速回落

2022年，我国商业银行累计实现净利润2.3万亿元，同比增速

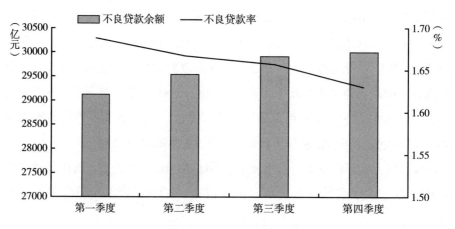

图2 2022年商业银行资产质量情况

资料来源：银保监会网站。

5.4%，增速比上年下降7.2个百分点；平均资本利润率为9.33%，较上年下降0.31个百分点；平均资产利润率为0.76%，较上年下降0.03个百分点。

4. 商业银行风险抵补能力保持稳定

2022年末，商业银行贷款损失准备余额为6.1万亿元，较上年末增长0.5万亿元；拨备覆盖率为205.85%，较上年末提高8.94个百分点；贷款拨备率为3.36%，较上年末下降0.04个百分点。

2022年末，我国商业银行（不含外国银行分行）核心一级资本充足率为10.74%，较上年末微降0.04个百分点；一级资本充足率为12.30%，较上年末微降0.05个百分点；资本充足率为15.17%，较上年末上升0.04个百分点。

5. 商业银行流动性水平保持稳健

2022年末，我国商业银行流动性覆盖率为147.41%，较上年末提高2.11个百分点；流动性比例为62.85%，较上年末提高2.53个百分点；人民币超额备付金率为2.05%，与上年末持平；存贷款比例（人民币境内口径）为78.76%，较上年末下降0.93个百分点。

二 2022年银行业主要监管举措

（一）推动稳政策落地，着力提升金融服务实体经济质效

1.设立政策性开发性金融工具，加大对重点领域重大工程的支持

2022年，受国内外多重超预期因素影响，我国经济面临较大的下行压力。稳投资是稳定宏观经济的重要手段，尤其是基础设施建设投资，但2022年我国包括新型基础设施在内的重大项目资本金到位难等问题比较突出。2022年6月国务院常务会议决定，设立政策性开发性金融工具①支持重大项目建设，为项目建设提供期限长、成本低的资金，扩大有效投资促进就业和消费。

资金来源上，由中国人民银行支持国家开发银行、中国农业发展银行通过发行金融债券等方式筹资，中央财政按实际投资额在2年内给予一定的贴息。资金规模上，2022年6月首次批复3000亿元，8月再次批复3000亿元以上额度；截至2022年10月末，两批金融工具合计已投放7400亿元，各银行为有关项目累计授信额度超过3.5万亿元。投资原则上，要求按照市场化原则投资和退出，不参与项目实际建设运营，投资项目兼顾社会效益与经济效益。投资方向上，政策性开发性金融工具重点投向五大基础设施重点领域②、重大科技创新领域以及其他可由地方政府专项债券投资的项目。

创设政策性开发性金融工具支持基础设施建设项目，有利于解决重大项目资本金缺位的问题，撬动更多民间资本参与，尽快形成基础设施建设实物工作量，稳住宏观经济大盘。有利于在坚持不搞"大水漫灌"、不超发货币条件下，更好地疏通货币政策传导机制，促进银行在规模和结构上更好地匹配存款和贷款，实现扩大有效投资、带动就业、促进消费的综合效应。

---

① 也称基础设施投资基金。
② 交通水利能源等网络型基础设施、信息科技物流等产业升级基础设施、地下管廊等城市基础设施、高标准农田等农业农村基础设施、国家安全基础设施等。

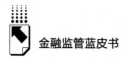

2. 金融精准发力支持货运物流保通保畅、为受疫情影响企业纾困解难

为进一步保障货运物流特别是重要生产生活物资运输畅通，促进国际国内物流畅通，维护产业链、供应链稳定，2022 年 4 月，银保监会印发《关于金融支持货运物流保通保畅工作的通知》（银保监办发〔2022〕40 号）。该通知要求各银行机构将普惠型小微企业贷款适度向运输企业和个体工商户倾斜，切实用足用好普惠小微贷款支持工具。强化对货车司机群体的关怀，对于因疫情影响偿还汽车贷款暂时存在困难的货车司机，银行业金融机构应给予合理的延期、展期或续贷优惠，帮助其渡过难关。鼓励银行机构按市场化原则优化审批流程，对承担应急运输、疫情防控任务较重的交通运输企业开辟绿色通道，提供灵活便捷的金融服务。要求银行机构积极推动和协助地方政府通过贷款贴息、风险准备金等，完善风险补偿机制，促进金融业务稳健发展。

为统筹好疫情防控和经济社会发展，按照"疫情要防住、经济要稳住、发展要安全"有关要求，银保监会于 2022 年 6 月印发《关于进一步做好受疫情影响困难行业企业等金融服务的通知》（银保监办发〔2022〕64 号），引导银行业金融机构加大对受疫情影响严重行业的支持力度。该通知共 12 个部分 42 条，主要内容包括加大信贷支持力度、做好接续融资安排、持续提升服务效率、适当提高不良贷款容忍度、创新信贷服务模式、完善考核激励机制等。要求银行机构及时满足因疫情暂时遇困企业的合理有效信贷需求，努力实现零售、住宿、餐饮、交通运输、旅游、文化等受疫情影响严重的第三产业信贷余额持续稳步增长。在受疫情影响的特定时间内，鼓励银行机构适当提高相关行业不良贷款容忍度、加大对相关企业金融服务收费的优惠减免力度、落实尽职免责制度。鼓励银行业金融机构按市场化原则对中小微企业和个体工商户、货车司机等市场主体贷款实施延期还本付息，努力做到应延尽延，对于延期贷款，不单独因疫情因素下调贷款风险分类，免收罚息，不影响征信。出台的 42 条措施，通过明确的政策导向和规则指引，引导银行机构主动加强金融服务，为受疫情影响的中小企业解决燃眉之急，有利于切实提升遇困行业企业金融服务质效，为进一步稳住宏观经济大盘营造适宜的金融环境。

3. 持续加大对小微企业发展的支持力度

为进一步强化金融支持小微企业减负纾困、恢复发展，2022年4月，银保监会印发《关于2022年进一步强化金融支持小微企业发展工作的通知》（银保监办发〔2022〕37号）。该通知共六部分21条，主要包括以下内容：一是坚持稳中求进，持续改进小微企业金融供给，要求银行业继续实现普惠型小微企业贷款增速、户数"两增"。二是深化供给侧结构性改革，完善多层次的小微企业信贷供给体系，进一步增强小微企业贷款可获得性，做好延期还本付息政策接续和贷款期限管理，提高信贷资源配置效能。三是强化对制造业、外贸、科技创新、抗疫救灾等重点领域和薄弱环节小微企业及新市民、个体工商户的金融支持，助力畅通国民经济循环。四是做实做细"敢贷愿贷"内部机制，多措并举满足小微企业非信贷金融需求，落实信贷融资收费和服务价格管理规定，加强风险管理和数据治理，通过做实服务小微企业的各项专业机制，提升综合金融服务能力。五是推动加强信用信息共享应用和融资服务平台建设，加快大数据金融产品开发应用，促进小微企业融资。六是监管靠前担当作为，加强上下联动、横向协同，分层分类加强督导引领，综合施策增强治理效能，凝聚合力强化支持保障。该通知的发布与实施有助于扩大普惠金融覆盖面，满足小微企业贷款和非信贷金融需求，有助于通过稳市场主体来稳就业、进一步推动解决小微企业融资难融资贵问题。

4. 改进"三农"金融供给，全面推进乡村振兴

2022年4月2日银保监会印发了《关于2022年银行业保险业服务全面推进乡村振兴重点工作的通知》（银保监办发〔2022〕35号）。该通知提出了九个方面的具体工作举措：一是要求涉农金融投入稳定增长，继续单列涉农和普惠型涉农信贷计划，努力实现同口径涉农贷款余额持续增长，其中中国农业发展银行、大中型商业银行要力争实现普惠型涉农贷款增速高于本行各项贷款平均增速；二是优化涉农金融供给体制机制，鼓励银行保险机构结合自身发展战略，保障多元化、互相补充的涉农金融供给，避免过度竞争和不当竞争；三是加大对巩固拓展脱贫攻坚成果同乡村振兴有效衔接领域的金

融支持力度；四是优先保障粮食安全和乡村产业金融投入，提高信贷产品与农业生产周期的适配性，加强对农业现代产业体系构建的支持；五是探索创新金融支持乡村建设的有效方式，解决农村基础设施建设项目缺乏有效还款来源的问题，创新开发符合新型城镇化需求的金融产品和服务模式；六是加强新型农业经营主体金融服务，积极为农民合作社示范社、示范家庭农场、规模养殖场和农业产业化龙头企业、农业社会化服务组织等提供首贷、信用贷；七是提高进城农民金融服务水平，为进城农民在创业、就业、住房、教育、医疗、养老等方面提供创新金融服务；八是增强保险服务乡村振兴功能作用；九是强化农村金融环境建设，从涉农信用体系建设、完善风险分担补偿机制、建立农村产权流转体系、拓宽抵质押品范围等方面进行优化。

5. 金融服务制造业与公路交通等高质量发展

为进一步推动完善制造业金融服务，为制造业高质量发展提供更好的金融支持，银保监会 2022 年 7 月印发《关于进一步推动金融服务制造业高质量发展的通知》（银保监办发〔2022〕70 号）。该通知从任务目标、重点领域、金融创新、帮扶政策、风险防范和监管协调等几个方面，对推动金融服务制造业高质量发展提出了工作要求。强调银行机构要围绕战略性新兴产业、先进制造业、传统产业转型升级等重点领域及制造业发展的薄弱环节，用好用足现有金融扶持政策，创新金融产品和服务，加大金融支持力度。做好对新市民/青年人、抗疫救灾服务、产业链上下游等相关领域的金融保障。按照商业可持续原则，积极向制造业企业合理让利。要求银行机构进一步加强全面风险管理和内控合规建设，做实贷款"三查"，做好信贷资金用途管理和真实性查验，增强金融风险防范化解能力。

为进一步完善交通运输资金保障和运行管理体制，鼓励银行保险机构依法合规支持公路交通建设，提高公路建设融资的市场化水平和可持续性，2022年 4 月银保监会会同交通运输部联合印发《关于银行业保险业支持公路交通高质量发展的意见》（银保监发〔2022〕8 号）。该意见要求银行机构聚焦重大项目和重点领域，提高对公路交通的金融资源配置效率；依法合规做好政府收费公路项目配套融资，根据实际情况进一步优化公路项目还款安排；稳妥有序开展业务创新，为符合条件的项目提供绿色金融、ABS[①]、REITs[②] 等支持；有序推进收费公路存量债务接续，稳妥做好存量债务风险化解。该意见的发布和实施，有利于引导银行机构加大对公路交通领域的金融支持力度，增强公路交通对经济社会发展全局和国家重大战略的保障能力。

（二）加强公司治理和关联交易管理，健全现代金融企业制度

1. 印发《银行保险机构关联交易管理办法》

近年来，银行机构关联交易引发风险暴露的情况不断显现，通过多层复杂交易结构、隐匿关联关系、利用壳公司违规套取资金等多种方式规避监管、套取利益等问题时有发生，甚至引发重大风险。为进一步加强关联交易监管，防范银行机构通过不规范关联交易进行利益输送风险，促进银行保险机构安全、独立、稳健运行，2022 年 1 月，银保监会印发《银行保险机构关联交易管理办法》（中国银保监会 2022 年第 1 号令）。

《银行保险机构关联交易管理办法》是在 2004 年银监会制定的《商业银行与内部人和股东关联交易管理办法》基础上，借鉴国内外制度经验，结合当前市场发展和监管实际修订完善而成的。主要内容包括：一是统筹规范监管。在统一关联交易管理规则的同时，兼顾不同类型机构特点，允许一定的差异化监管。二是明确总体原则。要求银行机构维护公司经营独立性，有效控制关联交易的数量和规模，重点防范通过多层嵌套等复杂安排向股东及其关联方进行利益输送风险。三是坚持问题导向。要求银行机构按照穿透和实质重于形式原则，优化关联方和关联交易的识别，并加强表外、资管、同业等重点领域关联交易管理。四是明确管理责任。坐实关联交易控制委员会作用，压实机构的主体责任，建立层层问责机制，并在管理层面做实跨部门关联交易管理办公室作用。五是丰富监管措施。明确对机构及董监高人员违规行为的处理措施，禁止公司治理监管评估结果差的银行机构开展授信类

---

① 资产证券化。
② 基础设施领域不动产投资信托基金。

及以资金为基础的关联交易。

《银行保险机构关联交易管理办法》的发布实施，是进一步健全银行业关联交易管理体系的重要举措，对推动关联交易乱象整治、强化关联交易管理、防范利益输送风险具有重要意义；是构建中国特色公司治理机制的重要一环，有利于进一步提升银行保险机构关联交易管理水平，促进银行保险机构高质量发展。

2. 修订完善《银行保险机构公司治理监管评估办法》

近年来，银保监会陆续出台公司治理准则、董事监事履职评价办法、大股东行为监管办法、关联交易管理办法等一系列公司治理监管制度。为进一步推动银行业金融机构提升公司治理有效性，银保监会对 2019 年出台的《银行保险机构公司治理监管评估办法（试行）》进行了修订，于 2022 年 10 月发布新版《银行保险机构公司治理监管评估办法》（银保监规〔2022〕19 号）。

公司治理监管评估，是指监管机构依法对银行机构公司治理水平和风险状况进行判断、评价和分类，并根据评估结果实施差异化监管，是中国特色银行业公司治理机制的重要组成部分。相比 2019 年版本，此次修订重点对评估对象、评估机制、评估指标、评估结果应用等方面进行了完善。一是扩展评估对象。2019 年版本仅将商业银行和商业保险公司作为评估对象。结合近年实践情况，此次修订将农村合作银行、金融租赁公司、企业集团财务公司、金融资产管理公司、汽车金融公司、消费金融公司等各类非银机构纳入监管评估范围。二是有效优化评估机制。监管评估采取非现场评估和现场评估相结合的方式，其中现场评估应 3 年内实现全覆盖。新版《银行保险机构公司治理监管评估办法》规定原则上银行机构每年至少开展一次评估，但可适当降低 B 级（良好）及以上机构的评估频率，通过差异化配置资源有效优化评估机制。三是评估指标更加科学。结合近年来公司治理领域监管制度体系建设情况，新版《银行保险机构公司治理监管评估办法》聚焦内部人控制、大股东违规干预、违规关联交易等问题，进一步充实党的领导、股东股权管理、董事监事高管人员的提名和履职等方面的关键指标，并按照"简洁管用"的原则精简指标数量、优化指标权重，使公司治理风险预警体系更加完善科学。四是强化评估结果应用。根据评估结果采取分类监管措施，将 D 级及以下的机构列为重点监管对象，加强监管力量调配，对机构存在的风险隐患进行早期干预纠正，防止机构"带病运行"，及时阻断风险发酵蔓延。

党中央国务院对金融机构公司治理高度重视，新版《银行保险机构公司治理监管评估办法》的发布是加强和改进银行机构公司治理监管的重要举措。在总结前两年评估经验的基础上，结合最新监管要求，进一步修订评估制度，更新完善评估指标体系，有利于完善评估机制、提升评估质效，促进机构健康发展；有利于进一步规范银行机构，尤其是中小银行的公司治理，防范化解公司治理风险。

3. 印发《理财公司内部控制管理办法》

自2018年《商业银行理财子公司管理办法》发布实施以来，已有30家理财公司获批筹建，其发行产品余额超过19万亿元。为推动理财公司依法合规、健康平稳运行，切实履行受托管理职责，2022年8月，银保监会印发《理财公司内部控制管理办法》（中国银保监会令2022年第4号）。

《理财公司内部控制管理办法》共六章46条，主要内容包括以下几个方面：一是制定原则方面，坚持问题导向、风险底线、行业对标和保护投资者合法权益原则，要求理财公司建立合理制约、相互监督、切实有效的治理结构和运行机制。二是强化理财公司受托管理职责方面，要求理财公司加强产品设计和存续期管理，强化理财业务账户管理，完善投资和交易制度流程，实行重要岗位关键人员全方位管理，规范管理关联交易行为，强化与母行的风险隔离。三是在实施岗位责任制和不相容岗位分离措施方面，《理财公司内部控制管理办法》对标国内外资管行业良好监管实践，要求理财公司设立首席合规官，强化信息披露，加强交易监测、预警和反馈，有效保护投资者个人信息安全。四是加强理财公司内外部监督方面，要求理财公司内控职能部门将内控考评结果纳入绩效考核指标体系，内审部门切实发挥监督制衡作用，监管部门逐步建立理财公司评价体系，持续提升监管有效性。此外，《理财公司内部控制管理办法》还设置了六个月的过渡期，允许理财公司在过渡期内对不符合规定的地方进行有序整改。

《理财公司内部控制管理办法》与资管新规、理财新规及理财子公司管理办法的监管精神一脉相承，是聚焦内部控制领域对相关要求的细化和补充，是理财公司按照诚实信用、勤勉尽责原则更好地履行受托管理职责的重要制度保障，也是理财业务实现高质量发展的内在要求。在理财公司转型发展的关键时期发布和实施该办法，有利于促进同类资管业务监管标准统一，有效避免"监管套利"，有利于增强理财公司合规意识，促进构建与自身业务规模、特点和风险偏好及风险管理能力相适应的内控合规管理体系，有利于促进理财公司提高经营管理质效，增强风险防范能力，实现规范健康和可持续发展。

（三）优化房地产金融监管机制，促进房地产市场平稳健康发展

1. 出台"金融十六条"支持房地产市场平稳健康发展

受疫情持续散发、经济低迷、市场信心与预期不振等多重因素影响，2022年房地产市场持续下行。为保持房地产融资合理适度，促进房地产市场平稳健康发展，维护住房消费者合法权益，2022年11月，中国人民银行、银保监会联合发布《关于做好当前金融支持房地产市场平稳健康发展工作的通知》（银发〔2022〕254号））。

《关于做好当前金融支持房地产市场平稳健康发展工作的通知》包含六大方面16项具体举措，主要包括以下内容：一是努力保持房地产融资平稳有序，具体举措包括稳定房地产开发、建筑企业贷款投放，支持开发贷款、信托贷款等存量融资合理展期，支持个人刚性和改善性住房贷款合理需求，保持债券融资、信托等资管产品融资基本稳定等。二是支持开发性政策性银行提供"保交楼"专项借款，鼓励金融机构提供配套融资支持，积极做好"保交楼"金融服务。三是要求银行业金融机构做好房地产项目并购金融支持工作，探索通过市场化支持方式配合做好受困房地产企业、"保交楼"项目的风险处置工作。四是鼓励依法自主协商延期还本付息。五是阶段性优化房地产项目并购融资政策，适度延长房地产贷款集中度管理政策过渡期，加快推动房地产风险市场化出清。六是优化住房租赁信贷服务，拓宽住房租赁市场多元化融资渠道，加大住房租赁金融支持力度。

房地产业是中国国民经济的支柱产业，房地产占城镇居民资产的60%，

房地产业相关收入占地方综合财力的 50%，与房地产相关的贷款占银行信贷的比重接近 40%[①]，稳定房地产市场对于做好稳增长、稳预期工作具有重要作用。《关于做好当前金融支持房地产市场平稳健康发展工作的通知》从供需两端全面支持房地产市场平稳健康发展，其发布与实施，将改善金融机构对房地产企业的风险偏好和融资氛围，有效地缓解房地产企业信用快速收缩问题，推动房地产业向新发展模式平稳过渡。

专栏　4000 亿元专项资金全力支持"保交楼"工作

　　2022 年 7 月，郑州、西安、武汉等多地出现因楼盘延期交付业主集体宣布停止还贷事件，引发社会广泛关注。7 月 28 日中央政治局会议提出，要压实地方政府责任，切实做好"保交楼、稳民生"工作。为支持地方政府积极推进"保交楼、保民生、保稳定"工作，8 月 29 日，中国人民银行、银保监会指导国开行和农发行推出 2000 亿元"保交楼"专项借款，用于支持已售逾期难交付住宅项目的建设，专项借款封闭运行、专款专用。9 月 23 日，全国首笔"保交楼"专项借款在辽宁省沈阳市落地，目前 2000 亿元"保交楼"专项借款资金已全部投放至项目。

　　11 月 21 日，中国人民银行与银保监会联合召开全国性商业银行信贷工作座谈会。会议决定，在前期推出的 2000 亿元"保交楼"专项借款的基础上，再推出 2000 亿元"保交楼"贷款支持计划，通过为 6 家大型商业银行提供零成本资金全力推动"保交楼"工作落地，切实维护住房消费者合法权益。已售楼盘项目建设停滞大多由开发商资金链断裂导致，4000 亿元专项资金的设立是纾困房企资金面、提振楼市信心的重要举措，有利于阻断、弱化房地产企业风险外溢，支持刚性改善性住房需求，维护住房消费者的合法权益。

[①] 《刘鹤在 2023 达沃斯世界经济论坛的讲话（中文完整版）》，https：//www.thepaper.cn/newsDetail_ forward_ 21601942。

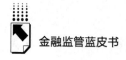

2. 优化调整差别化住房信贷政策

2022 年 5 月，中国人民银行、银保监会联合印发《关于调整差别化住房信贷政策有关问题的通知》（银发〔2022〕115 号），下调新发放首套房商业性个人住房贷款利率下限，由原来不低于相应期限贷款市场报价利率（LPR）调整为 LPR-20BP。在此基础上，按照"因城施策"的原则，各城市可自主确定辖内首套和二套住房商业性个人住房贷款利率加点下限。

2022 年 9 月，中国人民银行、银保监会联合发布《关于阶段性调整差别化住房信贷政策的通知》，决定对差别化住房信贷政策进行阶段性调整。对于 2022 年 6~8 月新建商品住宅销售价格环比和同比均连续下降的城市，放宽首套住房商业性个人住房贷款利率下限至 2022 年底。

2022 年 12 月，中国人民银行、银保监会联合印发《关于建立新发放首套住房个人住房贷款利率政策动态调整长效机制的通知》，将 2022 年 9 月实施的阶段性的政策优化为动态调整长效机制。该通知规定，新建商品住宅销售价格环比和同比连续 3 个月均下降的城市，可阶段性维持、下调或取消当地首套住房商业性个人住房贷款利率下限。后续评估期内如连续 3 个月均上涨，则恢复执行全国统一的利率下限。目前，70 个大中城市中超过 30 个城市首套房商贷利率已迈入"3"时代，其中部分城市已降至 3.7%。

差别化住房信贷政策的持续优化，使得首套住房商业性个人住房贷款利率的动态调整机制更加灵活，有利于各城市用足用好政策工具箱，有利于减少居民利息支出，更好地支持刚性住房需求，促进房地产市场平稳健康发展。

3. 完善房地产贷款集中度管理有关规定

为进一步加强金融对保障性租赁住房建设的政策支持，2022 年 1 月，中国人民银行会同银保监会联合发布《关于保障性租赁住房有关贷款不纳入房地产贷款集中度管理的通知》（银发〔2022〕30 号）。该通知鼓励银行业金融机构按照"依法合规、风险可控、商业可持续"的原则，加大对保障性租赁住房的支持力度，明确向符合条件的保障性租赁住房项目发放的贷款可不纳入房地产贷款集中度统计范围。该通知的发布与实施有利于银行业金融机构加大对保障性租赁住房项目的信贷投放力度，有助于推动建立

"多主体供给、多渠道保障、租购并举"的住房制度，有助于促进房地产业良性循环和健康发展。

房地产贷款集中度管理过渡期方面，根据 2020 年末中国人民银行、银保监会联合印发的文件要求，银行业金融机构房地产贷款占比、个人住房贷款占比超出管理要求 2 个百分点以内的，调整过渡期至 2022 年末；超出 2 个百分点及以上的，调整过渡期至 2024 年末。2022 年 11 月 21 日，中国人民银行、银保监会联合召开全国性商业银行信贷工作座谈会，会议决定将房地产贷款集中度管理的过渡期在原来的基础上再延长两年。

4. 支持保障性租赁住房发展

为扩大保障性租赁住房供给，帮助新市民、青年人等缓解住房困难，进一步加大对保障性租赁住房建设运营的金融支持力度，银保监会、住建部于 2022 年 2 月联合印发《关于银行保险机构支持保障性租赁住房发展的指导意见》（银保监规〔2022〕5 号）。

《关于银行保险机构支持保障性租赁住房发展的指导意见》要求银行机构深刻把握保障性租赁住房融资的特点，立足自身职能定位，充分发挥各自优势，提供与融资需求相契合的金融产品和服务，鼓励金融机构提供中长期贷款。要求银行机构建立完善内部机制，优化金融服务组织架构，加强项目贷前、贷中风险控制及后续跟踪管理，严守风险底线。要求各地推动保障性租赁住房相关配套措施尽快落地，加强保障性租赁住房项目准入管理与监督管理。

《关于银行保险机构支持保障性租赁住房发展的指导意见》的发布是坚持"房住不炒"定位，推动建立"多主体供应、多渠道保障、租购并举"的住房制度，缓解新市民、青年人住房困难的重要举措。该意见的实施有助于提升保障性租赁住房金融服务专业化能力和水平，促进房地产业良性循环和健康发展。

5. 推动银行保函置换预售监管资金政策落地

为有效防范化解房地产企业流动性风险，2022 年 11 月，银保监会会同住建部、中国人民银行联合印发《关于商业银行出具保函置换预售监管资

金有关工作的通知》（银保监办发〔2022〕104号），支持优质房地产企业合理使用预售监管资金。

《关于商业银行出具保函置换预售监管资金有关工作的通知》共12条，主要包括以下内容：一是保函期限和额度方面，商业银行要确保保函期限与项目建设周期相匹配，且置换金额不得超过监管账户中确保项目竣工交付所需资金额度的30%。二是业务资质方面，资产规模低于5000亿元或监管评级4级及以下的商业银行不得开展相关业务，商业银行也不得与作为本行主要股东、控股股东或关联方的房地产企业开展相关业务。三是业务风险防范方面，要求商业银行参照开发贷款授信标准严格选择标的企业，保函额度全额纳入企业法人及集团的统一授信额度。垫付资金的，要真实分类、提足拨备。四是房企责任方面，要求房地产企业将置换出的预售监管资金优先用于偿还项目到期债务、项目工程建设等，不得用于偿还股东借款、新增其他投资、购置土地等。

《关于商业银行出具保函置换预售监管资金有关工作的通知》的发布和实施，有助于引导商业银行按照市场化、法治化原则稳妥开展保函置换预售监管资金业务，有助于缓解优质房地产企业资金压力，稳定房地产市场预期。

（四）有序推动中小金融机构改革化险，完善风险处置长效机制

1. 中小金融机构改革化险取得明显成效

近年来，"需求收缩、供给冲击、预期转弱"三重压力凸显，历史性、周期性、结构性、体制性因素的共同作用，叠加疫情的影响，导致个别中小银行尤其是城商行、农商行及村镇银行，在前期发展过程中积累的问题逐渐暴露，中小银行面临的机构改革、业务转型与风险化解压力不断增大。

与此同时，中小银行的改革化险速度也明显加快。城市商业银行风险处置方面，2020年8月，辽宁银保监局核准锦州银行增资扩股方案，锦州银行通过向新股东发行62亿股股份完成改革重组。2020年11月，银保监会核准包商银行进入破产程序，新成立的蒙商银行正式取代包商银行。2021

年4月，整合了大同银行等5家城商行的山西银行正式挂牌。2021年9月，银保监会核准由辽宁省金融控股集团新发起设立辽沈银行，合并营口沿海银行和辽阳银行。2022年5月，银保监会批复同意中原银行吸收合并洛阳银行、平顶山银行、焦作中旅银行。2022年9月，恒大集团持有的盛京银行全部股份被沈阳市和平区国有资产经营有限公司等7家公司竞拍成功，标志着恒大集团彻底退出盛京银行。农村金融机构改革方面，2022年4月，由浙江省联社改制组建的浙江农商联合银行正式挂牌成立。2022年8月，银保监会批准辽阳农商银行、太子河村镇银行进入破产程序，由沈阳农商银行承接两家银行所有网点、人员、存款。2022年11月，河南、辽宁称将组建农商银行，其中辽宁省农商银行由沈阳农商银行与辽宁辖内30家农信联社联合组建，河南将通过自上而下参股控股形式成立农商联合银行。

通过吸收、新设合并以及引入战略投资者等多种途径推进地方中小商业银行改革重组，有利于进一步提高中小银行经营管理水平、风险管理能力与发展动力，优化区域金融机构体系。

2. 设立金融稳定保障基金，完善风险处置长效机制

防范化解金融风险是金融工作的永恒主题。2022年《政府工作报告》中首次提出"设立金融稳定保障基金，发挥存款保险制度和行业保障基金的作用，运用市场化、法治化方式化解风险隐患，有效应对外部冲击，牢牢守住不发生系统性风险的底线"。2022年4月，《金融稳定法（草案征求意见稿）》向社会公开征求意见，提出设立金融稳定保障基金，并将其作为应对重大金融风险的后备资金，用于具有系统性影响的重大金融风险处置。

金融稳定保障基金定位为由中央掌握的应对重大金融风险的后备资金，资金来源包括向金融基础设施和金融机构筹集的市场化资金及国务院规定的其他资金。金融稳定保障基金将与存款保险基金和保险保障基金、信托保障基金等行业保障基金双层运行、协同配合，共同构建多维度金融风险防范与化解体系，共同维护金融稳定与安全。

从国际上看，设立金融稳定保障基金也是各国处置金融风险的普遍做法，比如，美国设立的有序清算基金（OLF）、欧盟设立的单一处置基金

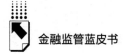
（SRF）等。立足我国实际，借鉴国际经验，设立金融稳定保障基金，进一步凸显了完善宏观审慎监管工具以及进一步强化金融系统风险防范的重要性，有利于促进具有系统性影响的重大金融风险处置，有助于健全具有中国特色的金融稳定保障体系。目前，金融稳定保障基金基础框架初步建立，首批 646 亿元资金已经筹集到位。

（五）完善监管规则，促进业务健康发展

1. 修订商业银行表外业务风险管理制度

近年来，商业银行表外业务快速发展，各类新兴业务迅速增长，复杂程度显著增加，风险形式不断演化，但一些银行表外业务管理滞后，积累了一定的风险隐患。为适应新形势下表外业务发展出现的新变化、新趋势，进一步加强商业银行表外业务风险管理，2022 年 12 月，银保监会印发了《商业银行表外业务风险管理办法》（银保监规〔2022〕20 号）。

《商业银行表外业务风险管理办法》共六章 47 条，分为总则、治理架构、风险管理、信息披露、监督管理和附则等部分。结合表外业务特征和法律关系，以"是否存在信用风险、由谁承担信用风险"为依据将表外业务划分为"担保承诺类、代理投融资服务类、中介服务类、其他类"四大类，并分别提出差异化的监管和管理要求。其中，对担保承诺类业务重点关注统一授信执行、表外业务垫款等情况，对代理投融资服务类、中介服务类业务重点关注业务操作规范、金融消费者保护等情况。《商业银行表外业务风险管理办法》还提出表外业务治理框架，细化明确表外业务风险管理要求，要求商业银行将表外业务纳入全面风险管理体系，并加强信息披露要求、提升业务透明度。

现有表外业务相关审慎经营规则主要针对各类具体业务，缺乏统领性、综合性规制，《商业银行表外业务风险管理办法》按照全覆盖原则，将所有表外业务统一纳入监管，致力于构建全面统一的表外业务管理和风险控制体系。该办法的发布与实施有助于推动商业银行建立完善表外业务治理架构和风险管理体系，推动表外业务规范发展。

2. 完善商业银行互联网贷款业务管理规则

近年来，商业银行互联网贷款业务平稳发展，在满足企业和居民合理融资需求等方面发挥了积极作用，但同时也存在着核心风控环节过度依赖合作机构等问题。为进一步规范商业银行互联网贷款业务，2022年7月银保监会印发《关于加强商业银行互联网贷款业务管理提升金融服务质效的通知》（银保监规〔2022〕14号）。

《关于加强商业银行互联网贷款业务管理提升金融服务质效的通知》主要包括以下内容：一是要求商业银行履行贷款管理主体责任，防范互联网贷款管理"空心化"。二是要求商业银行完整准确获取身份验证、贷前调查、风险评估和贷后管理所需的信息数据，并采取措施核实数据的真实性。三是主动加强贷款资金管理，完整、清晰掌握资金流和信息流，有效监测贷款资金用途。四是明确合同各方权责，不得在贷款协议中掺杂其他服务约定。五是充分披露各类信息，严禁不当催收等行为，切实保障消费者合法权益。

商业银行互联网贷款业务是传统线下贷款业务的重要补充，具有审批手续简单、方便快捷、直达用户等特点。《关于加强商业银行互联网贷款业务管理提升金融服务质效的通知》鼓励商业银行精准研发互联网贷款产品，稳妥推进数字化转型，加强互联网贷款管理和自主风控，有利于发挥互联网贷款在降低企业综合融资成本、助力市场主体纾困、优化消费重点领域金融支持、加强新市民金融服务等方面的积极作用。

3. 修订完善商业汇票承兑、贴现与再贴现业务制度

商业汇票业务是银行机构支持企业资金周转和优化信贷结构的重要工具。为进一步规范商业汇票承兑、贴现与再贴现业务，中国人民银行会同银保监会对1997年中国人民银行发布的《商业汇票承兑、贴现与再贴现管理暂行办法》进行了修订，并于2022年11月联合印发《商业汇票承兑、贴现与再贴现管理办法》（中国人民银行　中国银行保险监督管理委员会令〔2022〕第4号），并自2023年1月1日起施行。

《商业汇票承兑、贴现与再贴现管理办法》共八章42条，包括总则、承兑、贴现和再贴现、风险控制、信息披露、监督管理、法律责任和附则。

相比 1997 年的《商业汇票承兑、贴现与再贴现管理暂行办法》,《商业汇票承兑、贴现与再贴现管理办法》的主要修订内容体现在以下方面:一是明确各类纸质或电子票据的性质与分类,明确供应链票据属于电子商业汇票。二是强调真实交易关系,要求严格审查出票人的真实交易关系和债权债务关系。三是强化信息披露及对承兑人的信用约束机制。四是要求金融机构加强风险管理和内部控制,审慎开展商业汇票承兑和贴现业务。此外,《商业汇票承兑、贴现与再贴现管理办法》还将商业汇票最长期限由 1 年调整至 6 个月。

《商业汇票承兑、贴现与再贴现管理办法》的修订遵照市场化、法治化原则,结合票据市场发展状况和风险防范要求,致力于完善票据市场信用管理框架和市场化约束机制,强化各市场主体行为规范。该办法的实施有利于促进商业汇票更好地服务于实体经济商业贸易,更好地保障中小微企业合法权益,完善票据市场信用管理框架、促进票据市场健康发展。

4. 进一步规范商业银行信用卡业务经营行为

近年来,我国银行业金融机构信用卡业务快速发展,极大地便利了群众支付和日常消费,但也存在风险管控不到位、侵害消费者合法权益等现象。为规范信用卡业务经营行为,促进信用卡行业高质量发展更好地支持科学理性消费,银保监会会同中国人民银行于 2022 年 7 月印发《关于进一步促进信用卡业务规范健康发展的通知》(银保监规〔2022〕13 号)。

《关于进一步促进信用卡业务规范健康发展的通知》共八章 39 条,主要包括以下几方面内容:一是要求从战略管理、绩效考核、资产质量管理、行为管理和员工培训五个方面强化信用卡业务经营管理。二是从考核指标、限制长期睡眠信用卡数量等方面规范发卡营销行为。三是严格授信管理和风险管控。四是严格管控资金流向,不得用于偿还贷款和投资等领域。五是要求严格规范信用卡分期业务管理,分期业务期限不得超过 5 年。六是严格合作机构管理,要求明确合作机构的准入、退出标准和管理审批程序,并实行名单制管理。七是要求银行机构建立消费者权益保护审查制度和工作机制,切实加强消费者合法权益保护。

《关于进一步促进信用卡业务规范健康发展的通知》的发布有利于解决

部分银行信用卡授信管控不审慎可能造成的银行过度授信、盲目追求规模效应和市场份额问题，以及由此导致的无序竞争和资源浪费等问题，有利于进一步提升信用卡业务服务质效，保护金融消费者合法权益。

5. **积极推进银行业数字化转型**

近年来，银行机构借助金融科技积极推进数字化转型。为全面推进银行业数字化转型，更好借助金融科技服务实体经济，2022年1月，银保监会印发了《关于银行业保险业数字化转型的指导意见》（银保监办发〔2022〕2号）。

《关于银行业保险业数字化转型的指导意见》共七章30条，主要包括以下内容：一是数字化转型方向方面，要求银行机构积极推进产业数字金融发展和个人金融服务数字化转型，提升金融市场交易业务数字化水平，构建安全高效、合作共赢的金融服务生态，加强数字化风控能力建设。二是数据能力提升方面，要求银行机构健全数据治理体系，加强数据质量控制，提高数据应用能力，增强数据管理能力，多措并举全面提升数据治理与应用能力。三是银行保险机构科技能力建设方面，要求银行机构根据实际情况加强数据中心基础设施供给，切实提高科技架构支撑能力，有力推动科技管理敏捷转型，着力加强自身科技能力建设。四是风险控制方面，要求银行机构加强战略风险、操作风险、流动性风险及外包风险管理，加强创新业务的合规性管理，有效地防范模型和算法风险，加强数据安全和隐私保护，切实做好数字化转型中的风险控制。五是推动解决"数字鸿沟"问题方面，要求银行机构坚持"以人民为中心"的发展思想，切实解决老年、少数民族、残障等客户群体在运用智能技术方面遇到的困难，增加人民群众的获得感、幸福感。

《关于银行业保险业数字化转型的指导意见》是监管部门出台的关于银行业数字化转型的首份专门文件，在机制、方法等多个方面对银行业数字化转型予以规范和指导。该意见明确了指导思想、基本原则和工作目标、转型方向，将成为未来一段时间银行业数字化转型发展的基本遵循和引领。

6. **引导银行业积极发展绿色金融**

中央经济工作会议强调要引导金融机构加大对实体经济，特别是绿色发

展领域的支持力度。为贯彻落实党中央国务院有关决策部署，引导银行业积极服务兼具经济效益、环境效益和社会效益的各类活动，有序推进碳达峰、碳中和工作，2022年6月银保监会印发《银行业保险业绿色金融指引》（银保监发〔2022〕15号）。

《银行业保险业绿色金融指引》共七章36条，主要包括以下内容：一是要求银行机构从战略高度推进发展绿色金融，防范环境、社会和治理风险，加大对绿色、低碳、循环经济的支持力度，促进经济社会发展全面绿色转型。二是要求银行机构加强组织管理，建立绿色金融工作领导和协调机制，明确由董事会或理事会承担绿色金融主体责任，高级管理层负责制定绿色金融目标，明确职责和权限。三是强调银行机构要及时动态调整完善信贷政策和投资政策，支持重点行业和领域节能减污降碳增绿，同时有保有压、分类施策，防止"一刀切"和运动式减碳。四是要求银行机构加强投融资流程管理，加强授信和投资审批管理，做好授信和投资尽职调查，加强贷后和投后管理。五是要求银行机构加强内控管理和信息披露，完善尽职免责机制，落实激励约束措施，确保绿色金融持续有效开展。

《银行业保险业绿色金融指引》的发布与实施，进一步强化了绿色金融政策的指导性，拓宽了绿色金融政策的覆盖面、提升了绿色金融政策的有效性，有利于引导银行机构正确认识和把握碳达峰、碳中和，加强绿色低碳转型风险管理，提升绿色金融创新与服务能力。

（六）提升新市民金融服务水平，第三支柱商业养老金融发展提速

1. 多措并举加强新市民金融服务

近年来，随着我国工业化、城镇化和农业现代化进程的持续深入推进，众多农村人口通过就学、就业等方式转入城镇成为"新市民"。我国新市民人口数量目前有3亿多，在就业创业、租房买房、教育医疗、孩子上学、老人养老等众多领域存在金融需求。为切实提高新市民金融服务的可得性和便利性，体现金融工作的政治性、人民性，2022年3月银保监会会同中国人民银行联合印发《关于加强新市民金融服务工作的通知》（银保监发〔2022〕4号）。

《关于加强新市民金融服务工作的通知》共 28 条，主要内容包括以下几个方面：一是坚持市场化运作和政府引导相结合的原则，要求银行机构按照市场化、法治化原则，加强新市民相关金融产品和服务创新，同时支持地方政府细化支持措施，切实解决"瓶颈"制约、痛点堵点难点问题。二是明确新市民范围，鼓励银行机构加大对吸纳新市民较多区域和行业的金融支持力度，为新市民提供专业化多元化的金融服务。三是支持鼓励银行机构加强对新市民创业的信贷支持，加大对吸纳新市民就业较多小微企业的金融支持力度。四是多措并举优化住房金融服务，支持鼓励银行机构助力增加保障性住房供给，促进住房租赁市场发展，满足新市民合理购房信贷需求。五是助力新市民培训及子女教育，支持新市民更好地获得职业技能培训，优化新市民子女教育金融服务，支持托育和学前教育发展。六是支持鼓励银行机构丰富养老金融服务产品，满足养老服务机构的合理融资需求，积极参与第三支柱建设。七是支持鼓励银行机构提升基础金融服务的便利性和可得性，加强金融知识普及和宣传，增强新市民获得感。

做好新市民金融服务，对构建新发展格局、畅通国民经济循环、推进以人为核心的新型城镇化具有重大意义。《关于加强新市民金融服务工作的通知》针对新市民在创业就业、教育医疗、住房养老等重点领域的金融需求，引导银行机构强化产品和服务创新，高质量扩大金融供给，提升金融服务的均等性和便利度。该通知的发布，也是推进金融供给侧结构性改革、促进全体人民共同富裕、满足人民对美好生活向往、体现金融工作政治性人民性的必要举措。

2. 规范和促进商业养老金融业务快速发展

截至 2021 年底，全国 60 岁及以上老年人口达 2.67 亿人，占总人口的 18.9%。为推动银行机构更好地服务多层次多支柱养老保险体系建设，2022 年 5 月，银保监会印发《关于规范和促进商业养老金融业务发展的通知》（银保监规〔2022〕8 号），支持银行机构开展商业养老储蓄、商业养老理财、商业养老金、商业养老保险等业务，倡导银行保险机构稳步推进商业养老金融发展。

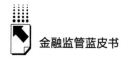

《关于规范和促进商业养老金融业务发展的通知》共13条，主要包括以下四方面内容：一是明确商业养老金融业务的范畴和属性及发展理念，推动逐步形成多元主体参与、多类产品供给、满足多样化需求的养老金融新发展格局。二是突出养老属性，体现"长期性"特征，要求产品期限符合客户长期养老需求和生命周期特点，规定了商业养老金融业务的基本标准和原则。三是强调银行保险机构要充分披露信息和风险提示，培育养老金融理念，开展消费者教育，不得进行误导宣传。四是对银行机构开展商业养老金融业务在组织实施、管理机制、风险管控等方面提出了基本要求，并明确了在相关产品名称和营销宣传中不规范使用"养老"字样的清理安排。

商业养老金融是第三支柱的重要组成部分，《关于规范和促进商业养老金融业务发展的通知》的印发与实施对规范和促进商业养老金融发展具有重要意义，有利于满足人民群众日益增长的养老保障需求。

3. 扩大养老理财产品试点范围，开展特定养老储蓄试点

为构建多层次、多支柱养老保险体系，按照"审慎、稳健、探索、创新"的总体要求，银保监会于2021年9月启动养老理财产品试点。自试点以来，市场反应积极热烈，在丰富商业养老金融产品供给、满足多样化养老需求等方面发挥了积极作用。为进一步推动有关工作，在前期试点工作的基础上，2022年2月银保监会印发《关于扩大养老理财产品试点范围的通知》（银保监办发〔2022〕19号）。该通知规定，自2022年3月1日起，养老理财产品试点范围由"四机构四地"扩展为"十机构十地"。试点机构扩大至"工银理财、建信理财、交银理财、中银理财、农银理财、中邮理财、光大理财、招银理财、兴银理财和信银理财"等十家理财公司，试点地区扩大至"北京、上海、重庆、沈阳、长春、成都、武汉、广州、青岛、深圳"十地。其中，已开展试点的4家理财公司，每家机构资金募集规模上限由100亿元提高至500亿元；本次新增的6家理财公司，每家机构资金募集规模上限为100亿元。该通知要求十家试点理财公司持续优化养老理财产品方案，增加长期限产品供给，提高信息披露准确度和透明度，不得宣传养老理财产品预期收益率，切实保护金融消费者合法权益。

为加快推进商业养老金融业务发展，丰富养老金融产品供给，2022 年 7月，银保监会、中国人民银行联合发布《关于开展特定养老储蓄试点工作的通知》（银保监办发〔2022〕75 号），自 2022 年 11 月 20 日起开展特定养老储蓄试点。该通知明确，由工、农、中、建四家大型银行在广州、成都、西安、合肥和青岛五个城市开展特定养老储蓄试点，试点期限为一年，单家银行试点规模不超过 100 亿元。特定养老储蓄产品期限分为 5 年、10 年、15 年和 20 年四档，包括整存整取、整存零取和零存整取三种类型，利率比大型银行五年期定期存款的挂牌利率略高。试点阶段，储户在单家试点银行的购买限额为 50 万元。要求四家试点银行做好产品设计、风险管理、内部控制和消费者保护等工作，保障特定养老储蓄试点稳健运行。开展特定养老储蓄试点工作，有利于丰富养老金融产品供给，推动商业银行更好服务多层次多支柱养老体系建设，满足人民群众多样化养老需求。

4. 发布《商业银行和理财公司个人养老金业务管理暂行办法》

党的二十大报告明确提出完善基本养老保险全国统筹制度，发展"多层次、多支柱"养老保险体系。为促进商业银行和理财公司个人养老金业务发展，建立多层次、多支柱的养老保险体系，2022 年 11 月银保监会发布了《商业银行和理财公司个人养老金业务管理暂行办法》（银保监规〔2022〕16 号）。

《商业银行和理财公司个人养老金业务管理暂行办法》共六章 62 条，主要内容包括以下几个方面：一是明确了个人养老金业务的定义以及银保行业平台和理财行业平台的功能、监管主体等。二是规定了个人养老金业务包括个人养老金资金账户业务、个人养老储蓄业务、个人养老金产品代销业务、个人养老金咨询业务等，对个人养老金资金账户和产品的具体监管提出要求。三是明确了个人养老金理财产品包括养老理财产品以及适合个人养老金长期投资或流动性管理需要的其他理财产品等，规定了理财公司等参与个人养老金业务的机构应满足的要求。四是对商业银行、理财公司向两个行业平台报送信息的内容、频率、方式等提出要求。此外，该办法还规定，个人养老金资金账户为特殊专用账户，参照个人人民币结算账户项下Ⅱ类户管理；参加人每年缴纳上限为 12000 元，不允许超额缴费，可以通过个人养老金资金账户购

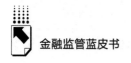

买个人养老储蓄、理财产品、保险产品、公募基金产品等各类个人养老金产品。

《商业银行和理财公司个人养老金业务管理暂行办法》的发布与实施有助于推动 2022 年 4 月国务院办公厅印发的《关于推动个人养老金发展的意见》落地生效，有助于督促商业银行、理财公司规范开展个人养老金业务，助力第三支柱养老保险体系健康发展，切实满足人民群众多样化养老需求。

三　总结与展望

（一）2023年银行业发展的宏观环境分析

2022 年，受新冠肺炎疫情、俄乌冲突及其引发的粮食和能源危机、通胀飙升等一系列因素的严重冲击，全球经济整体下行，美国、欧盟等发达经济体增长势头明显减弱。2023 年，在不利因素持续发酵和货币政策不断收紧的背景下，全球经济增长前景比较黯淡。但从国内情况来看，中央和地方政府强力推动"经济运行整体好转""提振市场信心"，预计经济活力将加速释放，消费、服务业和就业都会改善；另外，2022 年出台的存量稳增长政策和 2023 年的增量政策叠加效应凸显，将进一步促进经济恢复发展。但受国际经济降温影响，出口增长面临较大压力，2023 年经济增长更多将取决于消费、投资等内需增长情况。从消费端来看，居民收入增长放缓，消费能力减弱，储蓄意愿增强，消费意愿低迷，对消费形成一定压制；后续将有赖于经济增长和收入增长预期的改善，以及社会保障的完善、资产增值财富效应等的刺激。从投资端来看，短期内基础设施、制造业投资增速较高，但受制于财政可持续、地方政府债务压力，中长期投资增长主要取决于经济预期持续改善带来的民间投资的增长。从财政政策来看，2023 年的财政政策首先强调要"加力提效"，预计会保持较高的财政支出强度，财政赤字、专项债、贴息政策工具将会协同发力，发挥财政对扩大总需求和稳增长的作用；同时，财政政策也会更加强调守好底线，在支持经济高质量发展的同时，保障财政可持续性，做好地方政府债务风险的化解，提高地方政府债务的安全性，确保风险可控特别是不发生系统性风险。预计2023年将会更加精准有力地实施稳健的货币政策，在保持流动性合理充裕，加大对消费、基建、重大项目的金融支持力度，发挥金融对经济托底作用的同时，更加强调结构性货币政策工具的运用，解决实体经济有效融资需求不足的问题，进一步降低市场融资成本，加大对小微企业、科技创新、绿色发展等领域的支持力度，促进形成"科技—产业—金融"良性循环，助推现代化产业体系的建设。

（二）2023年银行业监管展望

2023年是全面贯彻落实党的二十大精神的开局之年，预计银行业监管总体上将继续坚持稳中求进工作总基调，完整、准确、全面贯彻新发展理念，助力全面建设社会主义现代化国家开好局起好步。一方面，加大对消费领域的金融支持力度，加强投资与进出口贸易领域的金融服务，突出做好稳增长、稳就业、稳物价工作，全力支持经济运行整体好转。另一方面将防范化解系统性风险放在首要位置，及时阻断各类风险发酵蔓延，努力促进金融与房地产行业正常循环，加快推动城商行、农信社、村镇银行等中小银行改革化险，有效应对信用风险集中反弹。同时，紧紧抓住公司治理"牛鼻子"，持续强化金融机构治理体系建设，多措并举持续提升监管有效性。

一是全力支持经济运行整体好转。把金融支持恢复和扩大消费摆在优先位置，鼓励住房、汽车等大宗商品消费，加大对服务消费和新市民的金融支持。做好对投资的融资保障和进出口贸易金融服务。持续发展普惠金融，推动小微企业融资成本稳中有降，健全农村金融服务体系，全面推进乡村振兴。

二是努力促进金融与房地产行业正常循环。坚持"房住不炒"定位，全面落实"金融十六条"，全力做好"保交楼、稳民生"工作，"因城施策"实施差别化信贷政策，完善房企"三线四档"监管规则，支持刚性和改善性住房需求，提升房地产行业自身造血功能，推动房地产行业向新发展模式平稳过渡。

三是加快推动中小银行改革化险。按照"一行一策、分类处置"原则，积极稳妥推进城商行风险化解。按照加强党的领导、落实各方责任、规范股

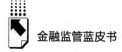

权关系、健全公司治理等指导原则，"一省一策"加快推进农信社改革。通过增持股份、吸收合并、兼并重组、关闭退出等多种方式稳步实施村镇银行改革重组。鼓励继续运用地方政府专项债等工具多渠道补充中小银行资本。

四是有效应对信用风险集中反弹。督促银行机构严格做实资产分类，按照预期信用损失方法前瞻性计提充足拨备，严厉打击隐匿不良、虚假处置、逃废债务等行为。综合运用核销、催收、资产证券化、债转股、批量转让等各类方式，进一步加大不良资产处置力度，稳妥做好第二批单户对公不良贷款转让和个人不良贷款批量转让试点工作。持续拆解高风险"类信贷"影子银行业务，积极配合化解地方政府债务风险。

五是健全金融机构治理体系。紧抓公司治理这个"牛鼻子"，持续推动健全现代金融企业制度。推动党的领导与公司治理深度融合，落实"穿透监管、持续监管"要求，加强股东资质穿透审核和股东行为穿透监管，严格规范关联交易管理。针对中小机构特点，研究构建差异化的公司治理监管制度，形成相互支持又相互制衡的决策监督机制。发挥金融人才库作用，推动金融机构选配"政治强、业务精"的专业团队，落实"金融家办金融"要求。切实加强投资者保护。

六是持续提升监管有效性。健全金融法治，推进《金融稳定法》、《商业银行法》、《银行业监督管理法》及《信托法》等法律制度的修订出台。健全"风险为本"的审慎监管框架，完善全流程全链条审慎监管，实现风险早识别、早预警、早发现、早处置。坚持金融业务持牌经营规则，依法将各类金融活动全部纳入监管，既纠正"有照违章"，也打击"无证驾驶"，提高监管的穿透性、前瞻性、有效性。

参考文献

[1] 王双进、李家晴、李燕青：《经济持续复苏趋好　价格总水平温和上涨——2022年CPI走势分析及2023年预测》，《价格理论与实践》2023年第1期。

［2］郑剑辉：《数字普惠金融赋能双循环新发展格局的逻辑机理、实践成效与创新建议》，《西南金融》2023年第2期。

［3］黄志凌：《问题金融机构处置的实践探索与模式分析》，《征信》2023年第2期。

［4］冯珏、黄解宇：《金融集聚与企业高质量发展——金融机构空间分布的视角》，《经济与管理》2023年第1期。

［5］董艳、谭苏航、董梦瑶等：《数字信贷对传统商业银行的影响》，《数量经济技术经济研究》2023年第2期。

［6］张晓晶、张明、费兆奇等：《金融助力经济回归潜在增长水平》，《金融评论》2023年第1期。

［7］张晓晶、张明、费兆奇等：《三重压力下的中国金融发展》，《金融评论》2022年第1期。

［8］魏伟、陈骁、张明：《中国金融系统性风险：主要来源、防范路径与潜在影响》，《国际经济评论》2018年第3期。

［9］薛畅：《金融科技赋能商业银行碳金融业务发展理论逻辑、现状及对策建议》，《西南金融》2023年第3期。

［10］王纬：《促进普惠金融数字化转型升级》，《中国金融》2023年第2期。

附录 2022年银行业相关监管规章、规范性文件

序号	发布时间	法规名称	文号	施行日期
1	2022年1月10日	《关于银行业保险业数字化转型的指导意见》	银保监办发〔2022〕2号	2022年1月10日
2	2022年1月14日	《银行保险机构关联交易管理办法》	中国银行保险监督管理委员会令2022年第1号	2022年3月1日
3	2022年1月15日	《关于规范银行服务市场调节价管理的指导意见》	银保监规〔2022〕2号	2022年5月1日
4	2022年1月21日	《融资租赁公司非现场监管规程》	银保监规〔2022〕3号	2022年1月21日
5	2022年1月30日	《关于保障性租房有关贷款不纳入房地产贷款集中度管理的通知》	银发〔2022〕30号	2022年1月30日
6	2022年2月15日	《关于扩大专属商业养老保险试点范围的通知》	银保监办发〔2022〕13号	2022年2月15日
7	2022年2月16日	《关于银行保险机构支持保障性租赁住房发展的指导意见》	银保监规〔2022〕5号	2022年2月16日

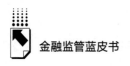

续表

序号	发布时间	法规名称	文号	施行日期
8	2022年2月21日	《关于扩大养老理财产品试点范围的通知》	银保监办发〔2022〕19号	2022年2月21日
9	2022年3月4日	《关于加强新市民金融服务工作的通知》	银保监发〔2022〕4号	2022年3月4日
10	2022年4月2日	《关于2022年银行业保险业服务全面推进乡村振兴重点工作的通知》	银保监办发〔2022〕35号	2022年4月2日
11	2022年4月6日	《关于2022年进一步强化金融支持小微企业发展工作的通知》	银保监办发〔2022〕37号	2022年4月6日
12	2022年4月15日	《关于银行业保险业支持公路交通高质量发展的意见》	银保监发〔2022〕8号	2022年4月15日
13	2022年4月15日	《关于金融支持货运物流保通保畅工作的通知》	银保监办发〔2022〕40号	2022年4月15日
14	2022年4月26日	《关于全球系统重要性银行发行总损失吸收能力非资本债券有关事项的通知》	银发〔2022〕100号	2022年4月26日
15	2022年4月28日	《关于规范和促进商业养老金融业务发展的通知》	银保监规〔2022〕8号	2022年4月28日
16	2022年5月6日	《关于银行业保险业支持城市建设和治理的指导意见》	银保监发〔2022〕10号	2022年5月6日
17	2022年5月13日	《商业银行预期信用损失法实施管理办法》	银保监规〔2022〕10号	2022年5月13日
18	2022年5月15日	《关于调整差别化住房信贷政策有关问题的通知》	银发〔2022〕115号	2022年5月15日
19	2022年6月1日	《银行业保险业绿色金融指引》	银保监发〔2022〕15号	2022年6月1日
20	2022年6月2日	《关于进一步做好受疫情影响困难行业企业等金融服务的通知》	银保监办发〔2022〕64号	2022年6月2日
21	2022年6月17日	《金融资产投资公司资本管理办法(试行)》	银保监规〔2022〕12号	2022年6月17日
22	2022年6月20日	《关于进一步促进信用卡业务规范健康发展的通知》	银保监规〔2022〕13号	2022年6月20日
23	2022年7月4日	《关于进一步推动金融服务制造业高质量发展的通知》	银保监办发〔2022〕70号	2022年7月4日

续表

序号	发布时间	法规名称	文号	施行日期
24	2022年7月12日	《关于加强商业银行互联网贷款业务管理提升金融服务质效的通知》	银保监规〔2022〕14号	2022年7月12日
25	2022年7月29日	《关于开展特定养老储蓄试点工作的通知》	银保监办发〔2022〕75号	2022年7月29日
26	2022年8月25日	《理财公司内部控制管理办法》	中国银行保险监督管理委员会令2022年第4号	2022年8月25日
27	2022年9月29日	《关于推动动产和权利融资业务健康发展的指导意见》	银保监发〔2022〕29号	2022年9月29日
28	2022年10月8日	《中国银保监会关于修改部分行政许可规章的决定》	中国银行保险监督管理委员会令2022年第5号	2022年10月8日
29	2022年11月12日	《关于商业银行出具保函置换预售监管资金有关工作的通知》	银保监办发〔2022〕104号	2022年11月12日
30	2022年11月13日	《企业集团财务公司管理办法》	中国银行保险监督管理委员会令2022年第6号	2022年11月13日
31	2022年11月18日	《商业汇票承兑、贴现与再贴现管理办法》	中国人民银行 中国银行保险监督管理委员会令〔2022〕第4号	2023年1月1日
32	2022年11月18日	《商业银行和理财公司个人养老金业务管理暂行办法》	银保监规〔2022〕16号	2022年11月18日
33	2022年11月23日	《关于做好当前金融支持房地产市场平稳健康发展工作的通知》	银发〔2022〕254号	2022年11月23日
34	2022年11月28日	《商业银行表外业务风险管理办法》	银保监规〔2022〕20号	2023年1月1日
35	2022年11月28日	《关于加强金融租赁公司融资租赁业务合规监管有关问题的通知》	银保监办发〔2022〕12号	2022年11月28日
36	2022年11月30日	《银行保险机构公司治理监管评估办法》	银保监规〔2022〕19号	2022年11月30日

B.4
2022年证券业监管报告

星焱 杨光 李思明*

摘　要： 2022年国内股票市场有所下行，但资本市场运行总体平稳，经受住多重不利因素影响。监管部门着力建设中国特色现代资本市场，持续纵深推进资本市场"深改12条"各项改革制度，持续增强服务实体经济能力，股权、债券融资规模保持历史高位，发布"第三支箭"支持房地产企业扩大融资和可持续发展。继续夯实全面注册制改革落地实施的基础，推进常态化退市工作，提升上市公司在市场竞争形态、内部公司治理机制、风险管理、信息披露、上市公司整体结构等领域的管理水平，就中概股财务审计分歧与美国监管部门达成一致意见。稳妥化解房地产信用债集中违约、伪私募类私募损害投资者合法权益、地方金融资产交易所融资风险等，协同打击金融乱象，净化市场生态。

关键词： 证券业　注册制　直接融资

一　2022年证券业监管回顾与发展现状

（一）2022年证券业监管回顾

总的来看，2022年资本市场面对多重超预期冲击，经受住了严峻考验，

---

* 星焱，国家金融与发展实验室金融法律与金融监管研究基地特约研究员，主要研究方向为资本市场、债务风险、房地产等；杨光，国家金融与发展实验室金融法律与金融监管研究基地特约研究员，主要研究方向为证券法、经济法等；李思明，国家金融与发展实验室金融法律与金融监管研究基地特约研究员，主要研究方向为证券监管、金融科技等。

股票市场、债券市场、期货市场均保持总体平稳运行，IPO融资和再融资整体保持高位，服务实体经济功能进一步提升，为保持经济金融稳定、推动经济社会高质量发展贡献了力量。

1. 应对多重超预期输入性风险，资本市场韧性和活力持续提升

2022年全球经济遭遇多重"灰犀牛"冲击，对我国资本市场平稳运行造成不利影响。在俄乌冲突等突发事件的冲击下，全球通胀加剧，能源、基本金属、农产品、原材料等大宗商品价格一度大幅上涨。投资者将以能源和资源为代表的抗通胀资产作为年度投资主线和避险工具，相关商品期货和股票板块亦大幅振荡。受疫情以来各国央行持续"放水"影响，2021年11月美国CPI已经升至6.2%，俄乌冲突发生后，美国CPI最终在2022年6月达到了此轮通胀周期的最高点9.1%。2022年美联储先后加息7次，累计加息425个基点，为2008年国际金融危机后近15年来的阶段性最高水平。美联储激进加息导致全球美元回流和流动性收紧，各国资本市场普遍出现较大波动，部分新兴市场国家因此发生债务危机。国内债券市场全年资金流出超6000亿元，A股市场北上资金净流入也大幅减少，导致投资者风险偏好不断下降。但A股市场总体保持在合理区间运行，市场交易活跃，在经历多次短暂调整后均平稳上行。在2022年10月党的二十大后，国内经济预期发生显著变化，叠加美元加息节奏放缓，人民币资产重新得到国际资本青睐，A股市场走出阶段性复苏行情。

2. 资本市场供给侧改革持续深化，服务实体经济能力明显增强

除多重超预期的输入性风险之外，2022年国内经济遭遇新冠肺炎疫情反复冲击，对资本市场平稳运行多次造成负面影响。但A股市场仍在加大对实体经济的支持力度，并推动主要股指形成阶段性触底回升走势。支持实体企业融资是资本市场的一个核心功能，是贯彻党中央国务院系列决策部署，提高直接融资比重的重要路径。回首2022年，A股首发上市融资IPO规模保持历史高位，多元化融资支持机制逐步健全完善，主板、科创板、创业板、北交所的存量上市公司总数突破5000家。在实施注册制之后，科创板、创业板开始成为A股融资主战场。全年IPO融资额中，有超过七成来自科创板和创业板，体现了资本市场注册制改革取得重要成绩，注册制平稳有序运行，支持实体企业融资作用彰显，为 2023 年正式实施全面注册制夯实了制度基础。与此同时，中国企业到欧洲以发行 GDR 形式挂牌上市取得突破，全球投资者进一步增强对中国企业的发展信心。2022 年多层次资本市场坚持贯彻新发展理念，持续助力科技创新类企业做大做强，不断增加对科技创新、民营企业、绿色发展等领域的支持力度，科创板和创业板聚集的硬科技和创新创业企业数量不断增加。2022 年国务院再次强调，"房地产是国民经济的支柱产业"，证监会出台恢复房地产企业股权融资的"第三支箭"政策，对房地产企业在股权融资相关的 IPO 和再融资、并购重组等方面进行政策优化，时隔多年重新开启境内房地产企业在 A 股和 H 股的股权融资渠道，为房地产市场进一步企稳发挥积极作用。福星股份、金科股份、世茂股份、雅居乐、碧桂园等十多家房地产企业开启再融资之路，优化自身资产债务结构，有效缓解现金流紧张压力。

3. 各项制度改革纵深推进，资本市场自身韧性和活跃度不断抬升

近年来，资本市场供给侧改革纵深推进，市场高质量发展迈上新台阶。全市场以注册制改革为"龙头"，深化落实改革"12 条"，持续推进发行、交易、退市、再融资、信息披露、并购等重点领域的市场基础制度建设。2022 年，金融监管部门加强对股票、债券、期货、外汇等金融市场的调控，保持市场整体平稳运行，为资本市场深化改革营造了良好的市场环境，各项改革制度持续深化推进。全面注册制改革前期工作启动实施，常态化退市制度初步形成，中美上市公司财务审计监管合作取得了重要突破。交易所债券市场的信用债违约风险、金融资产交易所等地方交易场所风险、类私募伪私募等重点领域风险得到了有效化解处置，投资者合法权益得到保护，相关制度机制持续完善，牢牢树立"大投保"理念，增强行政执法与民事赔偿、刑事追责的内在逻辑关联和衔接机制建设，丰富维权救济渠道，切实提升中小投资者的满意度和获得感。继续坚守底线思维，防范化解重大金融风险，资本市场法治建设取得新进展，期货和衍生品法等一批基础性法律法规平稳出台落地，证券执法体制机制持续完善。证监会制定《推动提高上市公司质量三年行动方案（2022—2025）》，提升了上市公司市场竞争形态、内部公司治理机制、风险管理、信息披露、上市公司整体结构优化等方面的管理水平，健全打击重大违法长效机制，推动上市公司监管转型，不断提升上市公司主体质量。与此同时，上市公司治理水平提升，也为资本市场深化改革提供了更好的市场环境，在推进经济金融高质量发展中发挥了重要作用。持续增强市场各类风险防范防控的长效机制建设，动态跟踪关注各类金融风险的关联性、系统性，提高对风险跨境、跨市场传导的对应处置能力，加强风险预警和追责问责制度建设。

4. 中国特色现代资本市场建设进程加快，助力全面推进中华民族伟大复兴

走好中国特色金融道路，是中国经济社会高质量发展的内在要求。2022年中国特色资本市场的理论创新、实践创新、制度创新等持续探索推进，更好地服务了我国构建新发展格局。各项市场改革工作以"打造一个规范、透明、开放、有活力、有韧性的资本市场"为核心目标，坚持市场化法治化国际化发展道路，及借鉴全球资本市场发展的最佳实践，立足于我国的国情和市情，将资本市场发展理论与中国优秀传统文化相结合，全力打造"治理、生态、文化"三位一体的资本市场软实力，把党的领导与行政监管、自律监管、市场自治有机结合，进一步增强资本市场的活力和韧性。更好地处理资本市场发展与有为政府之间的平衡关系，保障市场机制在资源配置中发挥决定性作用，持续增强市场功能，优化多层次市场结构和促进环境生态改善。总结出建设中国特色现代资本市场的关键环节，聚焦支持科技创新，有序提高直接融资比重，统筹股票、债券、期货、私募等市场协同可持续发展，促进一级市场和二级市场之间的动态平衡，进一步实现金融与房地产、实体产业之间的良性循环，坚持"两个毫不动摇"，一视同仁地提高对不同所有制、不同类型、不同生命周期的企业的服务能力。探索中国特色资本市场估值理论体系，促进提升市场对资产估值定价的科学性和有效性，全面理解中国经济发展的制度优势、产业特征、社会贡献、可持续发展能力等重要因素，推动市场主体、中介机构、监管部门加强对最新研究成果的运用实施，逐步探索完善适用于不同类型企业的估值定价体系，重点体现中国特色，更好发挥市场化资源配置和价值发现功能。

5. 制度型高水平开放持续推进，中美会计审计合作达成新协议

习近平总书记多次指出，不论世界发生什么样的变化，中国开放的大门都会越来越大，双向开放的信心和意志都不会动摇，要让中国大市场成为世界大机遇。在此指导下，资本市场制度型开放稳步有序推进，相关举措渐次落地，市场发展程度明显提升。"引进来"与"走出去"紧密结合，外资金融机构入境展业制度型阻碍大幅减少，经营监管上基本享受国民待遇。截至2022年底，摩根大通、高盛、野村、瑞银等10余家外资金融机构相继获批，3家外资银行在华子公司获得基金托管资格，近40家外资私募证券基金在华成立全资子公司，陆续将境外成熟市场的管理经验和业务模式、风控理念引入中国，助推国内证券基金期货经营机构的经营治理水平提升，构建行业发展新格局，提升机构国际竞争力。2022年5月，中国人民银行、证监会、国家外汇管理局联合发布《关于进一步便利境外机构投资者投资中国债券市场有关事宜》，助推中国债券市场对外开放取得积极进展，便利境外机构投资者投资中国债券品种，优化资金跨境监管规则体系。中日、深港、沪港 ETF 互通相继开通，向境外投资者开放原油、PTA、铁矿石等7个期货品种，投资者结构和市场结构进一步优化，市场运行质量稳步提升。支持境外优质企业到交易所市场发行熊猫债，累计为境外企业融资近1200亿元。2022年8月26日，证监会、财政部与美国公众公司会计监督委员会（PCAOB）就中美两国上市公司会计审计监管有关分歧签署协议。2020年以来，中美之间就审计底稿访问权问题一直存在较多的矛盾分歧，此次达成协议有利于保护金融安全和中概股企业利益，大幅缓解了中概股集体退市的风险，使得互联网、教育培训、新能源等相关股票市场板块得到提振，其中腾讯、京东等互联网龙头企业股价在年底大幅上涨，直接带动市场情绪好转。

（二）2022年证券市场发展概况

根据 Wind 数据，截至2022年末，我国上市公司总数（含 A 股、B 股）5079家，较2021年增加382家。总市值87.8万亿元，较2021年减少3.3

万亿元。上市股票共计 5153 只，其中上市 A 股股票 5067 只，上市 B 股股票 86 家，流通 A 股市值 66.3 万亿元，流通 B 股市值 1266.4 亿元。债券市场总存量规模达到 141.4 万亿元，其中，国债 25.6 万亿元，地方政府债 34.9 万亿元，银行同业存单 14.1 万亿元，金融债 33.7 万亿元，企业债 2.12 万亿元，公司债 10.3 万亿元，中期票据 8.9 万亿元，短期融资券 2.17 万亿元，定向工具 2.2 万元，政府支持机构债 1.9 万亿元，资产支持证券 4.4 万亿元。

1. 股票一级市场运行

2022 年，我国沪深交易所一级市场募集资金企业共计 991 家，募资金额 1.7 万亿元，分别同比下降 18.2% 和 7.2%（见表 1、表 2）。其中，首次公开募股（IPO）企业 428 家，同比减少 18.3%；募资 5868.9 亿元，同比增加 8.1%，募资金额创新高，科创板、创业板注册制试点工作运行平稳，为更好地服务实体企业股权融资发挥了重要作用。增发企业 363 家，融资金额 7231 亿元；配股企业 9 家，融资金额 615.3 亿元；可转债企业 153 家，融资金额 2735 亿元；可交换债企业 38 家，融资金额 432.9 亿元。总体来看，IPO 企业的融资金额较 2021 年小幅增加，增发企业融资金额明显下降，可转债和可交换债、优先股企业等变化不大。

表 1　股权融资募集资金企业数量

单位：家

年份	合计	IPO	增发	配股	优先股	可转债	可交换债
2014	618	122	464	12	5	12	3
2015	1078	222	824	6	12	3	11
2016	1156	227	837	11	13	12	56
2017	1143	438	583	7	1	24	90
2018	530	105	289	15	7	78	36
2019	655	203	268	9	7	106	62
2020	1087	437	377	18	8	206	41
2021	1212	524	520	7	0	127	34
2022	991	428	363	9	0	153	38

资料来源：Wind 数据库。

表 2 股权融资企业募资金额

单位：亿元

年份	合计	IPO	增发	配股	优先股	可转债	可交换债
2014	8515.2	657.4	6336.3	124.7	1030.0	311.2	55.6
2015	15840.7	1574.3	11988.7	42.3	2007.5	93.8	134.1
2016	20701.7	1496.1	16471.0	298.5	1643.0	226.5	566.6
2017	17167.9	2301.1	12679.3	163.0	200.0	602.8	1221.8
2018	12105.7	1378.2	7534.9	228.3	1349.8	1073.1	541.5
2019	15422.8	2532.5	6897.0	133.9	2550.3	2477.8	831.4
2020	16786.2	4805.5	8345.1	513.0	187.4	2475.3	460.0
2021	18178.2	5426.8	9082.6	493.4	0.0	2743.9	431.5
2022	16883.7	5868.9	7231	615.5	0	2735	432.9

资料来源：Wind 数据库。

2. 股票二级市场运行

2022 年，受国外俄乌冲突、美联储快速加息抑制高通胀及国内疫情反复等影响，A 股主要指数处于"W"震荡下行态势，且全年下行幅度不小。其中，上证指数由 3639.8 点下跌至 3089.3 点，年内跌幅 15.1%。深证综指下跌 21.9%，科创 50 下跌 31.3%，创业板综指下跌 26.8%。从规模指数看，上证 50 下跌 19.5%，沪深 300 下跌 21.6%，中证 500 下跌 20.3%，中证 1000 下跌 21.6%。

从中信一级行业来看，2022 年各行业指数大多下跌，但总体运行分化较大。全年煤炭、消费者服务、交通运输等行业涨幅居前，涨幅分别为 17.5%、6.4%、2.3%。而 2021 年，涨幅靠前的行业主要是电力设备、有色金属、煤炭、基础化工、钢铁、公用事业等。2022 年，跌幅居前的行业主要有电子、综合金融、计算机、国防军工、传媒、建材、电力设备与新能源，跌幅分别为 35.7%、25.3%、25.1%、24.8%、24.5%、24.3%、24.1%，而 2021 年跌幅居前的行业主要有家用电器、非银金融、房地产、社会服务、食品饮料、医药生物等。

3. 债券市场总体情况

2022 年，国内债券市场总体运行平稳，国债收益率涨跌互现。受美元大幅加息影响，全年债券市场外资净流出近 7000 亿元。3 月和 11 月银行理财资金大幅赎回，对债券市场流动性产生了一定冲击，受此影响信用债市场的信用利差和评级溢价一度快速走扩。全年债券市场共发行各类债券约 62 万亿元，与 2021 年相比变化不大。分市场看，银行间债券市场新增发行债券约 56 万亿元，同比增加约 5.4%；交易所债券市场新增发行债券约 5.8 万亿元。

从存量规模来看（见表 3），截至 2022 年末，债券市场各类债券存量 65377 只，存量规模 141.4 万亿元，同比增长约 8%。其中，国债和地方政府债等利率债品种出现了一定幅度的增长，截至 2022 年末，国债和地方政府债余额分别为 25.6 万亿元和 34.9 万亿元。银行同业存单存量规模为 14.1 万元。在信用债品种中，公司债、可转债、中期票据出现了不同程度的增长，企业债等品种出现了小幅下降。

表 3　2021~2022 年不同债券品种存量规模变化

类别	2022 年				2021 年			
	债券数量（只）	债券数量比重（%）	债券余额（亿元）	余额比重（%）	债券数量（只）	债券数量比重（%）	债券余额（亿元）	余额比重（%）
国债	263	0.4	255888.9	18.1	262	0.4	230254.6	17.7
地方政府债	9050	13.8	348803.4	24.7	7729	12.0	302995.8	23.2
央行票据	3	0.0	150.0	0.0	3	0.0	150.0	0.0
银行同业存单	14502	22.2	141064.2	10.0	16522	25.6	138978.3	10.7
金融债	2608	4.0	337353.1	23.9	2509	3.9	305288.4	23.4
企业债	2802	4.3	21208.6	1.5	2642	4.1	22356.9	1.7
公司债	11775	18.0	103372.2	7.3	10691	16.6	98184.3	7.5
中期票据	8336	12.8	88669.2	6.3	7270	11.3	80205.2	6.2

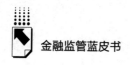

续表

类别	2022 年				2021 年			
	债券数量（只）	债券数量比重（%）	债券余额（亿元）	余额比重（%）	债券数量（只）	债券数量比重（%）	债券余额（亿元）	余额比重（%）
短期融资券	2460	3.8	21693.8	1.5	2630	4.1	23559.3	1.8
定向工具	3534	5.4	22451.8	1.6	3539	5.5	23338.9	1.8
国际机构债	20	0.0	470.0	0.0	21	0.0	410.0	0.0
政府支持机构债	191	0.3	18925.0	1.3	182	0.3	18595.0	1.4
资产支持证券	9223	14.1	43646.7	3.1	10005	15.5	51165.9	3.9
可转债	493	0.8	8380.1	0.6	425	0.7	7011.6	0.5
可交换债	27	0.0	124.5	0.0	88	0.1	1504.9	0.1
标准化票据	90	0.1	1402.2	0.1	30	0.0	153.1	0.0
合计	65377	100.0	1413603.8	100.0	64548	100.0	1304152.0	100.0

资料来源：Wind 数据库。

4. 资产证券化市场运行

2022 年我国资产支持证券 ABS 余额达到 43646.7 亿元（见表 4），较 2021 年的 51165.9 亿元下降 14.7%，为 2014 年来最低增速水平。企业资产证券化 ABS、信贷资产证券化 CLO、资产支持票据 ABN 余额分别为 20905.8 亿元、14374.2 亿元、8366.7 亿元，占比分别为 47.9%、32.9%、19.2%，与 2021 年 47.3%、34.2%、18.5%的占比结构相比变化不大。

表4　2021~2022年资产支持证券市场存量规模

类别	2022年				2021年			
	债券数量（只）	债券数量比重(%)	债券余额（亿元）	余额比重（%）	债券数量（只）	债券数量比重（%）	债券余额（亿元）	余额比重（%）
资产支持证券ABS	9223	100	43646.7	100	10005	25.2	51165.9	100
信贷资产证券化CLO	1293	14	14374.2	32.9	1345	3.4	17497.8	34.2
资产支持票据ABN	1699	18	8366.7	19.2	2075	5.2	9442.3	18.5
企业资产证券化ABS	6231	68	20905.8	47.9	6585	16.6	24225.8	47.3

资料来源：Wind数据库。

二　2022年证券业的主要监管措施和监管行动

（一）全面注册制改革制度基础进一步夯实

2021年底，中央经济工作会议已将"全面实行股票发行注册制"作为下一年金融改革工作的重点。2022年3月，《政府工作报告》明确提出"全面实行股票发行注册制，促进资本市场平稳健康发展"。在证监会全年的监管工作中，也以全面注册制为"牛鼻子"工程，深入推进股票市场和债券市场的发行制度改革。自2019年科创板首批25家企业采用注册制上市发行股票以来，注册制在我国已经走过3年半的历程。其间，2020年创业板、北交所也开启了注册制发行之路。至2022年11月，A股注册制下已经有1000家上市公司，市值合计约9.4万亿元。

2022年5月，证监会系统梳理注册制试点反映出来的尽职调查问题和困难，对《保荐人尽职调查工作准则》和《证券发行上市保荐业务工作底稿指引》进行了适当修订，进一步突出强调了保荐机构"荐"的角色作用，充分发挥保荐机构在投资价值判断方面的前瞻性作用。同月，证监会联合司法部、财政部共同发布《关于加强注册制下中介机构廉洁从业监管的意见》，增加对证券公司、会计师事务所、律师事务所等中介机构从事与上市发行相关业务的监管，健全立体化廉政风险防范机制，做好注册制改革中的制度保障工作，夯实对中介机构的廉洁监管，有效压实中介机构"守门人"责任，对相关机构的从业人员业务规范进行了针对性的细化规定，建立严格的违法违规问责追责机制，遵循"宽严相济"，对中介机构或人员主动发现、主动报告、主动处理问题的，可依法从轻或减轻相关处罚。11月，证监会研究制定了《关于深化公司债券注册制改革的指导意见（征求意见稿）》，提出了优化公司债券审核注册机制、压实发行人和中介机构责任、强化存续期管理、依法打击债券违法违规行为等4个方面的12条措施。

（二）健全提高上市公司质量制度体系

2022年，证监会在国务院金融稳定发展委员会"建制度、不干预、零容忍"工作要求的指引下，结合工作实际，对上市公司监管法规体系予以整合，取得一定成果。

第一，强化上市公司治理。公布《上市公司章程指引（2022年修订）》，主要内容是：一是将实践中已经得到普遍认同的做法进行归纳总结，提升形成规则，如关于党建工作的原则性要求。二是对《关于加强社会公众股股东权益保护的若干规定》等规范性文件的相关内容进行汇总整合，充实《上市公司章程指引》。三是按照《证券法》等上位法新规定调整相关表述。《上市公司股东大会规则（2022年修订）》《上市公司独立董事规则》《〈上市公司重大资产重组管理办法〉第三条有关标的资产存在资金占用问题的适用意见——证券期货法律适用意见第10号》都以整合制度、解决规则表述不一致问题为目的。公布《上市公司股票停复牌规则》，在规范文字表述、统一格式体例的基础上，明确上市公司不得滥用停牌或复牌损害投资者合法权益，上市公司停复牌申请被交易所拒绝时，可不再进行信息披露。公布《上市公司董事、监事和高级管理人员所持本公司股份及其变动管理规则（2022年修订）》，优化禁止交易"窗口期"的规定、删除短线交易的规定。

第二，优化日常监管。公布《上市公司监管指引第3号——上市公司现金分红（2022 年修订）》，主要是引入《关于上市公司监管指引第 3 号的相关问答》中现金分红比例的计算规则及《关于进一步落实上市公司现金分红有关事项的通知》中现金分红比例的计算规则。公布《〈上市公司收购管理办法〉第六十二条有关上市公司严重财务困难的适用意见——证券期货法律适用意见第 7 号（2022 年修订）》，删除"因三年连续亏损，股票被暂停上市"的情形，将"收购人可以申请豁免要约收购义务"修改为"免于以要约方式增持股份"。公布《上市公司现场检查规则》，完善现场检查定义、精简现场检查方式种类、明确交易所现场检查制度、完善部分检查工作要求。此外，还公布了《上市公司监管指引第 2 号——上市公司募集资金管理和使用的监管要求（2022 年修订）》《上市公司监管指引第 4 号——上市公司及其相关方承诺》《上市公司监管指引第 5 号——上市公司内幕信息知情人登记管理制度》《上市公司监管指引第 6 号——上市公司董事长谈话制度实施办法》《上市公司监管指引第 7 号——上市公司重大资产重组相关股票异常交易监管》《上市公司监管指引第 8 号——上市公司资金往来、对外担保的监管要求》，持续明确日常监管重点领域要求。

第三，规范日常经营。公布《上市公司股份回购规则》，主要目的是对相关规则进行归并整合和修改完善，增进各方对规则的认识、理解，以更好地指导实践，有效回应市场需求，并从明确适用范围、调整监管要求、强化监管执法等方面，规定回购条件、方式、实施期限，回购程序和信息披露等重要内容，同时对"以集中竞价交易方式回购股份"和"以要约方式回购股份"提出具体要求。公布《上市公司分拆规则（试行）》，主要是整合2004 年发布的《境外分拆通知》及 2019 年发布的《境内分拆规定》，并结合适用过程中市场反映的实践操作问题对上市公司分拆规则进行了明确。主要内容是统一境内外监管要求，调整监管职责的规定形式，明确和完善分拆条件等。同时，还明确不得分拆子公司上市的情形，即如果上市公司首次公开发行股票并上市时的主要业务或资产是相关子公司的主要业务或资产，则该子公司不得被分拆上市。公布修改后的《〈上市公司重大资产重组管理办法〉第十四条、第四十四条的适用意见——证券期货法律适用意见第 12 号

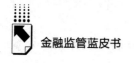

（2022 年修订）》，对相关内容予以整合。

第四，完善信息披露要求。为更好地推进上市公司监管法规体系整合工作，推进完善基础性制度，形成体例科学、层次分明、规范合理且协调一致的上市公司监管法规体系，提升市场规则的友好度，方便市场主体查找使用，公布《公开发行证券的公司信息披露内容与格式准则第 5 号——公司股份变动报告的内容与格式（2022 年修订）》《公开发行证券的公司信息披露内容与格式准则第 17 号——要约收购报告书（2022 年修订）》《公开发行证券的公司信息披露内容与格式准则第 26 号——上市公司重大资产重组（2022 年修订）》《公开发行证券的公司信息披露编报规则第 4 号——保险公司信息披露特别规定（2022 年修订）》《公开发行证券的公司信息披露编报规则第 26 号——商业银行信息披露特别规定（2022 年修订）》。

同时，还决定废止以下 4 部规范性文件：《关于规范上市公司信息披露及相关各方行为的通知》《关于上市公司立案稽查及信息披露有关事项的通知》《2008 年深入推进上市公司治理专项活动有关事项公告》《关于开展加强上市公司治理专项活动有关事项的通知》。2022 年 8 月，废止《关于做好当前上市公司等年度报告审计与披露工作有关事项的公告》《上市公司行业分类指引》。

除对上市公司监管法规体系进行整合外，2022 年 4 月公布《上市公司投资者关系管理工作指引》，进一步明确投资者关系管理的定义、适用范围和原则，进一步增加和丰富投资者关系管理的内容及方式，同时对近年来实践中的良好做法予以固化，进一步明确上市公司投资者关系管理的组织和实施，强化对上市公司的约束。同月，公布《关于完善上市公司退市后监管工作的指导意见》，主要目的是切实发挥退市板块制度功能、强化退市公司监管适应性、促进风险收敛和逐步出清。主要内容包括基本原则、退市衔接程序、持续监管制度、风险防范机制、监管体制五个部分。同月，证监会、国资委、全国工商联公布《关于进一步支持上市公司健康发展的通知》，从营造良好发展环境，稳定企业预期；增进价值回归，稳定投资者预期；各部门积极履职，共同促进市场稳定等三个方面提出 12 项举措。

（三）持续推进北京证券交易所设立及新三板改革

第一，优化转板要求。公布《中国证监会关于北京证券交易所上市公司转板的指导意见》，主要内容包括明确上市时间计算方法、优化股份限售安排等，并对其他文字表述做了适应性调整。此外，2022年8月发布公告，废止《公开募集证券投资基金投资全国中小企业股份转让系统挂牌股票指引》。

第二，强化司法保障。最高人民法院发布《关于为深化新三板改革、设立北京证券交易所提供司法保障的若干意见》。明确依法妥善审理相关案件，为中小企业健康发展和多层次资本市场体系建设营造良好的司法环境，明确法院可参照适用证券监管部门、证券交易场所经法定程序制定的、与法律法规不相抵触的规章、规范性文件和业务规则的相关规定，认定发行人、主办券商等证券中介机构的虚假陈述民事责任，依法准确认定"业绩对赌协议"和"定增保底"性质条款的效力等，依法有效保护投资者合法权益。

第三，启动国债发行业务。主要目的是促进北京证券交易所高质量发展，更好地支持实体经济持续健康发展，助力稳定宏观经济大盘。

（四）场外私募市场规范发展

第一，启动私募股权创投基金向投资者实物分配股票试点。私募股权创投基金向投资者实物分配股票即指私募基金管理人与投资者约定，将私募股权创投基金持有的上市公司首次公开发行前的股份通过非交易过户方式向投资者（份额持有人）进行分配的一种安排。主要适用《上市公司股东、董监高减持股份的若干规定》《上市公司创业投资基金股东减持股份的特别规定（2020年修订）》等有关减持规定。2022年10月，首单试点即上海临理投资合伙企业（有限合伙）的实物分配股票试点获证监会同意。

第二，建设区域性股权市场"专精特新"专板。2022年11月，证监会办公厅、工业和信息化部办公厅联合印发《关于高质量建设区域性股权市场"专精特新"专板的指导意见》。该意见包括建设目标、推进高标准建设、推动高质量运行、提高服务水平、加强有机联系、完善市场生态、加强组织保障等内容，主要目标是聚焦服务中小企业专精特新发展，提升多层次资本市场服务专精特新中小企业的能力，规范区域性股权市场运营，整合政府和市场各方资源，加强服务能力建设，完善综合金融服务和上市规范培育功能，提升优质中小企业规范发展质效，为构建新发展格局、实现经济高质量发展提供有力支撑。目前，向证监会备案的区域性股权市场运营机构共35家。

（五）债券市场功能有效发挥

第一，支持民营企业改革发展。2022年3月，证监会推出一系列政策措施，进一步拓宽民营企业债券融资渠道，增强服务民营经济发展质效。这些措施包括推出科技创新公司债券、优化融资服务机制、发挥市场化增信作用、便利回购融资机制、鼓励证券基金机构加大对民营企业的业务投入、加大宣传推介力度及提升信息披露质量。5月，交易所债券市场推出民营企业债券融资专项支持计划，首单项目已于5月落地，由专项支持计划与金融机构联合为"GC晶电01"提供1亿元增信支持，助力企业债券融资5亿元。7月，证监会、国家发展改革委、全国工商联联合发布《关于推动债券市场更好支持民营企业改革发展的通知》。

第二，丰富债券产品类型。2022年5月，推出科技创新债，主要服务于科创企业类、科创升级类、科创投资类和科创孵化类等四类发行人，同时也对科技创新专项信息披露做出针对性安排。同月，在前期REITs试点工作基础上，制定发布《新购入基础设施项目（试行）》，支持上市REITs通过扩募等方式收购资产。11月，证监会、国务院国资委联合发布《关于支持中央企业发行科技创新公司债券的通知》，主要目的是鼓励中央企业增加研发投入，增强政策协同，形成引导金融资源向科技创新领域聚集的合力。

第三，深化公司债券注册制改革。就《关于深化公司债券注册制改革的指导意见（征求意见稿）》公开征求意见。主要内容包括总体要求以及4个方面12条措施。除总体要求外，还提出建立分工明确高效衔接的审核注册流程，完善全链条监管制度安排，加强对交易所发行审核工作的监督检查和指导；加强募集资金管理，规范募集资金使用，压实中介机构"看门人"责任。在强化公司债券存续期管理方面，完善公司债券日常监管体系，持续完善市场化、法治化、多元化的债券违约风险化解机制；加大对债券严重违法违规行为的查处力度，健全适应不同债券类型和风险特征的投资者适当性管理制度。

（六）夯实证券基金期货经营机构监管要求

1. 证券公司

第一，实行科创板股票做市交易业务试点。2022 年 5 月，公布《证券公司科创板股票做市交易业务试点规定》。主要目的是落实《证券法》《关于在上海证券交易所设立科创板并试点注册制的实施意见》相关要求，明确在条件成熟时引入做市商机制是推进科创板建设的重要举措之一，通过试点方式在科创板引入做市商机制有利于积累经验，稳步推进。

第二，及时处置问题金融机构。2022 年 5 月，依法结束对新时代证券的行政接管。证监会发布公告：根据《证券公司风险处置条例》第十六条，新时代证券经接管已经达到正常经营条件，证监会决定批准该公司恢复正常经营。证监会将持续加强监管，督促新时代证券持续完善治理体系，合规稳健经营，坚决防止出现新的重大风险。2022 年 12 月，推进富途控股、老虎证券非法跨境展业整治工作。

2. 基金管理公司

第一，顶层设计及时落地。2022 年 4 月，发布《关于加快推进公募基金行业高质量发展的意见》，从总体要求、积极培育专业资产管理机构、全面强化专业能力建设、着力打造行业良好发展生态、不断提升监管转型效能 5 个方面提出 16 项举措。

第二，监管要求日益完善。2022 年 5 月，对《证券投资基金管理公司管理办法》进行了修订，将其更名为《公开募集证券投资基金管理人监督管理办法》，并发布相关配套规则。主要内容从"准入—内控—经营—治理—退出—监管"全链条对监管制度进行了完善。在强化基金管理公司股权管理、切实把好入口关方面，调整基金管理公司股东准入条件，完善专业人士发起设立基金管理公司制度规范，促进行业高水平对外开放，深化简政放权突出放管结合。在优化公募基金管理人牌照准入制度、壮大公募基金管理人队伍方面，统一资管机构申请公募基金管理资格的条件，适度放宽同一主体持有公募牌照数量限制，强化公募业务规则一致性。在着力提升机构主体合规风控能力、夯实行业高质量发展基础方面，强化投资交易行为管控，加强基金管理公司集中统一管理，突出行业文化建设与廉洁从业监管。在着力完善基金管理公司治理机制、突出长期考核激励方面，加强党的领导，保障基金管理公司治理长期稳健，强化主要股东及实际控制人与独立董事责任，全面构建长效激励约束机制。支持基金管理公司在做优做强公募基金主业的基础上实现差异化发展，培育一流资管机构、允许公募基金管理人实施运营外包。在建立公募基金管理人市场化退出机制、规范风险处置流程方面，增设专章明确公募基金管理人退出机制，强化全流程管控和各方职责。

第三，创新业务有序推进。2022 年 11 月，发布《个人养老金投资公开募集证券投资基金业务管理暂行规定》。明确规定参与机构主体运作落实高标准、严要求。基金管理人、基金托管人、基金销售机构等需要配备专业团队，针对性健全内部控制及风险管理机制，确保资金闭环运行、资产安全独立，落实长期考核、长期评价要求。压实各机构在各业务环节的职责。同时，还从稳慎确定参与机构及产品、加强投资者权益保护、提升业务便利性、落实行业平台管理等方面做出了规定。

3. 期货公司

第一，及时修改部门规章。根据表决通过的《期货和衍生品法》，对 8 部规章的部分条款予以修改，对 1 部规章予以废止。主要是增加以《期货和衍生品法》作为上位法依据、取消对期货经营机构从业人员的资格管理、完善期货公司董事监事和高级管理人员的任职条件要求。

第二，及时修改规范性文件。为贯彻落实《期货和衍生品法》，进一步健全完善期货和衍生品市场的基础性制度，构建顶层设计科学、权责配置合理、体系架构得当的规则体系，证监会对照《期货和衍生品法》内容，有针对性地对有关规范性文件进行了配套清理。这些文件主要包括《期货公司首席风险官管理规定（试行）》《期货公司保证金封闭管理办法》《期货公司分类监管规定》《期货公司金融期货结算业务试行办法》《期货公司风险监管报表编制与报送指引》《期货公司信息公示管理规定》《关于期货交易所、期货公司缴纳期货投资者保障基金有关事项的规定》《证券投资基金参与股指期货交易指引》《公开募集证券投资基金参与国债期货交易指引》《证券公司参与股指期货、国债期货交易指引》《证券公司为期货公司提供中间介绍业务试行办法》《关于加强证券期货经营机构客户交易终端信息等客户信息管理的规定》等。主要内容同样是增加以《期货和衍生品法》作为上位法依据、取消对期货经营机构从业人员的资格管理等。

4. 人员管理

2022年2月，为规范经营机构董监高、从业人员任职和执业管理，着力构建行政监管、自律管理、经营机构、董监高及从业人员各司其职、各尽其责的人员管理体系，公布《证券基金经营机构董事、监事、高级管理人员及从业人员监督管理办法》。主要内容是按照分类原则优化人员任职管理、强化执业规范、压实经营机构主体责任，夯实行业发展根基。同时，将经营机构子公司、证券基金服务机构从事证券基金业务的相关高管及从业人员纳入监管，实现监管全覆盖。

5. 廉洁从业要求

2022年5月，公布《关于加强注册制下中介机构廉洁从业监管的意见》。主要目的是进一步加强对各类中介机构的廉洁从业监管，针对主要风险点提出规范要求，督促其勤勉尽责，廉洁自律，消除廉洁从业风险隐患，为注册制改革保驾护航。主要内容分为三个方面：一是坚持系统思维，全面从严要求。将具有投行业务特性的业务均纳入规制范围，实现了业务主体和业务类型的全覆盖；从内部管理入手，进一步强化内部机制的监督制衡，激发廉洁从业的内生动力。二是坚持问题导向，有针对性地解决突出问题。包括建立健全科学合理的激励约束机制和内部问责机制、加强利益冲突审查、

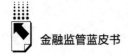

遵循证监会及交易所有关沟通交往的规定、注重投行项目股东穿透等事项核查、加强内幕信息和未公开信息管理、强化公平竞争意识、制定规范聘用第三方的制度等。三是坚持专业思维，分类施策。结合证券公司、会计师事务所、律师事务所等各主体的业务风险特征提出专门的监管要求，强化监管执法问责。

2022年11月，公布《证券期货业机构内部接口 证券交易》《证券业登记结算核心术语》《证券期货业数据安全管理与保护指引》《证券期货业信息技术服务连续性管理指南》《场外通用传输接口》《证券公司客户信息交换规范》《证券经营机构投资者适当性管理投资者评估数据要求》等7项金融行业推荐性标准。

（七）强化投资者合法权益保护和投资者教育

2022年初，证监会召开投资者保护工作会议，提出进一步健全投资者保护制度机制和监管体系。一是进一步畅通投资者依法维权追偿渠道，二是完善投资者保护基础制度，三是引导督促证券期货经营机构落实好投资者保护工作。

在证券违法赔偿方面，证监会就《关于证券违法行为人财产优先用于承担民事赔偿责任有关事项的规定（草案）》公开征求意见，明确了包括申请主体、期限、金额和办理流程在内的，违法行为人所缴纳的行政罚没款用于承担民事赔偿责任的具体工作机制。

在基础制度方面，对《最高人民检察院、公安部关于公安机关管辖的刑事案件立案追诉标准的规定（二）》进行了全面修订，加大投资者保护力度。

在落实投资者保护工作方面，优化投资者服务窗口，畅通投资者诉求反映渠道。2022年8月，证监会优化"12386"服务平台运行，发布《中国证监会关于12386服务平台优化运行有关事项的公告》，对"12386"服务热线进行优化升级并设立"12386"网络平台，共同构成证监会"12386"服务平台。集中接收投资者的投诉、举报、咨询和意见建议，为投资者提供一站式、多元化诉求处理服务。同时建立制度、优化管理，保障服务平台履职尽责，提升投资者诉求处理速度和效率。

在督促引导方面，证监会举办 2022 年"5·15 全国投资者保护宣传日"活动，开展了发布投资者保护典型案例、推荐受投资者欢迎的注册制投教产品、发布《资本市场投资者保护状况蓝皮书（2022）》系列子报告，以及举办"股东来了 2022"知识竞赛等多样化的活动，加强投资者保护宣传。

（八）加快资本市场对外开放

资本市场制度型开放稳步扩大，同时更加强调统筹开放和安全。2022年资本市场对外开放主要围绕三个方面：扩大境内外市场互联互通，不断深化内地与香港资本市场的合作，推进境内企业境外上市监管制度落地。

一是扩大境内外市场互联互通范围和产品。证监会发布《境内外证券交易所互联互通存托凭证业务监管规定》，将适用范围进一步拓展到瑞士、德国，并将深交所符合条件的上市公司纳入，为境内外投资者提供更为丰富的投资品种。境外基础证券发行人可以采用市场化询价机制进行定价融资。在年报披露内容、权益变动披露义务等持续监管方面进行了优化，并提高了灵活性。2022 年 7 月，将符合条件的交易型开放式基金正式纳入内地与香港股票市场交易互联互通机制。中国和瑞士证券市场互联互通存托凭证业务正式开通。

二是扩大境内债券市场开放。2022 年 5 月 27 日，中国人民银行、证监会、国家外汇管理局联合发布《关于进一步便利境外机构投资者投资中国债券市场有关事宜》，统筹同步推进银行间和交易所债券市场对外开放。以法人机构为市场主体和监管对象，明确各方权责；在商业银行柜台、跨市场转托管、"债券通"业务的实践基础上，强化收集数据和信息的穿透性，探索建立健全兼容多级托管的制度安排，增强包容性。提升债券市场的流动性与稳健性，统一资金跨境管理。

三是统筹开放与安全，完善境内企业境外上市监管制度。为进一步提升境外上市企业的合规水平，证监会会同有关单位修订了《关于加强在境外发行证券与上市相关保密和档案管理工作的规定》并于 2022 年 4 月就修订

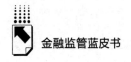

后文件公开征求意见。主要调整内容包括：（1）明确将《会计法》《注册会计师法》等作为上位法，完善法律依据。（2）加强与《国务院关于境内企业境外发行证券和上市的管理规定（草案征求意见稿）》的衔接配套，无论企业境外直接或者间接上市均适用。（3）明确境内企业、有关证券公司、证券服务机构在服务境内企业境外发行证券和上市活动中有关保密和档案管理的责任。（4）对跨境监管合作制度进行了完善，促进跨境监管合作更加安全高效。2022年7月，中美双方就审计监管合作达成协议，确立对等原则，并就合作范围和协作方式进行了明确规定，建立了双方依法对共同监管范围内的会计师事务所开展日常检查和执法合作的监管合作机制。

三 2023年证券业监管重点展望

（一）推动全面实行股票发行注册制改革平稳落地

全面实行股票发行注册制改革是关系到资本市场全局的基础制度改革，对更好发挥资本市场功能、有效地服务经济高质量发展具有重要意义。目前，证监会已经就全面实行股票发行注册制相关的主要制度规则向社会公开征求意见，涵盖了发行承销、定价交易、并购重组、信息披露、退市制度、上市公司治理等多项基础制度，进一步将选择权交给市场，并强化市场约束和法治约束。全面实行股票发行注册制是一项系统性改革，不能一蹴而就，下一步还需要继续完善资本市场基础制度，并推动监管加快与之相适应。

一方面，推动股票发行注册制改革各项要求落地，健全多层次资本市场体系。推动各项制度规则制定修订、在审企业平移、技术系统准备等配套措施的完成，加强培训引导，督促注册制改革各项任务要求落实落地。注册制改革以不同板块为载体，在上市条件等方面形成差异化，主板、科创板、创业板，北京证券交易所和全国股转系统，区域性股权市场，场外市场功能定位更加明晰，基本覆盖不同行业、不同类型、不同成长阶段的企业，在错位发展的同时还注重健全各层次市场互联互通机制，提高多层次市场资源配置效率，畅通"科技-产业-金融"良性循环。

另一方面，提升监管体系与注册制改革的适应性，保障注册制改革顺利实施。注册制改革是放管结合的改革。要加快监管转型，强化事中事后监管，提升监管能力，规范上市公司治理，督促中介机构归位尽责、加强能力建设。培育理性投资文化。强化资本市场法治建设，继续严厉打击欺诈发行、财务造假等证券违法违规行为，保持投资者维权救济渠道畅通，切实保护投资者合法权益。

（二）提高上市公司质量

上市公司是资本市场的基石，推动上市公司高质量发展既是资本市场功能的重要体现，也是资本市场功能发挥的基础。从国务院《关于进一步提高上市公司质量的意见》到证监会、国务院国资委、全国工商联《关于进一步支持上市公司健康发展的通知》以及国务院国资委《提高央企控股上市公司质量工作方案》，都表明在推动经济向以创新为驱动力转型的时代要求下，上市公司质量提升正成为一项突出重点工作由多部门系统性推进。

就证券监管而言，一是按照《推动提高上市公司质量三年行动方案（2022—2025）》的要求，完善上市公司全链条监管机制，提升监管系统性时效性和风险处置能力，加强部门间以及部门同地方政府之间的协作。引导上市公司聚焦主业，完善公司治理和规范运作，形成有效的激励约束机制，持续提高经营水平和信息披露质量，不断提升公司价值，并通过分红、股份回购等方式更好地回报股东和社会。强化控股股东、实际控制人以及董事、监事、高管等主体责任，对上市公司财务造假、信息披露不实、大股东违规占用担保、内幕交易等违法违规行为，加大检查执法和惩罚力度。

二是围绕发展新兴产业和传统产业转型升级要求，提升资本市场服务上市公司的效能，在注册制下督促市场各方归位尽责，把好发行上市入口关，畅通退市出口关，增强市场优胜劣汰的约束机制。发挥资本市场并购重组主渠道作用，支持行业领军上市公司带动中小企业协同发展，促进产业链供应链贯通融合。按照建设中国特色现代资本市场的要求，结合不同上市公司类

型，探索建立具有中国特色的估值体系，充分发现上市公司价值。丰富和完善期货产品体系，助力上市公司有效管控风险。

（三）稳步推进资本市场制度型开放

近年来，我国资本市场对外开放水平不断提升，人民币资产对外资的吸引力进一步增强。党的二十大报告提出以国内大循环吸引全球资源要素，增强国内国际两个市场两种资源的联动效应。资本市场作为全球资源配置的重要渠道，对促进跨境投融资，加快构建双循环新发展格局具有积极意义。

一是深化境内外市场互联互通，推进市场、机构、产品全方位制度型开放。扩大互联互通市场范围，拓展优化沪伦通机制，加强内地与香港市场合作，稳步扩大沪深港通标的范围，纳入新的资产类别，优化托管结算等基础设施、跨境资金管理、税收政策等领域的互联互通机制。推动交易所债券市场互联互通，稳步扩大商品和金融期货市场双向开放。支持国内券商积极"走出去"，扩展跨境业务，增强国际竞争力。

二是统筹开放与安全，加强跨境监管和执法合作。完善企业境外发行上市监管制度规则，支持企业依法合规在境外上市，加强跨境监管和执法合作，促进提升上市公司和中介机构跨境业务能力和规范程度。完善跨境资金监测监管机制，加强跨境金融风险预警和应对。

三是鼓励"引进来"和"走出去"，用好国内国外两种资源。随着国内经济复苏，外资机构持股比例放开，外资积极投资人民币资产。要进一步吸引国际投行，共同基金、资管公司等资产管理机构，以及期货公司等来华展业参与境内市场投资，扩大境外机构投资者范围，优化跨境投融资程序，便利跨境资金流动，建设国际化、市场化、法治化营商环境。

（四）维护资本市场平稳健康运行

一是健全资本市场内生稳定机制。统筹融资端和投资端改革，加大社保基金、保险基金、企业年金等各类中长期资金入市力度，推动养老金扩大投资公募基金规模。强化证券公司、基金公司等证券期货经营机构的内部治理和规范运作，落实证券公司等中介机构"看门人"职责，推进公募基金实施长周期考核机制，提高行业机构风险防范和风险处置能力，促进长期投资、价值投资理念形成，持续深入开展"合规、诚信、专业、稳健"行业文化建设，打造良好市场生态。

二是推动制度完善和监管能力提升。加强对市场运行的监测和风险预判，维护市场平稳运行。进一步健全风险预防、预警、处置、问责制度体系，加强对跨市场、跨境、跨领域风险的监测、预警和评估，建立风险应对预案，坚守防范系统性风险的底线。加强市场数据收集、分析和应用，提升监管的数字化智能化水平，强化与行业监管的协调，保持政策一致性，稳定市场预期。

三是加强重点领域风险监测监控和防范应对。持续完善私募基金监管规则，稳妥做好私募基金、地方各类交易场所、债券违约等重点领域风险化解工作，加强监督检查执法，从严打击非法证券活动。

参考文献

[1]《中国证监会召开2023年系统工作会议　部署资本市场五大重点工作》，《中国金融家》2023年第Z1期。

[2]张望军、余兆纬、王婷：《资本市场双向开放的经验》，《中国金融》2021年第23期。

[3]黄辉：《金融机构的投资者适当性义务：实证研究与完善建议》，《法学评论》2021年第2期。

[4]宣頔、孙森：《我国股权众筹的法律风险与规制路径——基于498份裁判文书的实证分析》，《金融理论与实践》2022年第1期。

[5]陈洁：《科创板注册制的实施机制与风险防范》，《法学》2019年第1期。

[6]熊金武、余镐、侯冠宇：《中美博弈视角下VIE模式的监管问题与对策研究》，《上海金融》2022年第12期。

[7]李永森：《资本市场制度建设持续推进》，《中国金融》2023年第4期。

[8]郭庆红、易荣华：《中美经贸摩擦下中概股回归上市的市场效应分析》，《金融理论与实践》2022年第12期。

B.5

2022年保险业监管报告

范令箭*

摘 要： 2022年，我国原保险保费收入呈现较高幅度增长。监管当局
在过去的一年坚持以人民为中心的发展思想，继续推动保险
业供给侧结构性改革，持续完善财产保险、养老保险等保险
业务经营管理规范，加强消费者权益保护工作，深化保险资
产管理行业改革，强化银行保险机构关联交易管理，完善保
险机构监管评估机制，并积极支持鼓励银行业保险业服务国
家战略，促进经济社会高质量发展。2023年，保险业监管将
在供给侧结构性改革、保险资金运用市场化改革以及保险业
数字化建设等方面进一步深化。

关键词： 保险监管　保险资产管理　关联交易

一　2022年保险业发展和监管状况回顾

（一）2022年保险业发展状况

根据银保监会统计数据，2022年我国原保险保费收入46957亿元，同
比增长4.58%，增长率同比提高5.37个百分点。保险业提供保险金额

---

* 范令箭，现任职于中国再保险（集团）股份有限公司，主要研究方向为保险发展、经济制
裁、金融监管。

13678.65万亿元，同比增长12.62%，增长率同比降低26.83个百分点。保险业总资产271467亿元，同比增长9.08%，增长率同比降低2.26个百分点；净资产27011亿元，同比下降7.83%，增长率同比降低14.3个百分点。[①]

1. 财产保险业务总体大幅增长

2022，财产保险业务原保险保费收入12712亿元，同比增长8.92%，增长率同比提高11.08个百分点。[②]

图1 2013~2022年财产保险业务原保险保费收入和增幅对比

注：根据银保监会网站公开统计信息整理获得。银保监会公开统计信息网站：http：//www.cbirc.gov.cn/cn/view/pages/ItemList.html？itemPId＝953&itemId＝954&itemUrl＝ItemListRightList.html&itemName＝%E7%BB%9F%E8%AE%A1%E4%BF%A1%E6%81%AF，2023年2月27日最后访问。

① 本段引用数据根据银保监会网站公开统计信息整理获得。银保监会公开统计信息网站：http：//www.cbirc.gov.cn/cn/view/pages/ItemList.html？itemPId＝953&itemId＝954&itemUrl＝ItemListRightList.html&itemName＝%E7%BB%9F%E8%AE%A1%E4%BF%A1%E6%81%AF，2023年2月27日最后访问。
② 本段引用数据根据银保监会网站公开统计信息整理获得。银保监会公开统计信息网站：http：//www.cbirc.gov.cn/cn/view/pages/ItemList.html？itemPId＝953&itemId＝954&itemUrl＝ItemListRightList.html&itemName＝%E7%BB%9F%E8%AE%A1%E4%BF%A1%E6%81%AF，2023年2月27日最后访问。

111

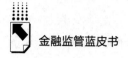
2. 人身保险业务总体稳定增长

2022 年，人身保险业务原保险保费收入 34245 元，同比增长 3.06%，增长率同比提高 3.36 个百分点。①

图2　2013~2022年人身保险业务原保险保费收入和增幅对比

注：根据银保监会网站公开统计信息整理获得。银保监会公开统计信息网站：http：//www. cbirc. gov. cn/cn/view/pages/ItemList. html？ itemPId ＝ 953&itemId ＝ 954&itemUrl ＝ItemListRightList. html&itemName＝% E7% BB% 9F% E8% AE% A1% E4% BF% A1% E6% 81% AF，2023 年 2 月 27 日最后访问。

（二）2022年保险业监管状况回顾

1. 持续完善保险业务经营管理规范

中国银行保险监督管理委员会（以下简称"银保监会"）于 2022 年继续推动保险业供给侧结构性改革，持续完善保险业务经营管理规范，进一步加强消费者权益保护工作。一是在财产保险方面，健全财产保险灾害事故分级处置机制，规范农业保险承保理赔行为，完善非寿险业务准备金监管制度。二是在养老保险方面，支持和鼓励银行保险机构发展商业养老金融服

---

① 本段引用数据根据银保监会网站公开统计信息整理获得。银保监会公开统计信息网站：http：//www. cbirc. gov. cn/cn/view/pages/ItemList. html？ itemPId ＝ 953&itemId ＝ 954&itemUrl ＝ItemListRightList. html&itemName ＝% E7% BB% 9F% E8% AE% A1% E4% BF% A1% E6% 81% AF，2023 年 2 月 27 日最后访问。

务，细化明确保险公司开展个人养老金业务的监管要求。三是在消费者权益保护方面，发布新规全方位、系统性地规范银行保险机构消费者权益保护工作，并完善人身保险产品信息披露管理要求。

2. 深化保险资产管理行业改革

保险资金是资本市场的重要资金来源，保险资金运用是银保监会核心监管领域之一。银保监会于 2022 年继续深化保险资产管理行业改革。一是强化保险资产管理公司监管，增补细化对保险资产管理公司的规范要求。二是进一步完善保险保障基金收集、使用和监督管理制度。三是更新保险资金投资金融产品监管要求，完善保险资金委托投资管理监管机制，允许保险公司发行无固定期限资本债券补充核心偿付能力。

3. 强化银行保险机构关联交易管理

2022 年，为加强银行保险机构关联交易管理，统一银行业保险业关联交易监管标准，同时兼顾不同类型的银行保险机构的差异性，银保监会全面优化规范银行保险机构的关联方、关联交易、关联交易的内部管理、报告和披露以及监督管理等方面的要求。此外，银保监会针对保险机构资金运用关联交易监管还发布特别规定，压实保险机构主体责任，明确保险机构禁止行为的"负面清单"。

4. 完善保险机构监管评估体系

为加强保险机构监管，促进保险机构不断提升公司治理水平，银保监会于 2022 年结合近年来监管评估经验以及监管政策最新变化，进一步完善保险机构监管评估体系。一是改进银行保险机构公司治理监管评估机制，扩展评估对象、优化评估机制、更新评估指标、强化评估应用。二是统一规范保险公司非现场监管工作流程和机制。

5. 推动银行业保险业服务国计民生

服务国家战略是银行业保险业的重要职能之一，银保监会于 2022 年发布系列政策，推动银行业保险业支持社会经济发展，重点引导银行保险机构发展绿色金融，积极服务绿色、低碳、循环经济，并鼓励银行业保险业支持城市建设和治理、保障性租赁住房发展以及公路交通高质量发展。

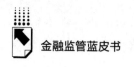

二 2022年保险业监管重大举措

（一）持续完善保险业务经营管理规范

1. 财产保险

（1）健全财产保险灾害事故分级处置机制

近年来，我国发生多起重大灾害事故，对群众财产造成巨大损失。在灾害事故的应对处置中，保险作为经济"减震器"和社会"稳定器"，有效发挥了防灾减损和经济补偿的重要作用，帮助受灾群众从灾害事故中尽快恢复正常生产生活。在多年灾害事故处置实践经验的基础上，为进一步完善财险业应对灾害事故处置机制，形成工作合力，银保监会于2022年10月发布《财产保险灾害事故分级处置办法》（银保监规〔2022〕15号）①，明确与财险公司承保风险相关的自然灾害、事故灾难等灾害事故的分级处置机制以及各方主体职责。一是确定统筹指挥协调、以人民为中心、服务标准统一、属地处置管理以及分级响应联动的工作原则。二是将财产保险灾害事故分为特别重大、重大、较大3个等级，对应启动Ⅰ级、Ⅱ级、Ⅲ级响应。三是规定银保监会及其派出机构统筹启动响应，组织指导辖内监管机构、财险公司、保险业协会等各方主体开展应对处置工作，并视处置工作进展情况和事态发展情况终止响应。四是强调财险公司对财产保险灾害事故处置的主体责任，细化对财险公司的事前防范预防、事中应对处置、事后服务保障等要求。

（2）规范农业保险承保理赔行为

农业是立国之本、强国之基，在国家大力推动乡村振兴和保障粮食安全战略的背景下，农业保险在服务"三农"方面发挥了积极作用。为促进农业保险规范、健康、可持续发展，规范农业保险经营行为，国务院于2012

---

① 本办法自发布之日起实施，此前关于财产保险灾害事故处置的要求与本办法不一致的，以本办法为准。

年 11 月发布《农业保险条例》（中华人民共和国国务院令第 629 号），并于
2016 年 2 月进行修订，原保监会于 2015 年 3 月发布《农业保险承保理赔管
理暂行办法》（保监发〔2015〕31 号）。后银保监会于 2021 年 6 月宣布
《农业保险承保理赔管理暂行办法》失效。2022 年 2 月，银保监会在《农业
保险承保理赔管理暂行办法》的基础上发布《农业保险承保理赔管理办法》
（银保监规〔2022〕4 号）①，强化、细化对农业保险承保、理赔、协办、内
控和监督等方面的规范要求，强调不得将协办费用挪作协助办理农业保险业
务之外的用途，禁止骗取农业保险保费补贴，不得泄露或非法提供个人隐私、
个人信息等。同时，《农业保险承保理赔管理办法》与时俱进，结合近年来保
险科技的新发展，新增关于线上化、科技赋能以及信息安全等方面的条款。

（3）完善非寿险业务准备金监管制度

针对非寿险业务准备金（以下简称"准备金"）监管，银保监会于
2021 年 10 月修订发布《保险公司非寿险业务准备金管理办法》（中国银行
保险监督管理委员会令 2021 年第 11 号），统一准备金口径，与会计准则和
偿付能力监管规定的口径实现一致，同时增强保险公司对准备金的内控管
理。2022 年 3 月，银保监会发布与该办法配套的《保险公司非寿险业务准
备金管理办法实施细则（1-7 号）》（银保监规〔2022〕6 号）②，具体包括
未到期责任准备金、未决赔款准备金、风险边际和折现、分支机构准备金、
准备金回溯分析、准备金评估报告以及准备金工作底稿等细则。一是对
《保险公司非寿险业务准备金管理办法》尚未细化明确的事项进行解释、说

---

① 本办法自 2022 年 4 月 1 日起施行。
② 本细则自印发之日起施行，原中国保险监督管理委员会发布的《保险公司非寿险业务准备
金管理办法实施细则（试行）》（保监发〔2005〕10 号）、《关于加强机动车交通事故责任
强制保险业务责任准备金评估工作有关要求的通知》（保监产险〔2006〕680 号）、《非寿
险业务准备金评估工作底稿规范》（保监发〔2010〕54 号）、《保险公司非寿险业务准备金
回溯分析管理办法》（保监发〔2012〕46 号）、《关于编报保险公司非寿险业务准备金评估
报告有关事项的通知》（保监产险〔2012〕651 号）同时废止。
《健康保险管理办法》（中国银行保险监督管理委员会令 2019 年第 3 号）和《意外伤害保
险业务监管办法》（银保监办发〔2021〕106 号）关于业务相关报告责任准备金的规定不
适用本细则。

明和补充。二是针对目前存在的保险公司人为调整分支机构准备金、通过准备金调节利润等问题，修订此前发布的已不适应新情况的关于准备金监管的系列规范性文件。三是填补关于准备金风险边际和折现、准备金有利进展、分支机构准备金等方面的监管空白。

2. 养老保险

商业养老金融作为我国养老保险体系第三支柱，对满足人民群众不断增长的养老保障需求的积极作用日益凸显。为支持并规范商业养老金融业务开展，银保监会于2022年4月发布《关于规范和促进商业养老金融业务发展的通知》（银保监规〔2022〕8号）。一是明确商业养老金融服务的基本标准和原则是应体现养老属性，不得以期限结构化设计等方式变相缩短业务存续期限。二是银行保险机构应落实客户适当性管理，做好信息披露、风险提示和客户教育。三是银行保险机构对符合规定的商业养老金融产品以外的其他金融产品不得使用"养老"或其他可能造成混淆的字样。

《关于规范和促进商业养老金融业务发展的通知》明确了商业养老金融业务的初步发展方向，此后银保监会又于2022年11月发布《关于保险公司开展个人养老金业务有关事项的通知》（银保监规〔2022〕17号），进一步细化明确了保险公司开展个人养老金业务的监管要求，推进了多层次、多支柱养老保险体系建设。一是明确开展个人养老金业务的保险公司应在所有者权益、偿付能力充足率、责任准备金覆盖率、风险综合评级、合规性以及信息管理系统等方面满足规定条件。二是明确个人养老金保险产品的保险期限、保险责任以及交费方式应符合的要求。三是规定保险公司申请个人养老金保险产品审批备案应提交的材料，并对保险公司相关的资金、合同、销售管理以及客户服务等提出明确要求。

3. 消费者权益保护

我国社会经济进入新发展阶段，获得高质量发展，坚持并积极践行金融管理工作的政治性和人民性日益重要，其中消费者权益保护工作正是以人民为中心发展思想的具体体现。长久以来，银保监会一直将消费者权益保护工作作为核心重点，不断督促银行保险机构加强消费者权益保护工作，切实维护消费者权益。2022年12月，银保监会综合长期工作实践和监管需求，发布《银行保险机构消费者权益保护管理办法》（中国银行保险监督管理委员会令2022年第9号）①，统一同类金融业务监管标准，全方位、系统性地规范银行保险机构经营行为，构建消费者权益保护工作长效机制。一是明确银行保险机构的主体责任，要求银行保险机构将消费者权益保护要求贯穿业务流程各环节。二是规定银行保险机构建立健全消费者权益保护审查机制、消费者权益保护信息披露机制、消费者适当性管理机制、销售行为可回溯管理机制、消费者个人信息保护机制、合作机构名单管理机制、投诉处理工作机制、矛盾纠纷多元化解配套机制、消费者权益保护内部培训机制、消费者权益保护内部考核机制、消费者权益保护内部审计机制等11项机制。三是强调保护消费者知情权、自主选择权、公平交易权、财产安全权、依法求偿权、受教育权、受尊重权以及信息安全权等权益，在要求银行保险机构做到及时、真实、准确披露信息等正面行为的同时，禁止银行保险机构实施欺诈、隐瞒或误导性宣传等负面行为，将消费者权益保护贯彻落实于产品设计、信息披露、销售宣传、消费者服务以及宣传教育等各个环节。四是规定银保监会可对消费者权益保护工作存在问题的银行保险机构采取监管谈话、责令限期整改以及下发风险提示函、监管意见书等监管措施。

在保护消费者合法权益方面，《银行保险机构消费者权益保护管理办法》重点强调了保护消费者知情权，即银行保险机构应当以利于消费者接受、理解的方式真实、准确、完整、及时、全面地披露产品和服务信息。在人身保险产品领域，我国此前虽已发布《保险公司信息披露办法》（银保监会令2018年第2号）以及《人身保险新型产品信息披露管理办法》（保监会令2009年第3号）等规范文件，但仍尚未建立适用于所有人身保险产品的信息披露整体框架和配套规则。为弥补监管空白，银保监会于2022年11月发布《人身保险产品信息披露管理办法》（中国银行保险监督管理委员会

---

① 本办法自2023年3月1日起施行。

令 2022 年第 8 号)①,明确保险公司作为人身保险产品信息披露主体对投保人、被保险人、受益人及社会公众等信息披露对象开展信息披露工作的方式、内容、时间,要求保险公司加强内部管理以及明确各相关方的责任。该办法首次要求披露保险产品的费率表和一年期以上人身保险产品现金价值表,进一步提升保险产品的透明度。

(二)深化保险资产管理行业改革

1. 修订发布《保险资产管理公司管理规定》

自 2003 年以来,我国先后设立了 33 家保险资产管理公司(以下简称"保险资管公司"),管理总资产超过 20 万亿元,已成为资本市场的主要机构投资者和服务实体经济的重要力量。此前对于保险资管公司的监管主要依靠原保监会制定的《保险资产管理公司管理暂行规定》(中国保险监督管理委员会令 2004 年第 2 号)、《关于调整〈保险资产管理公司管理暂行规定〉有关规定的通知》(保监发〔2011〕19 号)以及《关于保险资产管理公司有关事项的通知》(保监发〔2012〕90 号),并在股东股权管理、董监高管理、自有资金运用等方面适用或参照适用保险公司和保险资金运用的相关规定。随着金融供给侧结构性改革的深入推进,"资管新规"的落地,以往针对保险资管公司的监管规范滞后、实用性不足等问题日益凸显。

2022 年 7 月,为强化保险资管公司监管,促进保险资管行业高质量发展,银保监会修订发布《保险资产管理公司管理规定》(中国银行保险监督管理委员会令 2022 年第 2 号)②,增补细化对保险资管公司设立、变更、终

---

① 本办法自 2023 年 6 月 30 日起施行。《人身保险新型产品信息披露管理办法》(中国保险监督管理委员会令 2009 年第 3 号)、《关于执行〈人身保险新型产品信息披露管理办法〉有关事项的通知》(保监发〔2009〕104 号)和《关于〈人身保险新型产品信息披露管理办法〉有关条文解释的通知》(保监寿险〔2009〕1161 号)同时废止。

② 本规定自 2022 年 9 月 1 日起施行,《保险资产管理公司管理暂行规定》(保监会令〔2004〕2 号)、《关于调整〈保险资产管理公司管理暂行规定〉有关规定的通知》(保监发〔2011〕19 号)、《关于保险资产管理公司有关事项的通知》(保监发〔2012〕90 号)同时废止。关于保险资产管理公司管理的有关规定,与本规定不一致的,以本规定为准。

止、公司治理、业务规则、风险管理以及监督管理等方面的要求。一是取消外资持股比例限制，对境内外保险公司股东一视同仁，严格非金融企业股东管理，允许保险资管公司设立分支机构。二是新增公司治理专门章节，进一步明确保险资管公司"三会一层"的权责义务、运作要求和禁止行为，要求建立保险资管公司与股东之间的风险隔离机制。三是明确保险资管公司应"以实现资产长期保值增值为目的"，扩大保险资管公司经营范围至资产证券化业务、保险私募基金业务、投资咨询、投资顾问以及提供与资管业务相关的运营、会计、风险管理等专业服务，并列明禁止保险资管公司从事提供担保等违规行为的"负面清单"。四是强化保险资管公司风险管理要求，全面增补对保险资管公司风险管理体系建设、子公司风险管理、关联交易管理以及内控审计等方面的要求。五是明确分类监管思路，增补监管评级等监管手段，夯实对保险资管公司的外部监督规范。

《保险资产管理公司管理规定》全面总结既往监管和行业实践的经验和成果，对维护保险资管公司和保险资管行业的健康稳定发展具有积极意义。一是体现时代性，落实"资管新规"相关要求，明确强调公平对待不同资金，符合保险资管市场化的趋势。二是体现整体性，在保险资管产品"1+3"业务规范的基础上，全面升级保险资管公司监管要求，形成了业务监管和机构监管兼顾的全新监管制度体系。三是体现精准性，发挥机构监管优势，针对性细化对保险资管公司公司治理和风险管理的规范要求，提高精准监管效能。

2. 修订发布《保险保障基金管理办法》

保险保障基金作为非政府性行业救助基金，对维护保险行业稳健发展、保护保险消费者利益以及防范化解金融风险起着重要作用。针对保险保障基金的监管运营，原保监会、财政部与中国人民银行于2008年9月联合发布《保险保障基金管理办法》（中国保险监督管理委员会令2008年第2号），提出了规范保险保障基金的筹集、管理、使用和监督等方面的要求。但随着我国保险业的不断发展，2008年发布的《保险保障基金管理办法》逐渐滞后于行业发展实际，部分条款已不适应保险业风险防范和高质量发展的需要，因此银保监会会同财政部、中国人民银行于 2022 年 10 月修订发布《保险保障基金管理办法》（中国银行保险监督管理委员会、中华人民共和国财政部、中国人民银行令 2022 年第 7 号）①，增强基金费率科学合理性，进一步完善保险保障基金筹集、使用和监督管理制度。一是以风险为导向，将保险保障基金费率由固定费率调整为由基准费率和风险差别费率构成，将财产保险公司、人身保险公司的保险保障基金暂停缴纳上限由占公司总资产的 6%、1% 调整为占行业总资产的 6%、1%。二是要求保险保障基金公司和保险保障基金作为独立会计主体进行核算，延续财产保险和人身保险分账管理、分别使用但可相互拆借的规定。三是进一步完善保险保障基金提供救助的情形和规则，其中短期健康险、短期意外险的救助规则同财产保险；人寿保险合同外的其他长期人身保险合同的救助标准同人寿保险合同，救助方式另行规定；人寿保险合同中投资成分的救助规则另行规定。四是明确不需要缴纳保险保障基金以及保险保障基金不予救助的情形。五是强调保险保障基金的资金运用应遵循安全性、流动性和收益性原则，保险保障基金公司应认真履行相关月度、年度报告义务。

3. 更新保险资金投资金融产品监管要求

近年来，为提升保险资金服务实体经济质效，优化保险资产配置结构，银保监会逐步拓展保险资金可投资金融产品范围，同时优化保险机构投资管理能力监管机制，不断加强保险资金风险穿透管理。随着保险资金运用实践以及其他相关监管制度的更新完善，原保监会于 2012 年发布的《中国保监会关于保险资金投资有关金融产品的通知》（保监发〔2012〕91 号）部分条款便不再适应行业新形势，因此银保监会于 2022 年 4 月修订发布《关于保险资金投资有关金融产品的通知》（银保监规〔2022〕7 号）②，规范保险

---

① 本办法自 2022 年 12 月 12 日起施行，原中国保险监督管理委员会、财政部、中国人民银行 2008 年 9 月 11 日发布的《保险保障基金管理办法》（中国保险监督管理委员会令 2008 年第 2 号）同时废止。

② 《中国保监会关于保险资金投资有关金融产品的通知》（保监发〔2012〕91 号）和《中国银保监会办公厅关于保险资金投资债转股投资计划有关事项的通知》（银保监办发〔2020〕82 号）同时废止。

资金投资非保险类金融机构发行的金融产品的行为。《关于保险资金投资有关金融产品的通知》衔接《关于优化保险机构投资管理能力监管有关事项的通知》（银保监发〔2020〕45号）等政策，要求保险机构投资金融产品应当具备相应的投资管理能力，规定保险集团（控股）公司和保险公司可自行投资或委托保险资管公司投资金融产品，但不得委托保险资管公司投资单一资产管理计划和面向单一投资者发行的私募理财产品，保险资管公司受托投资金融产品的，应承担主动管理责任。《关于保险资金投资有关金融产品的通知》详细规定了保险集团（控股）公司和保险公司投资金融产品和单一资产管理计划以及保险资金投资理财产品等金融产品应符合的要求，同时要求保险机构自行或受托投资金融产品的，做好风险评估、投后管理、关联交易管理、定期报告等工作。

新规结合保险资金运用其他相关监管制度的最新发展，做了更新优化。一是删除保险资金投资保险资管公司发行的基础设施投资计划、不动产投资计划、资产支持计划相关规定，该三项投资行为由此前发布的《保险资产管理产品管理暂行办法》（中国银行保险监督管理委员会令2020年第5号）等政策进行规范。二是拓展可投资金融产品范围。三是取消对保险资金投资部分金融产品的外部信用评级要求。四是强化风险穿透监管。

4.完善保险资金委托投资管理监管机制

为进一步规范保险资金委托投资，强化保险机构主体责任，银保监会于2022年5月修订发布《保险资金委托投资管理办法》（银保监规〔2022〕9号）[①]，完善保险资金委托投资的资质条件、投资规范、风险管理及监督管理要求，纳入最新行业实践与监管政策变化。一是新规将保险资金委托投资定义为保险公司〔含保险集团（控股）公司〕将保险资金委托给保险资管机构，由保险资管机构作为受托人并以委托人的名义在境内开展主动投资管理业务。新规将委托人限定为保险资管机构，删除了证券

---

① 本办法自发布之日起施行。《保险资金委托投资管理暂行办法》（保监发〔2012〕60号）同时废止。

公司、证券资产管理公司、证券投资基金管理公司及其子公司等投资机构。保险公司委托证券公司等非保险资管机构投资属于单一资产管理计划，由《关于保险资金投资有关金融产品的通知》进行规范。二是明确开展委托投资的保险公司以及作为受托人的保险资管机构应符合的条件，规定保险资金委托投资资产限于银保监会规定的保险资金运用范围，直接股权投资、以物权和股权形式持有的投资性不动产除外。三是增补完善委受托双方权责义务，全面压实机构主体责任，列明委受托双方禁止行为的"负面清单"，进一步厘清保险资金运用涉及的委托代理关系和信托关系的边界。

5. 允许保险公司发行无固定期限资本债券

保险公司偿付能力特别是核心偿付能力体现着保险公司承担风险、吸收损失的能力，保险公司维持充足的偿付能力水平是其稳健经营的关键。为进一步拓宽保险公司资本补充渠道，提高保险公司偿付能力充足水平，增强保险公司风险防范化解和服务实体经济能力，银保监会、中国人民银行于2022年8月联合发布《关于保险公司发行无固定期限资本债券有关事项的通知》（银发〔2022〕175号）①，允许除保险集团（控股）公司以外的保险公司发行无固定期限资本债券。

《关于保险公司发行无固定期限资本债券有关事项的通知》规定了保险公司发行的无固定期限资本债券的定义、发行申请、减记或转股条款、赎回、信息披露、信用评级以及补充资本等事项。一是要求无固定期限资本债券应当含有减记或转股条款，并列举将触发减记或转股条款的事项。二是规定当赎回无固定期限资本债券或支付无固定期限资本债券利息会导致保险公司偿付能力充足率不达标时，保险公司不能赎回或支付利息，同时无固定期限资本债券的投资人不能因保险公司无法如约支付利息而申请其破产。三是允许保险公司通过发行无固定期限资本债券补充核心二级资本，前提是无固定期限资本债券余额不得超过核心资本的30%。四是明确中国人民银行对

① 本通知自2022年9月9日起实施。

保险公司发行的资本补充债券实行余额管理，发行人存续资本补充债券余额不得超过核定额度。

表1   保险公司触发减记或转股条款的事项

触发事件类型	定义
持续经营触发事件	保险公司核心偿付能力充足率低于30%
无法生存触发事件	银保监会认为若不进行减记或转股,保险公司将无法生存
	相关部门认定若不进行公共部门注资或提供同等效力的支持,保险公司将无法生存

表2   不同会计分类的无固定期限资本债券应当设定的触发事件类型

触发事件类型	无固定期限资本债券的会计分类	
	权益工具	金融负债
持续经营触发事件	×	√
无法生存触发事件	√	√

（三）强化银行保险机构关联交易管理

近年来，我国银行业保险业快速发展，同时银行保险机构通过隐匿或复杂的关联交易规避监管、套取利益的问题也不断显现，甚至引发重大风险，因此银行保险机构关联交易一直是金融监管的重点领域。此前银行机构关联交易监管主要制度依据是《商业银行与内部人和股东关联交易管理办法》（中国银行业监督管理委员会令2004年第3号），保险机构关联交易监管主要制度依据是《保险公司关联交易管理办法》（银保监发〔2019〕35号，以下简称"原《办法》"）。自2018年银监会与保监会合并为银保监会以来，银保监会陆续启动银行业和保险业规章和规范性文件的集中清理工作，逐步统一银行业保险业的监管框架，力争实现监管标准一致基础上的差异化监管。在此背景下，为进一步规范银行保险机构关联交易管理，防范利益输送风险，银保监会于2022年1月修订发布《银行保险机构关联交易管理办

法》 （中国银行保险监督管理委员会令〔2022〕1 号，以下简称
"《办法》"）①。

《办法》统一规范了银行保险机构的关联方、关联交易、关联交易的内部
管理、报告和披露以及监督管理等方面的要求。一是在关联方认定方面，统
一银行保险机构的关联方范围，延续直接认定与实质重于形式认定相结合的
方式。《办法》列举了自然人关联方的 5 种情形、法人及非法人组织关联方的
5 种情形，其中新增控股股东和实际控制人的一致行动人、最终受益人等自然
人、法人及非法人组织关联方的情形，减少子公司和兄弟公司的董监高等 1 种
自然人关联方情形以及非控股股东可施加重大影响的法人或组织等 2 种法人及
非法人组织关联方的情形，同时新增可根据实质重于形式和穿透原则认定关
联方的 5 种情形。二是在关联交易认定及标准方面，分别明确银行机构、保险
机构、信托公司及其他非银行金融机构等不同银行保险机构的关联交易类型、
关联交易金额计算、重大关联交易标准、资金运用类关联交易比例监管以及
禁止性规定等。《办法》将原《办法》规定的保险机构关联交易业务类型由投
资入股类、资金运用类、利益转移类、保险业务类、提供货物或服务类、其
他类等保险机构关联交易类型调整为资金运用类、服务类、利益转移类、保
险业务和其他类，并总体上收紧了资金运用类关联交易的比例限额。

表3　原《办法》与《办法》规定的资金运用类关联交易比例限额对比

单位：%

比例名称	原《办法》	《办法》
保险机构投资全部关联方的账面余额合计不得超过保险机构上一年度末总资产比例	30	25
保险机构投资大类资产中对关联方的投资余额比例	50	30

① 本办法自 2022 年 3 月 1 日起施行。《商业银行与内部人和股东关联交易管理办法》（中国银行业监督管理委员会令 2004 年第 3 号）、《保险公司关联交易管理办法》（银保监发〔2019〕35 号）同时废止。本办法施行前，银保监会有关银行保险机构关联交易管理的规定与本办法不一致的，按照本办法执行。

续表

比例名称	原《办法》	《办法》
保险机构投资单一关联方的账面余额不得超过保险机构上一年度末净资产比例	15	30
保险机构购买底层基础资产涉及控股股东、实际控制人或控股股东、实际控制人的关联方的金融产品份额比例	60	50

三是在关联交易管理机制方面，规定了对银行保险机构关联交易内部管理机制建设、穿透识别、资金来源与流向、动态评估、信息系统建设以及内部问责等方面的要求，衔接《保险集团公司监督管理办法》（中国银行保险监督管理委员会令〔2021〕13号），明确"银保监会对设立董事会下设专业委员会另有规定的，从其规定"。《办法》取消了对"控股子公司为上市公司或已受行业监管的金融机构的除外"的豁免，要求保险机构通过关联交易监管相关信息系统报送关联方档案以及季度关联交易报告，将出具不存在利益输送声明的主体由关联方调整为关联董事，就独立董事对重大关联交易发表书面意见的范围增加内部审批程序履行情况等。四是在关联交易信息报告披露方面，明确监管相关信息系统报送、公司网站披露为主要渠道，一定程度上避免了公文系统与行业协会网站的重复报告与披露，并取消了原《办法》规定的可免予按照关联交易的方式进行审议与披露但需要事后报告情形的事后报告要求。

《办法》发布后，为进一步规范保险资金运用关联交易监管，遏制资金运用违法违规关联交易，银保监会于2022年5月发布《关于加强保险机构资金运用关联交易监管工作的通知》（银保监规〔2022〕11号）。一是压实保险机构主体责任。保险机构应当坚持党对金融工作的集中统一领导，依法合规开展资金运用关联交易，明确"三会一层"职责分工，加强关联方的识别管理、资金运用业务合作机构管理以及资金运用关联交易决策审批程序管理，真实、准确、完整、规范、及时、逐笔披露资金运用关联信息，并建立资金运用关联交易内部问责机制和举报机制。二是明确列举保险机构开展资金运用业务，不得存在通过隐蔽方式规避关联交易审查或监管要求等违法违规行为。三是加强监督管理。明确保险机构资金运用关联交易监管应重点监测和检查的机构和行为类型，鼓励保险机构自查自纠，鼓励相关方举报违法违规行为，充分发挥行业自律组织作用，强调对违法违规机构和个人的双罚制原则。

（四）完善保险机构监管评估体系

1.优化银行保险机构公司治理监管评估机制

健康的公司治理一直被视为银行保险机构稳健运营的重要保障，是银保监会重点关注的核心领域之一。公司治理监管评估便是银保监会近年来采用的监管手段之一，用于常态化监测评估银行保险机构公司治理状况，通过评估分级以及对应的监管措施督促银行保险机构不断提升自身公司治理水平，改正公司治理缺陷。2019年11月，银保监会发布《银行保险机构公司治理监管评估办法（试行）》（银保监发〔2019〕43号），设定合规性评价、有效性评价、重大事项调降评级等三个公司治理监管评估步骤，重点评估银行保险机构党的领导、股东治理、关联交易治理、董事会治理、监事会和高管层治理、风险内控、市场约束以及利益相关者治理等八方面的情况。该评估办法发布至今已两年，其间银保监会陆续出台《银行保险机构公司治理准则》（银保监发〔2021〕14号）、《银行保险机构大股东行为监管办法（试行）》（银保监发〔2021〕43号）、《银行保险机构董事监事履职评价办法（试行）》（中国银行保险监督管理委员会令2021年第5号）、《银行保险机构关联交易管理办法》等公司治理领域的重要监管制度，导致部分原来的评估指标需进行更新调整。为落实《健全银行业保险业公司治理三年行动方案（2020—2022年）》（银保监发〔2020〕40号）工作部署，进一步加强银行保险机构公司治理监管，银保监会于2022年11月修订发布《银行保险机构公司治理监管评估办法》（银保监规〔2022〕19号）[1]。

---

[1] 本办法自发布之日起施行。《银行保险机构公司治理监管评估办法（试行）》（银保监发〔2019〕43号）同时废止。

《银行保险机构公司治理监管评估办法》结合两年来的监管评估经验以及政策变化，对公司治理监管评估机制做了优化改进。一是扩展评估对象。原评估对象仅为商业银行和商业保险公司，新规将农村合作银行等金融机构也纳入了评估范围。二是优化评估机制。银保监会根据评估结果即银行保险机构公司治理水平差异化配置资源，原则上银行保险机构每年至少开展一次评估，但对评估结果为 B 级及以上的机构，可适当将评估频率降低为每 2 年一次。评估采取非现场评估和现场评估相结合的方式，其中现场评估新增每 3 年实现全覆盖的要求，并进一步细化现场评估和非现场评估的工作方式和要求，督促机构更为严谨扎实地开展公司治理基础工作。三是更新评估指标。新规聚焦大股东违规干预、内部人控制等问题，新增股东与银行保险机构开展严重影响机构资本充足率、偿付能力充足率真实性的违规关联交易应被直接评为 E 级机构的情形，进一步丰富党的领导、股东股权、关联交易、董监高提名和履职等方面的关键指标，并调整指标权重、精简指标数量，完善公司治理风险预警体系，灵活制定评估方案。四是强化评估应用。新规将评估等级为 D 级及以下的银行保险机构列为重点监管对象，对其存在的重大公司治理风险隐患进行早期干预、及时纠正，坚决防止机构"带病运行"，并对 E 级机构新增限制其相关关联交易并可进行现场检查的监管措施。

2. 建立健全保险公司非现场监管体系

非现场监管是保险监管的重要手段，机构监管部门通过非现场监管全面跟踪、评估保险公司的经营情况和风险状况。但长久以来保险行业却缺乏适应机构监管、全面覆盖保险公司经营环节的非现场监管制度，影响了非现场监管的效果和效率，因此为建立健全保险公司非现场监管体系，银保监会在既往非现场监管工作经验以及当前监管工作职责划分的基础上，于 2022 年 1 月发布《保险公司非现场监管暂行办法》（中国银行保险监督管理委员会令 2022 年第 3 号）①，统一规范保险公司非现场监管的职责分工和工作要

---

① 本办法自 2022 年 3 月 1 日起施行。

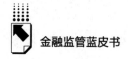

求、信息收集和整理、日常监测和监管评估、评估结果运用以及信息归档等工作流程和机制。一是强调机构监管主导。机构监管部门是非现场监管的牵头部门，负责研究制定非现场监管的制度规定、工作流程和工作标准。机构监管部门负责对其直接监管的保险公司法人机构和保险行业的系统性风险进行非现场监管，派出机构负责对其属地保险公司法人机构、辖内保险公司分支机构以及保险行业的区域性风险进行非现场监管。二是明确分类监管原则。《保险公司非现场监管暂行办法》确定非现场监管工作流程和机制后，相应的机构监管部门另行制定下发财产保险公司、人身保险公司和再保险公司的风险监测和非现场监管评估指引，以兼顾不同类型保险公司在业务经营以及风险特征方面的差异。三是突出协调监管原则。非现场监管应与行政审批、现场检查等监管手段形成有效衔接（如非现场监管评估结果可对现场检查提出立项建议），与公司治理等重点监管领域实现合作互补。

（五）推动银行业保险业服务国计民生

银行业保险业作为金融行业重要部门，能够有效调动社会资源，是支持社会经济发展、提高人民生活水平的重要主体，也是国家落实经济政策的重要媒介。为推动银行业保险业服务国计民生，银保监会于 2022 年陆续发布系列政策，进一步指导银行保险机构从产品供给、服务创新以及融资支持等各方面服务国家战略，同时要求银行保险机构提升内控水平，加强风险管理，完善内部管理机制和制度建设。一是发布《银行业保险业绿色金融指引》（银保监发〔2022〕15 号），引导银行保险机构从战略高度推进发展绿色金融，积极服务绿色、低碳、循环经济，防范环境、社会和治理风险，促进经济社会发展绿色转型，有序推进碳达峰、碳中和工作。二是发布《关于银行业保险业支持城市建设和治理的指导意见》（银保监发〔2022〕10 号），要求银行保险机构聚焦人民对物质文化、健康安全、权益保护等方面的需求，支持城市功能完善和生态修复，服务实体经济，从而更好地服务好城市建设和治理。三是发布《关于银行保险机构支持保障性租赁住房发展的指导意见》（银保监规〔2022〕5 号），要求银行保险机构发挥自身优势，加大保障性租赁住房金融支持力度。四是发布《关于银行业保险业支持公路交通高质量发展的意见》（银保监发〔2022〕8号），要求银行保险机构聚焦支撑国家重大战略实施的公路交通重大项目，为加快建设交通强国提供有力的金融支持。

三 2023年保险业监管展望

（一）继续推进保险业供给侧结构性改革

2022年，银保监会完善了多个保险业务领域的经营管理规范，有效践行保险业高质量发展战略，同时发布系列政策支持鼓励银行保险机构服务国家战略，促进社会经济和人民生活水平稳步提升。2023年，保险业监管将会继续坚持以人民为中心的发展思想，继续推进保险业供给侧结构性改革，通过创新产品服务、加强消费者权益保护等措施，增强满足人民群众多样化保障需求特别是养老需求的能力。

（二）进一步深化保险资金运用市场化改革

近年来，银保监会不断拓展保险资金运用范围，在提高保险资金投资效益的同时，有效支持社会经济重点领域发展，丰富资本市场投资产品。保险资金运用不仅是维持保险机构偿付能力、保障消费者保险利益的重要手段，也是保险业服务国家战略的重要抓手。因此保险业监管未来将进一步深化保险资金运用市场化改革，在始终强调保险资金运用稳健安全原则的前提下，继续探索拓展保险资金可投资范围，提升保险资金运用效率和收益水平。

（三）推进保险业数字化建设

随着科技的发展和保险业竞争的加剧，保险科技已成为保险行业推动产

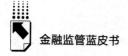

品服务创新、提升管理效率的必要工具之一。未来的保险业竞争将不可避免地涉及保险科技的竞争。银保监会 2022 年发布《关于银行业保险业数字化转型的指导意见》（银保监办发〔2022〕2 号），要求银行保险机构加强数字化转型的顶层设计和统筹规划，并对保险机构业务经营管理数字化、数据能力建设、科技能力建设以及风险防范等方面明确提出了发展方向。未来，保险业监管将会继续推进保险业数字化建设，促进保险机构在产品销售宣传、服务消费者以及内部管理等经营管理各方面提升数字化水平，同时监管机构也将积极运用科技手段提升监管效率及统一标准。

专栏　保险行业"三支柱"监管架构

　　我国保险业监管经过多年的发展完善，目前已形成以偿付能力监管为核心、公司治理监管为基础、市场行为监管为抓手的"三支柱"监管架构，全方位规范保险机构经营管理行为。其中，偿付能力监管是现代保险业监管的核心，重在全面评价和监督检查保险公司偿付能力充足率水平、综合风险以及风险管理能力等。我国保险业偿付能力监管也包括"三支柱"，即定量资本要求、定性监管要求和市场约束机制。公司治理监管着眼于保险机构"三会一层"等治理主体组成的公司治理机制的有效运行，确保保险机构的稳健经营。市场行为监管则是保险市场有序运行的重要保障，以消费者权益保护为重点，强调通过规范保险机构市场行为来维护保险市场正常秩序。

附录 2022年保险业相关监管规章、规范性文件

序号	发布日	名称	文号	施行日
1	2022年1月10日	《银行保险机构关联交易管理办法》	中国银行保险监督管理委员会令2022年第1号	2022年3月1日
2	2022年1月10日	《关于银行业保险业数字化转型的指导意见》	银保监办发〔2022〕2号	2022年1月10日
3	2022年1月12日	《关于精简保险资金运用监管报告事项的通知》	银保监规〔2022〕1号	2022年1月12日
4	2022年1月16日	《保险公司非现场监管暂行办法》	中国银行保险监督管理委员会令2022年第3号	2022年3月1日
5	2022年2月16日	《关于银行保险机构支持保障性租赁住房发展的指导意见》	银保监规〔2022〕5号	2022年2月16日
6	2022年2月17日	《农业保险承保理赔管理办法》	银保监规〔2022〕4号	2022年4月1日
7	2022年3月2日	《保险公司非寿险业务准备金管理办法实施细则(1—7号)》	银保监规〔2022〕6号	2022年3月2日
8	2022年4月15日	《关于银行业保险业支持公路交通高质量发展的意见》	银保监发〔2022〕8号	2022年4月15日
9	2022年4月24日	《关于保险资金投资有关金融产品的通知》	银保监规〔2022〕7号	2022年4月24日
10	2022年4月28日	《关于规范和促进商业养老金融业务发展的通知》	银保监规〔2022〕8号	2022年4月28日
11	2022年5月6日	《关于银行业保险业支持城市建设和治理的指导意见》	银保监发〔2022〕10号	2022年5月6日
12	2022年5月9日	《保险资金委托投资管理办法》	银保监规〔2022〕9号	2022年5月9日
13	2022年5月27日	《关于加强保险机构资金运用关联交易监管工作的通知》	银保监规〔2022〕11号	2022年5月27日
14	2022年6月1日	《银行业保险业绿色金融指引》	银保监发〔2022〕15号	2022年6月1日
15	2022年7月28日	《保险资产管理公司管理规定》	中国银行保险监督管理委员会令2022年第2号	2022年9月1日

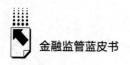

续表

序号	发布日	名称	文号	施行日
16	2022年8月10日	《关于保险公司发行无固定期限资本债券有关事项的通知》	银发〔2022〕175号	2022年9月9日
17	2022年10月26日	《保险保障基金管理办法》	中国银行保险监督管理委员会、中华人民共和国财政部、中国人民银行令2022年第7号	2022年12月12日
18	2022年10月28日	《财产保险灾害事故分级处置办法》	银保监规〔2022〕15号	2022年10月28日
19	2022年11月11日	《人身保险产品信息披露管理办法》	中国银行保险监督管理委员会令2022年第8号	2023年6月30日
20	2022年11月21日	《关于保险公司开展个人养老金业务有关事项的通知》	银保监规〔2022〕17号	2022年11月21日
21	2022年11月28日	《银行保险机构公司治理监管评估办法》	银保监规〔2022〕19号	2022年11月28日
22	2022年12月26日	《银行保险机构消费者权益保护管理办法》	中国银行保险监督管理委员会令2022年第9号	2023年3月1日

B.6

2022年信托业监管报告

袁增霆*

摘　要： 信托业监管从2022年开始进入"后调整期"，基调将逐渐从"严监管"转向稳健。虽然，资管新规要求和整改期限决定的"转型调整期"已经结束，但是，信托业经营形势依然严峻，风险隐患及监管应对压力仍然突出。这可能是"后调整期"的典型特征。经历了2020~2022年新冠肺炎疫情的影响，信托业经营规模开始企稳，但主要财务绩效指标的恶化趋势尚未得到扭转。由于行业内部与外部宏观环境都还存在很大的不确定性，预计"后调整期"可能有数年之久。2022年最重要的监管政策是银保监会在年底发布的信托业务分类通知。

关键词： 信托业监管　信托分类　调整期

一　信托业发展与监管环境总体状况

根据信托业监管政策的阶段性特征及变化，我们将从2022年开始的新阶段定义为"后调整期"。这是相对于上一年度报告①中将2018~2021年明确界定为"转型调整期"而言的。同时，这种划分也参照了2008年全球金融

＊　袁增霆，经济学博士，中国社会科学院金融研究所金融风险与金融监管室副研究员，主要研究方向为信托、金融风险与资产市场。

①　袁增霆：《2021年信托业监管报告》，载于胡滨主编《中国金融监管报告（2022）》，社会科学文献出版社，2022。

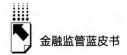

风暴之后出现的"后危机时期"概念,旨在表明存在较多的遗留问题及其深远影响。在转型调整期,信托业监管的焦点问题已经在新建立起来的规则和办法中得到回应。这些新制度的核心是资管新规及其配套规则的信托版本。过渡期结束时,各种问题及乱象的治理整顿与规范引领也已基本上完成。因此,持续四年之久的"严监管"基调已经随着治理问题的缓解而进入尾声。

后调整期的监管政策基调呈现"温和"转向是必然的。在新的制度环境中,信托业监管面临的主要矛盾是如何在防范化解重大行业风险时,创造条件缓解行业的经营压力,促进信托业务更好地服务于实体经济。无论是宏观经济层面,还是行业层面,发展都是解决问题的硬道理。经过三年疫情,为支持实体经济恢复,宏观需求管理与产业政策已经明确转向积极。而且,这种转变具有中长期的趋势特征。2022 年 12 月中央经济工作会议着重强调"改善社会心理预期、提振发展信心"。2023 年初举行的 2023 年中国人民银行工作会议在货币金融领域予以进一步落实。会议强调加大金融对需求和供给体系的支持力度,坚持对各类所有制企业一视同仁。尤其与信托资金投向密切相关的房地产与基础设施领域,政策环境已经发生重大变化。例如,中国人民银行与银保监会在 2022 年 11 月发布了"金融十六条"①,重点支持和维护房地产市场稳定。在基础设施的投融资方面,中央经济工作会议已经考虑到要兼顾地方财政可持续与债务风险可控,提出加大中央向地方的转移支付力度以及运用专项债与贴息等手段和工具,切实推进积极的财政政策加力提效。在上述背景下,从金融业监管到信托业监管,都趋向积极风格,甚至积极创造有利发展条件都属于大概率事件。

2022 年的信托业监管环境还称不上宽松。主流媒体仍然倾向于采用"严监管"来形容政策环境。这主要以年初的信托业务压降要求以及全年行政处罚及问责力度方面的指标数据为判断依据。例如,根据《中国经营报》的报道②,

① 《关于做好当前金融支持房地产市场平稳健康发展工作的通知》,中国人民银行网站,2022 年 11 月 23 日。
② 《信托业监管"严字当头"》,《中国经营报》2022 年 12 月 26 日,http://dianzibao.cb. com.cn/images/2022-12/26/11/2486B07B.pdf。

截至 2022 年 12 月下旬，有 19 家信托公司被罚，机构与个人的罚单合计 81 张，罚款金额合计 5826 万元；这些数据意味着处罚力度自 2018 年以来仍然处于上升趋势。当然，如果考虑处罚主要针对过去的历史遗留问题以及处罚集中于少数高风险机构，结果可能会缓和许多。以 2021 年收到最大罚款金额和最多罚单数量的四川信托与 2022 年情形类似的新华信托为例，它们收到的罚款金额和罚单数量较多都是长期以来风险暴露的结果。

然而，从近年来银保监会工作会议传递出的信号来看，信托业监管工作的重心已经悄然从防范化解风险转向促进转型发展。2022 年是后调整期的第一年，年初的工作会议声明"推动信托公司加快转型发展"。这与上一年度会议强调业务压降和风险处置形成了鲜明对比。在 2022 年 5 月举行的 2022 年信托业年会的主题是"践行新发展理念，推动行业转型与健康发展"。[1]"推动"的积极含义在银保监会 2023 年初的工作会议上得到了进一步的诠释。[2] 会议声明信托业转型发展已经形成"较好态势"，要"积极推动"信托公司聚焦主业转型发展。因此，从监管部门连续的年度会议精神来看，从"防风险"（治乱象）向"促发展"过渡的轨迹已经趋于明朗。

二　2022年信托业经营状况

（一）经营压力与不确定性

进入后调整期的信托业经营仍将面临持续的压力与不确定性环境的挑战。上一年度报告[3]指出，此前持续四年的转型调整期为信托业经营周期的

① 《践行新发展理念，推动行业转型与健康发展——2022 年中国信托业年会以线上方式召开》，中国信托业协会网站，2022 年 5 月 19 日，http：//www. xtxh. net/xtxh/industry/47752. htm。
② 《银保监会召开 2023 年工作会议》，银保监会官网，2023 年 1 月 13 日，http：//www. cbirc. gov. cn/cn/view/pages/ItemDetail. html？ docId ＝1091096&itemId ＝915。
③ 袁增霆：《2021 年信托业监管报告》，载于胡滨主编《中国金融监管报告（2022）》，社会科学文献出版社，2022。

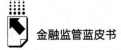

衰退阶段。它具体表现为行业信托资产规模处于收缩趋势，风险水平处于较高水平。行业信托资产规模在 2022 年第一季度到达阶段性低谷 20.2 万亿元之后，出现企稳回升的迹象（见图 1）。当年第二、第三季度的规模数值都在 21.1 万亿元左右，大致恢复至两年前的水平。随着新冠肺炎疫情对经济与金融形势的负面影响减弱以及政策环境的改善，规模指标的短期稳定或快速反弹都有很大的可能性。但是，受制于紧缩压力以及高度不确定性的宏观与市场环境，目前断言趋势性的反转为时尚早。

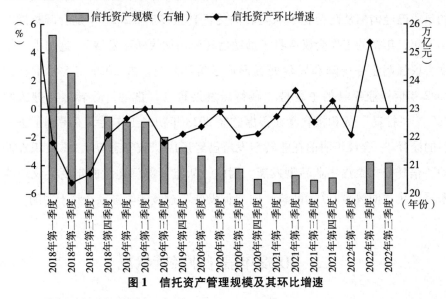

图 1   信托资产管理规模及其环比增速

资料来源：信托业协会。

行业规模指标的反弹反映了信托业在经营领域中面临挑战与机遇并存的复杂且高度不确定的形势背景。在后面的业务结构性变化分析中，可以清晰地看到衰退与增长两股力量、正负两种方向上的变化趋势。简而言之，管理财产类、投资类与证券类信托业务处于趋势性增长阶段，发挥主要拉动作用，而相应分类中的其他多数业务类型处于收缩状态或未见起色。由于各类业务的影响因素都具有一定的不确定性，还很难判断未来的总体方向。目前依据 2023 年银保监会工作会议通稿提出的"较好态势"，可以大致判断符合监管与转型发展导向的业务已经逐渐占据主导地位。

更加直接的压力表现来自信托业经营绩效指标的大幅下滑或持续低迷。自 2020 年以来，传统业务调整、问题业务压降与新冠肺炎疫情冲击相叠加，对信托公司的财务绩效指标造成了持续严重的负面影响。盈利指标的下滑趋势是非常明显的。通过与银行业进行比较，可以发现银行业与信托业一些特别突出的共性和差异（见表 1）。为了与商业银行主要季度监管指标情况表中的效益性指标相对比，信托业的对应指标基于行业统计数据估算得到。例如，资产利润率、资本利润率指标分别是利润总额与总资产、所有者权益之比。这里的"信托报酬率"并非信托公司的报送指标，而是指行业统计中的信托业务收入与信托资产之比。信托收入占比是信托业务收入与营业收入之比。由于信托行业统计数据的发布日期截至 2022 年第三季度，这里采用过去三年间的同期数据进行比较；而且，这些估算指标数据都通过乘以"4/3"的方式进行了年化处理。

信托业的资产利润率与资本利润率在过去三年间持续下滑。考虑到这两个指标的分母变化较小或有所反弹，因此作为分子的利润总额下降速度较快。2022 年第三季度信托业利润总额与营业收入同比降幅分别约为 31% 和 23%。与银行业相比，信托业这两个效益性指标都处于劣势，而且银行业的指标数据在 2021 年还略有反弹。由表 1 可见，在经营周期的衰退阶段，信托业与银行业一样都越来越依赖传统业务的贡献。前者对信托收入与信托报酬率的依赖逐渐加强，后者则更加依赖利息收入和净息差。

表 1　信托业与银行业的盈利指标比较

单位：%

指标	银行业			信托业		
	2020 年第三季度	2021 年第三季度	2022 年第三季度	2020 年第三季度	2021 年第三季度	2022 年第三季度
资产利润率	0.80	0.82	0.75	0.30	0.26	0.23
资本利润率	10.05	10.10	9.32	9.84	7.95	7.21
净息差（信托报酬率）	2.09	2.07	1.94	0.39	0.31	0.35
利息收入占比（信托收入占比）	77.95	79.32	79.50	73.17	72.46	81.32

注：净息差、利息收入占比属于银行业指标；信托业的四个指标（资产利润率、资本利润率、信托报酬率和信托收入占比）数据都基于行业统计指标数据进行估算得到，具体处理方法见正文。

资料来源：银保监会、信托业协会。

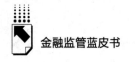

（二）信托产品发行动态与市场景气度

集合资金信托产品发行情况是衡量信托业务景气度的重要参照指标。出于公开数据的来源及质量上的考虑，这里采用用益信托网站的统计数据（见图2）。按照发行日期而非成立日期的统计口径更加贴近市场前沿动态及景气度，更能反映当期发行者的市场预期和资金募集需求。

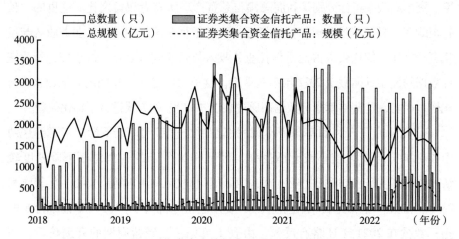

图2　集合资金信托产品发行月度动态

注：数据按产品发行日期统计。
资料来源：用益信托网站。

2018~2022年，按照发行日期逐月统计的集合资金信托产品发行资金总规模在2020年6月抵达峰值，前后呈现"倒V"形走势；发行总数量的峰值出现在同年3月。非证券类集合资金信托产品的发行趋势特征与总体类似且拐点出现的时间相同。证券类集合资金信托产品的发行则风格迥异，其数量从2019年第四季度起处于明显的上升趋势，但资金规模的变化具有周期性。这种周期性表现为在特定阶段与国内股票市场行情具有较高的相关性。例如，证券类集合资金信托产品发行数量在2019~2020年的持续上升与同期沪深300指数表现相一致。但在2022年6月之后的特殊环境中，彼此之间暂时失去了正相关性。

非证券类集合资金信托产品发行的预期收益率及息差在一定程度上反映出私募投融资市场的冷暖（见图3）。由于此类产品的平均存续期限一般为1.5~2年，计算息差的基准利率选择为2年期国债到期收益率的月度均值。息差可以用来衡量产品的中介成本、稀缺性以及多种风险的溢价情况。2018~2022年，息差与预期收益率、基准利率的统计相关系数分别为0.76、-0.43，后两者之间的相关系数仅为0.27。这表明信托产品的预期收益水平及溢价与基准利率相关性不大，主要受私募投融资市场景气或情绪影响。预期收益率与息差在2018~2022年经历了两个小周期，以2020年10月的低点为分界，平均水平前高后低。在自2020年以来的压力情景中，预期收益率与息差的同步下降并非产品信用水平的提高，而是私募市场紧缩及情绪低落的结果；同步上升则表明该类市场条件有所改善。自2022年以来，预期收益率与息差的同步下降显示出私募投融资市场的趋冷态势。这种状况在短期内还没有表现出明显的转机。

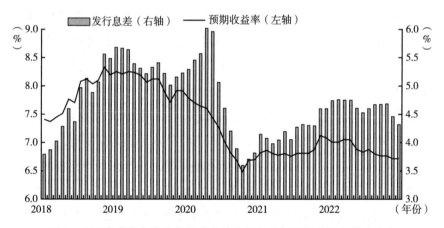

图3　非证券类集合资金信托产品的发行息差与预期收益率月度动态

注：数据按产品发行日期统计。
资料来源：用益信托网站、Wind。

（三）信托业务的结构性变化

2022年信托业务的主要结构性变化延续了近些年来的主要特征，即证

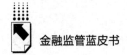

券类和管理财产类业务继续保持高速增长，相应的单一类、融资类以及投向基础设施、房地产、工商企业的资金信托业务继续快速下降。在后调整期随着旧业务及问题的治理整顿进入尾声，传统与新兴业务此消彼长、新旧增长动能彼此转换，信托业务结构将形成新的风格面貌。

从资管新规出台之前的 2017 年底到 2022 年第三季度，信托业务的内部结构比例已经发生了重大调整。在此期间，按照信托资产来源划分，单一类的占比下调了 26.4 个百分点，期末比例为 19.4%，相对应的集合资金类与管理财产类分别上调 14.2 个百分点和 12.2 个百分点，期末比例分别为 51.9%、28.8%；管理财产类业务的占比在 2020 年第四季度之前只上升了 1 个百分点，主要变化发生在自此之后的 8 个季度。这反映了最近两年来以资产证券化与家族信托为代表的"服务信托"的蓬勃发展。① 根据用益信托网站引用的中国信登统计数据②，家族信托的存续规模在 2022 年第三季度末约为 4700 亿元，相比上年末增长约 34%。资产证券化业务在 2022 年之前发展速度较快，但在 2022 年出现了增速放缓现象。根据用益信托网站引用的 Wind 数据③，2022 年信托公司参与成立的信贷 ABS、交易商协会 ABN、企业 ABS 总计规模约 1 万亿元，同比下降 40.6%。

按照资产功能划分，投资类占比在 2017 年底到 2022 年第三季度上调了 20.2 个百分点，事务管理类占比下调 18 个百分点。剩余融资类占比的下调只有约 2 个百分点，这与 2020 年上半年融资类占比指标的大幅反弹及随后的压降有关。在此分类视角上的结构变化更加清晰地表明，过去的影子银行、通道、多层嵌套等问题得到了有效治理，行业转型的新面貌已经呈现出来。

---

① 关于"服务信托"的概念及背景介绍参见袁增霆《2021 年信托业监管报告》第四部分，载于胡滨主编《中国金融监管报告（2022）》，社会科学文献出版社，2022。

② 《2022 年国内家族信托业务回顾》，用益信托网站，2023 年 1 月 16 日，https：//yanglee. com/Information/Details. aspx? i=116378。

③ 《2022 年信托公司参与资产证券化业务情况》，用益信托网站，2023 年 1 月 17 日，https：//yanglee. com/Information/Details. aspx? i=116414。

三 2022年信托业风险分析

对于风险状况的有效评估是防范化解信托业风险的决策基石。由于自从2020年第一季度之后信托业协会不再发布风险资产规模数据，关于信托业风险状况的分析判断一直缺乏公开的统计数据支撑。在过去两年的报告中，我们基于风险资产历史数据的趋势特征及其与财务指标的相关性进行了粗略推断。但是，随着时间推移，这种统计推断的可靠性越来越差。考虑到这种推断的必要性和局限性，本报告将在进一步加强相关信息搜集及比对的基础上延续这方面的探讨。

（一）违约风险的市场参照情况

信托产品的兑付或违约风险是信托行业风险出现的先兆和一般表现。这里的"信托产品"实质上是指非证券类具有债务融资性质的产品。从过去的案例来看，信托公司在沦为高风险机构之前通常都会陷入难以为继的产品兑付危机。在缺失风险资产规模数据的条件下，信托产品以及具有一定可比性的信用债市场的风险暴露情况就成了两个重要的参照信息渠道。除了违约数量及金额之外，这里还考虑了信用债市场的评级预警情况。评级预警包括评级调低、评级展望调低、评级展望负面、列入评级观察等四种情形，都反映了被评对象信用水平有所下降。

根据信托产品与信用债市场的风险暴露情况（见表2），最严重的时期可能已经在2021年结束，目前风险已经被控制在可以防范化解的范围之内。这里仅给出2020~2022年的数据。除评级预警数据的上升始于2020年第三季度之外，其他指标数据在此之前数年间都处于上升趋势。信用债市场债券违约数量和金额指标数据以及债项评级预警数量都在2021年之后出现回落。信托产品的新增违约情况可能在稍早的2020年见顶。长期以来，房地产类信托一直是违约的主体。根据用益信托网站的统计数据，2022年房地产类信托的违约数量和规模占比分别约为 58%、76%。近些年的违约状况在很大程度上体现了监管部门积极开展风险处置及纾困工作所取得的效果。

表 2　信托产品与信用债市场的风险暴露情况

指标	2020 年	2021 年	2022 年
债券违约数量（只）	183	196	169
债券违约金额（亿元）	1849.1	1881.4	836.8
主体评级预警数量（个）	904*	1163	1258
债项评级预警数量（个）	3530*	7381	3123
信托产品违约数量（只）	310	282	200
信托产品违约金额（亿元）	1600	1495	1229

* 以下半年数值的两倍估算得到的数据。
资料来源：Wind、用益信托网站。

但是，上述市场风险状况的真正缓解还充满变数。2020~2022 年信用债市场的主体评级预警数量逐年增加，债券累计的违约率仍处于上升势头。就该信息的参照意义而言，融资主体信用状况的恶化趋势将加剧信托产品市场的风险暴露。同时考虑到 2022 年信托业经营绩效大幅下滑，行业风险状况仍然处在较高的水平。如果 2023 年实体经济恢复顺畅以及以房地产为主的基础资产或项目运营企稳，风险暴露的回落势头就有很大的可能得到巩固，否则仍将持续在高位波动。

（二）行业风险估算的依据及结果

在上一年度的报告[①]中，我们说明了采用信托行业的利润与营业收入之比（后面将称之为"信托营业利润率"）可以辅助估算行业风险水平。该指标的简单含义是它内含一定的风险管理成本。尤其在压力情景中，风险暴露不仅会降低信托公司的营业收入，还迫使信托公司为控制风险而增加营业成本支出，从而使得营业收入和营业利润率出现下降。营业利润率是一个反

---

① 袁增霆：《2021 年信托业监管报告》，载于胡滨主编《中国金融监管报告（2022）》，社会科学文献出版社，2022。

映营业收支内部变化的结构性指标，对于风险暴露的显示意义更加清晰。

信托营业利润率指标自从 2018 年以来就处于下降趋势（见图 4）。从年末数据看，自 2020 年大幅下滑之后，该指标连续两年停留在 50%以下的底部区间。将 2022 年前三季度的数据与此前两年同期数据对比，可以大致推断当年末数据也很有可能低于上一年末，继续在低位运行。2019~2021 年，该指标的第四季度环比降幅持续放大（从 9.7%、10.2%到 14%）。相比较而言，2011~2018 年，相应的降幅落在 1.5%~4.1%的狭窄区间内。以 2021 年第四季度的环比降幅 14%为参考，2022 年信托营业利润率可能降至 43%的历史低位。

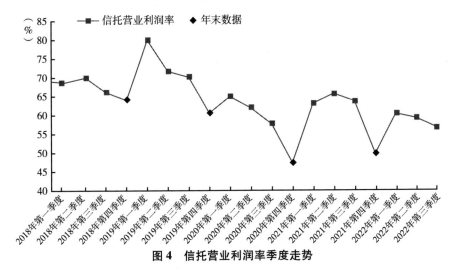

图 4　信托营业利润率季度走势

注：以行业统计中的利润总额与营业收入之比计算。
资料来源：信托业协会。

基于信托营业利润率与风险资产规模占比之间的回归关系可以粗略推断后者的缺失数据（见图 5）。这里选用 2019 年之后的小样本拟合（拟合优度 $R^2 = 0.79$）。在 2022 年第四季度缺失值的处理上，信托资产规模采用上一季度值进行填充，信托营业利润率采用估算值 43%。从 2020 年第二季度起，风险资产规模估算值的波动主要体现了信托营业利润率的季度波动。后一指标隐含了风险处置导致的管理成本增加，同时也会导致风险资产存量规模的降低。这意味着大规模的风险处置可能会大幅压低风险资产规模及比例，或

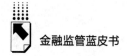
使风险资产规模及比例产生小幅波动，犹如同期银行业开展大规模的处置行动但不良贷款率的表现稳定。

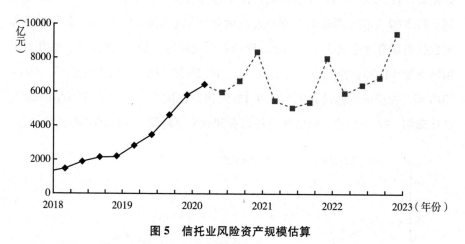

图5 信托业风险资产规模估算

注：虚线及空心标号表示对缺失数据的估算。
资料来源：信托业协会，笔者计算。

在从2022年开始的后调整期，信托业的风险资产规模及处置压力还没有表现出明显的回落势头，未来很可能仍将继续高位运行。综合考虑真实历史数据走势、前面所述的违约风险参照情况以及银行业不良贷款率表现，更加可信的估算值可能表现出一种平滑、小波动的上升趋势。

四 2022年信托业的主要监管举措

2022年信托业监管工作的重点在5月中旬举行的中国信托业年会上已经明确传递出来。此次会议明确提出了为推动信托业顺利转型发展而需要做的两项工作：一是进行科学的信托业务分类，二是研究推行信托公司分类监管。对于第一项工作，银保监会在2022年12月30日发布了《关于规范信托公司信托业务分类有关事项的通知（征求意见稿）》。第二项工作预计已经提上议程，并有可能在2023年或晚些时候形成具体文件。此外，自2020

年以来，部分高风险信托机构的处置问题一直都是监管工作与行业关注的焦点。

（一）信托业务分类调整

1. 出台背景解读

在发布《关于规范信托公司信托业务分类有关事项的通知（征求意见稿）》时，银保监会以答记者问的形式阐述了其出台的主要背景。[①] 简而言之，银保监会给出的调整背景就是现行业务分类体系与转型发展的实践不相适应。现行分类存在维度多元、边界不清、定位冲突与内涵模糊等突出问题。重新分类有助于加快行业转型，摆脱对传统发展路径的依赖。

在新分类提出之前，监管统计与行业统计主要遵循 2014 年 10 月中国人民银行发布的《信托业务分类及编码》与 2016 年银监会下发信托公司的《信托业务监管分类试点工作实施方案》。后一文件的主要内容正是 2016 年中国信托业年会上提出的"八大业务分类"。[②] 2017 年 4 月银监会曾经启动对部分信托公司的分类试点。2016 年的分类探索提出了实质重于形式和穿透两大原则，体现出当时信托业监管部门对 2013 年"钱荒"和 2015 年"股灾"两大系统性风险事件的深刻反思及酝酿调整的背景。八大业务分类中的一些类型，如公益信托、资产证券化、财产权和标品信托至今都较为常用，但一直没有出现在信托业协会发布的行业统计口径中；其他一些类型（如同业信托）很快就很少被提及。后来，受到 2018 年落地的资管新规分类标准的影响，原来分类的不兼容问题表现出来。如何既可以在资产管理业务方面向资管新规标准看齐，又能在其他业务方面体现信托业的特色及转型发展诉求，就成了当前新分类酝酿及出台的深刻背景。

---

① 《中国银保监会有关部门负责人就〈关于规范信托公司信托业务分类有关事项的通知（征求意见稿）〉答记者问》，银保监会官网，2022 年 12 月 30 日，http：//www.cbirc.gov.cn/cn/view/pages/ItemDetail.html? docId = 1087582&itemId = 917&generaltype = 0。

② 此轮分类讨论的具体内容及背景可见袁增霆：《信托业监管年度报告》，载于胡滨主编《中国金融监管报告（2018）》，社会科学文献出版社，2018。

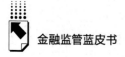

此次新分类所依据的原则是回归信托本源、明确分类维度、引导差异发展、保持标准统一以及严格合规管理。最后一条原则是对 2016 年所提原则的继承。这些原则体现出对历史系统性风险事件及业务问题的纵向反思以及对资管行业标准的横向兼顾。而且，它们的主要意图已经体现出来，即在历经治理整顿之后更加偏向于为信托业转型发展谋取有利条件。

2. 主要内容及评述

《关于规范信托公司信托业务分类有关事项的通知（征求意见稿）》不仅给出了具体的分类标准（专栏 1），也明确了信托公司的主体责任及业务整改要求、监管部门的引领要求以及新的分类监管意图。该通知拟设置 3 年过渡期，限期整改。

专栏 1　信托业务的新分类标准①

信托业务总体被分为 3 个大类 25 个细分品种。3 个大类的划分维度包括信托目的、成立方式、财产管理内容。

（1）资产管理信托。资产管理信托属于自益的私募资产管理产品，适用资管新规的调整范围。按照资管新规的分类标准，该大类根据投资性质的维度，细分为固定收益类、权益类、商品类、金融衍生品类等四个种类的信托计划。

（2）资产服务信托。资产服务信托属于不涉及资金募集的"专业"信托服务。按照可以列举的方式，该大类又细分为财富管理服务、行政管理服务、资产证券化服务、风险处置服务及其他资产服务等 5 个种类。资产服务信托业务不得有类似于资产管理信托业务的行为。

财富管理服务信托按照服务内容及对象细分出 7 个种类，即家族信

---

① 参照银保监会在 2022 年 12 月 30 日发布的《关于规范信托公司信托业务分类有关事项的通知（征求意见稿）》及其附件。

托（门槛1000万元）、家庭服务信托（门槛100万元、最低期限5年）、保险金信托、特殊需要信托、遗嘱信托、其他个人财富管理信托（门槛600万元）、法人及非法人组织财富管理信托（门槛1000万元）。

行政管理服务信托按照信托财产及服务类型细分出5个种类，即预付类资金服务信托、资管产品服务信托、担保品服务信托、企业/职业年金服务信托、其他行政管理服务信托。

资产证券化服务信托按照基础资产类型及服务对象细分出4个种类，即信贷资产证券化、企业资产证券化、非金融企业资产支持票据、其他资产证券化等服务信托。

风险处置服务信托按照风险处置方式细分出2个种类：企业市场化重组服务信托与企业破产服务信托。

（3）公益/慈善信托。该类业务具有鲜明的公益目的，其信托财产及收益不得用于其他目的，可能涉及资金募集。按照信托目的可细分出两个种类：慈善信托与其他公益信托。

新分类划清了信托业监管与资管新规的交集及边界。交集是指资产管理信托同属于资管新规的调整范围。通过对其余两个大类的设定，《关于规范信托公司信托业务分类有关事项的通知（征求意见稿）》试图主动划清信托业的业务边界，以突出不同业务的专业优势。就方法论而言，它突出体现了当前时期的阶段性特征以及问题导向的监管理念。在现行监管体制下，理想化的没有交叉的分类是无法落地的。因此，当前的新分类体系具有一定的可行性，它在一定程度上有助于引导信托业在经营领域规范转型以及实现行业防风险与促发展的平衡。

（二）信托公司风险处置

2020~2021年，部分信托公司陷入经营困境并沦为高风险机构。对这些

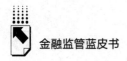

信托公司的风险处置工作一直延续至今，并有可能在后调整期仍然是行业关注的焦点。与 2013 年"钱荒"事件暴露出的短期流动性危机不同，近些年来信托业的风险暴露是长期、系统性的。在"钱荒"事件之后，从 2014 年开始建立并在 2018 年之后及时更新的信托业安全网已经在当前阶段发挥了重要作用。

信托业保障基金（简称"信保基金"）是信托业安全网的重要组成部分，一直持续发挥着重要的"稳定器"作用。2022 年《政府工作报告》提出设立金融稳定保障基金，更加彰显了早在 2014 年信托业财务状况良好时期建立信保基金的重要意义。根据 2022 年 12 月信托业协会发布的《中国信托业社会责任报告（2021-2022）》，2012 年底信保基金规模 1467 亿元，当年对信托公司提供的流动性支持达 260 亿元。自成立以来，它已经累计向 63 家信托公司提供流动性支持和资产收购业务。2022 年 12 月，信保基金以 61.5 亿元的价格收购华融资产管理公司持有的华融信托近 76.8% 的股权。该事件再次展现出它的处置手段及作用，即通过与资产管理公司合作、以资产收购的方式处置高风险信托公司。

从 2021~2022 年的信托公司风险处置情况来看，我们还需要进一步探索制定长效机制和应对措施。一些复杂的市场问题需要市场化机制与手段来解决。例如，作为另一项长效机制，"生前遗嘱"（"恢复与处置计划"）在过去几乎与信保基金的设立同时受到关注，但浅尝辄止最终未能成形，从而缺席了此轮风险处置。新华信托从最初风险暴露到 2022 年 6 月被宣告破产清算，反映出常规处置手段的局限性及其导致的漫长进程。安信信托即使曾经做过"生前遗嘱"，[①] 也未见启用，最终走上了迄今未见尽头的破产重组之路。近些年积累的案例素材及经验可能有助于未来该领域可行方案的探索。此外，根据前文的分析，积极支持信托业转型发展有助于推动市场自发的风险缓释。在此基础上，主动的风险处置可能会取得更好的效果。

---

① 《安信信托公布恢复与处置计划》，《中国证券报》2014 年 6 月 27 日。

五　总结与展望

2022 年是信托业监管进入"后调整期"的第一年。虽然基调尚未从严转向宽松，但风向已经转变。宏观经济政策以及与信托业务密切相关的房地产和基础设施投融资领域的政策环境，都已经发生积极的重大转变。与往年相比，监管部门更加强调对信托业转型发展的支持和呵护，而不是表达对某些重点风险或问题的整治。最初的积极姿态主要表现在推进有利于信托业务转型发展的制度建构方面，这可由 2022 年底发布的《关于规范信托公司信托业务分类有关事项的通知（征求意见稿）》反映出来。事实上，社会舆论所声称的宽松风格往往都是事后若干年的追认。

从市场参照及自身评估情况来看，2022 年信托业风险状况仍然滞留在 2020 年以来的高风险水平上。尽管违约增量相比上一年下降明显，但关键的财务指标（如信托营业利润率）进入历史低位，恶化态势未见好转。而且，高风险机构的风险处置并不利落，历史问题的拖累以及实体经济融资主体的信用状况恶化的影响都不容小觑。后调整期依然有漫长的路要走。2023年，影响行业风险问题的关键变量是积极宽松的宏观经济与产业政策所产生的真实效果。

我们预计，2023 年信托业监管主题或工作重点可能是 2022 年提出但未竟的事项：规范信托公司的分类监管。信托业务分类定稿后，新的分类监管就变得水到渠成。未来短期内新分类及分类监管对信托业的积极影响未必立竿见影。同时，信托业经营的大环境仍然充满高度不确定性。在行业风险处置方面还需要加快对其他长效机制与灵活措施的探索，防止处置问题长期化及其不利影响。最后，延续上一年度报告中的建议，从促发展的角度化解风险问题仍然是一个重要的原则导向。

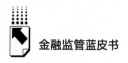

参考文献

［1］李丹：《推动信托业转型与健康发展——记 2022 年中国信托业年会》，《中国金融家》2022 年第 6 期。

［2］袁增霆：《2021 年信托业监管报告》，载于胡滨主编《中国金融监管报告（2022）》，社会科学文献出版社，2022。

［3］袁增霆：《评〈信托公司资金信托管理办法〉》，《中国金融》2020 年第 11 期。

［4］袁增霆：《转型调整期的信托业风险状况》，《银行家》2021 年第 11 期。

［5］邓智毅：《稳步推进信托公司业务分类试点改革》，《中国银行业》2017 年第 3 期。

［6］中国信托业协会：《中国信托业社会责任报告（2021-2022）》，2022 年 12 月。

［7］《2022 年国内家族信托业务回顾》，用益信托网站，https：//yanglee.com/Information/Details.aspx？i＝116378。

［8］《2022 年信托公司参与资产证券化业务情况》，用益信托网站，https：//yanglee.com/Information/Details.aspx？i＝116414。

附录 2022 年信托业相关监管规章、规范性文件

发布时间	名称	制定部门	实施日期
2022 年 12 月	《信托文化建设工作手册》	信托业协会	待定
2022 年 12 月	《关于规范信托公司信托业务分类有关事项的通知(征求意见稿)》	银保监会	待定

2022年外汇管理报告

林 楠[*]

摘　要： 2022年，外汇管理为加快构建新发展格局创造了良好的外汇环境。保持人民币汇率动态趋稳与国际收支平衡良性互动，有助于构建新发展格局和更好地服务中国式现代化。外汇助企纾困和改革开放有力有效，贸易便利化水平稳步提升，跨境投融资进一步便利，企业汇率风险管理服务不断完善，资本项目外汇管理不断优化。新发展格局下，人民币汇率稳定与国际收支安全至关重要，外汇储备是抵御外部冲击的重要保障。在统筹发展与安全下，资本项目高水平开放和人民币国际化稳慎有序推进。应将维护国际收支安全与有序推进人民币国际化相统筹，进一步深化外汇领域改革开放和完善外汇市场管理，防范跨境短期资本异动和外部金融市场冲击风险，实现防范外部冲击与有序推进人民币国际化相协调。

关键词： 外汇管理　新发展格局　人民币国际化

党的二十大报告指出，"依托我国超大规模市场优势，以国内大循环吸引全球资源要素，增强国内国际两个市场两种资源联动效应，提升贸易投资合作质量和水平。稳步扩大规则、规制、管理、标准等制度型开放"[①]。

---

[*] 林楠，经济学博士，金融学博士后，副研究员，中国社会科学院金融研究所国际金融与国际经济研究室副主任，主要研究方向为国际金融与全球货币体系、人民币汇率与国际化战略、国际收支安全与风险管理。

[①] 《党的二十大报告学习辅导百问》编写组编著《党的二十大报告学习辅导百问》，党建读物出版社、学习出版社，2022。

2022 年，我国 GDP 达到 121 万亿元，进出口总额达到 42.1 万亿元，贸易大国地位更加稳固。2022 年 11 月，习近平主席在二十国集团领导人第十七次峰会第一阶段会议上的讲话中指出，我们要推动更有韧性的全球发展。百年变局与世纪疫情相叠加，需求收缩、供给冲击与预期转弱相交织，对我国外汇管理提出了新挑战和新要求。深化外汇领域改革开放，防范外部金融市场冲击风险，更好地服务中国式现代化，具有非常重要的现实意义。

一 2022年外汇管理概览

2022 年 12 月发布的《国家外汇管理局年报（2021）》指出，2022 年经常项目和资本项目外汇管理的主要思路分别是，以推动安全、高效、低成本的经常项目跨境资金结算和贸易高质量发展为主线，服务实体、便利民生，助力贸易自由化便利化与高水平开放；坚持简政放权、优化管理，服务实体经济高质量发展以及坚持底线思维、居安思危，有效防范跨境资本流动风险。[①] 2023 年 1 月 4 日召开的 2023 年全国外汇管理工作会议对 2022 年外汇管理工作进行总结：一是以政治建设为统领全面提升党的建设质量，二是外汇助企纾困和改革开放有力有效，三是有效防范化解外部冲击风险，四是加大外汇储备经营管理力度，实现外汇储备规模总体稳定。[②]

（一）2022年经常项目管理概况

经常项目外汇管理，服务于新发展格局下内外循环均衡的高质量发展要求，推动经常项目外汇管理创新，有助于为新发展格局和对外贸易投资提供高水平服务。

1. 扩大优质企业贸易外汇收支便利化政策覆盖面

2022 年以来，外汇管理服务实体经济能力不断增强。以优质企业贸易

[①] 参见《国家外汇管理局年报（2021）》，2022 年 12 月 16 日，国家外汇管理局官网，http://www.safe.gov.cn/safe/2021/1112/20179.html。

[②] 参见《国家外汇管理局召开 2023 年全国外汇管理工作会议》，2023 年 1 月 4 日，国家外汇管理局官网，http://www.safe.gov.cn/safe/2023/0104/22221.html。

外汇收支便利化政策为切入点，统筹发展与安全，银行分级、企业分类的精准化信用管理机制已逐步构建。伴随审慎合规的银行在单证审核、特殊退汇、对外付汇信息核验等方面获得更多支持，优质企业结算更加便利。[①] 截至2022年6月底，便利化政策已扩大到全国，办理业务笔数121万笔，规模达到7700亿美元，优质企业贸易外汇结算已实现"秒申请、分钟办"，业务办理时间节约一半以上。[②]

2. 持续推动跨境贸易便利化政策落地见效

在《国家外汇管理局关于进一步促进跨境贸易投资便利化的通知》（汇发〔2019〕28号）提出12条便利化措施基础上，2021年12月，《中国人民银行　国家外汇管理局关于支持新型离岸国际贸易发展有关问题的通知》（银发〔2021〕329号）发布，提出鼓励银行优化金融服务，为诚信守法企业开展真实、合规的新型离岸国际贸易提供跨境资金结算便利。[③] 2022年以RCEP生效为新起点，我国对RCEP其他成员国进出口总额达到近13万亿元。2023年1月，商务部、中国人民银行联合印发《关于进一步支持外经贸企业扩大人民币跨境使用　促进贸易投资便利化的通知》，指出便利货物贸易、服务贸易及各类贸易新业态跨境人民币结算，支持我国与周边国家（地区）、RCEP区域内贸易投资人民币结算。[④]

3. 贸易强国战略下，促进贸易新业态规范发展

党的二十大报告指出，"推动货物贸易优化升级，创新服务贸易发展机制，发展数字贸易，加快建设贸易强国"[⑤]。加快建设贸易强国是提升我国

[①] 参见《持续推进贸易外汇便利化　服务构建新发展格局》，2022年9月27日，国家外汇管理局官网，http：//www.safe.gov.cn/safe/2022/0927/21461.html。

[②] 刘斌：《经常项目便利化助力涉外经济发展》，《中国金融》2022年第16期。

[③] 参见《中国人民银行　国家外汇管理局关于支持新型离岸国际贸易发展有关问题的通知》，2021年12月24日，国家外汇管理局官网，http：//www.safe.gov.cn/safe/2021/1224/20380.html。

[④] 参见《商务部　中国人民银行联合印发〈关于进一步支持外经贸企业扩大人民币跨境使用　促进贸易投资便利化的通知〉》，2023年1月17日，中国人民银行官网，http：//www.pbc.gov.cn/huobizhengceersi/214481/214511/3406535/4763611/index.html。

[⑤] 《〈党的二十大报告〉学习辅导百问》编写组：《〈党的二十大报告〉学习辅导百问》，人民出版社，2022。

产业链、供应链国际竞争力的迫切需要。2022 年 12 月，中央经济工作会议指出，更大力度推动外贸稳规模、优结构，更大力度促进外资稳存量、扩增量，培育国际经贸合作新增长点。2022 年，伴随贸易新业态结算渠道不断拓宽，贸易新业态主体经营成本不断降低，通过联网信息平台自助办理市场采购贸易收结汇的比例已超七成；伴随跨境电商等外贸新业态新模式的蓬勃发展，截至 2022 年 9 月末，相关贸易新业态外汇结算年业务量超过 19 亿笔。为促进贸易投资便利化，支持外贸新业态发展，2022 年 6 月，中国人民银行印发《关于支持外贸新业态跨境人民币结算的通知》（银发〔2022〕139号），进一步完善跨境电商等外贸新业态跨境人民币业务相关政策。[①]

（二）2022年资本项目管理概况

资本项目外汇管理，不断提升跨境投融资便利化水平，统筹汇兑和交易环节，统筹本外币综合管理，统筹发展与安全，有序推进人民币国际化。

1. 规范金融机构对外债权管理，有序扩大跨境融资便利化试点

2022 年 1 月，中国人民银行、国家外汇管理局发布《关于银行业金融机构境外贷款业务有关事宜的通知》将银行境外贷款相关的跨境资金流动纳入宏观审慎管理政策框架，加强银行境外贷款与跨境担保、境外投资等业务联动管理。[②] 2022 年 5 月，国家外汇管理局发布《关于支持高新技术和"专精特新"企业开展跨境融资便利化试点的通知》（汇发〔2022〕16 号），允许符合条件的企业在一定额度内自主借用外债。[③] 2022 年 6 月，将试点主体扩展到"专精特新"企业，试点地区范围进一步扩大至 17 个省（市）的所有区域。

---

① 参见《关于支持外贸新业态跨境人民币结算的通知》（银发〔2022〕139 号），2022 年 6 月 20 日，中国人民银行官网，http：//www.pbc.gov.cn/tiaofasi/144941/3581332/4581686/ index.html。

② 参见《关于银行业金融机构境外贷款业务有关事宜的通知》，2022 年 1 月 29 日，国家外汇管理局官网，http：//www.safe.gov.cn/safe/2022/0129/20557.html。

③ 参见《关于支持高新技术和"专精特新"企业开展跨境融资便利化试点的通知》，2022 年 5 月 31 日，国家外汇管理局官网，http：//www.safe.gov.cn/safe/2022/0129/20557.html。

2. 支持区域先行先试，开展股权投资基金跨境投资试点

适应跨境直接投资新形势，进一步拓宽利用外资和对外投资渠道。2022年11月，中国人民银行等部门《关于印发〈上海市、南京市、杭州市、合肥市、嘉兴市建设科创金融改革试验区总体方案〉的通知》发布，鼓励跨境投融资创新，在健全风险防控机制前提下，支持境外发起的私募基金试点通过合格境外有限合伙人（QFLP）投资境内科创企业股权，支持符合条件的国内机构试点通过合格境内有限合伙人（QDLP）等参与境外科创企业并购。

3. 跨境证券投资由渠道式开放走向制度型开放

为统筹推进银行间和交易所债券市场对外开放，国家外汇管理局会同有关部门统一两个市场的准入标准，简化入市流程，完善跨境资金管理。2022年5月，中国人民银行、证监会、国家外汇管理局发布关于进一步便利境外机构投资者投资中国债券市场有关事宜的公告。[①] 其中，获准入市的境外机构投资者范围没有变化，程序进一步简化，可投资范围扩展到交易所债券市场。为进一步扩大金融市场双向开放，2022年11月，中国人民银行、国家外汇管理局联合发布《境外机构投资者投资中国债券市场资金管理规定》（银发〔2022〕258号），统一规范境外机构投资者投资中国债券市场所涉及的资金账户、资金收付和汇兑、统计监测等管理规则。[②] 2022年12月，中国人民银行、国家外汇管理局发布《关于境外机构境内发行债券资金管理有关事宜的通知》（银发〔2022〕272号），鼓励境外机构境内发行债券募集资金以人民币形式跨境收付及使用。[③]

4. 稳慎有序推进资本项目高水平开放和人民币国际化

以推进金融市场高水平双向开放为重点，坚持渐进可控原则，稳妥有序

---

① 参见《中国人民银行　中国证监会　国家外汇管理局公告〔2022〕第4号（关于进一步便利境外机构投资者投资中国债券市场有关事宜）》，2022年5月27日，国家外汇管理局官网，http://www.safe.gov.cn/safe/2022/0527/21019.html。

② 参见《完善境外机构投资者投资中国债券市场资金管理　推动中国债券市场进一步开放》，2022年11月18日，中国人民银行官网，http://www.pbc.gov.cn/goutongjiaoliu/113456/113469/4715989/index.html。

③ 参见《关于境外机构境内发行债券资金管理有关事宜的通知》，2022年12月2日，国家外汇管理局官网，http://www.safe.gov.cn/safe/2022/1202/22036.html。

推进金融市场对外开放。与此同时，不断优化境内外金融市场互联互通机制。伴随我国金融市场高水平对外开放不断深化，人民币投融资货币功能持续强化。2022 年 8 月末，境外机构持有境内金融市场股票、债券、贷款及存款等金融资产规模合计近 10 万亿元。① 伴随我国金融市场向全面制度型开放转型有序推进，人民币金融资产的流动性也在稳步提高。

专栏 1　资本项目可兑换

　　党的二十大报告指出"有序推进人民币国际化"。有序推进资本项目可兑换是有序推进人民币国际化的关键。资本项目可兑换既涉及汇兑环节，也涉及交易环节，是指取消对跨境资本交易（包括转移支付）和汇兑活动的限制。资本项目可兑换不仅涉及金融、外汇管理部门，还涉及其他有关经济管理部门。

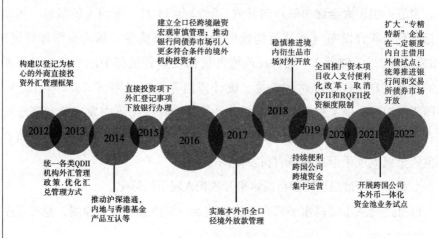

图 1　2012~2022 年我国资本项目改革开放重要举措

资料来源：肖胜：《稳步推进资本项目高水平开放》，《中国金融》2022 年第 17 期。

---

① 参见《坚持改革开放和互利共赢　人民币国际化稳步推进》，2022 年 10 月 9 日，中国人民银行官网，http://www.pbc.gov.cn/redianzhuanti/118742/4657542/4675743/index.html。

（三）2022年人民币汇率与国际收支管理概览

1. 人民币汇率与国际收支基础账户相互关联

统筹发展与安全，构建新发展格局，加快建立汇率动态趋稳、国际收支平衡的市场调节机制，有助于经济高质量发展。2022年，人民币兑美元汇率中间价呈现双向浮动。此外，2015年"8·11"汇改以来，人民币兑美元汇率中间价（逆序）与我国国际收支基础账户差额（经常账户差额与直接投资差额之和）占GDP比重呈现较为明显的相关性，但2022年二者已出现"分叉"（见图2）。

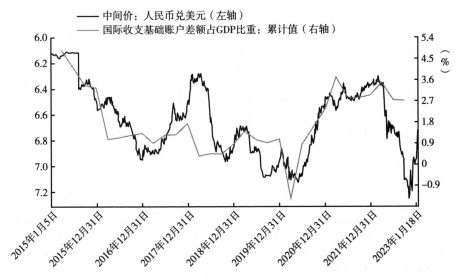

图2 人民币兑美元汇率（逆序）与我国国际收支基础账户差额占 GDP 比重走势

资料来源：Wind，笔者整理。

2. 2022年我国国际收支和国际投资头寸概览

2022年我国国际收支继续呈现经常账户顺差与资本和金融账户（不含净误差与遗漏）逆差"一顺一逆"的平衡格局。从国际收支流量看，2022年我国国际收支基础账户：经常账户中的货物贸易顺差和服务贸易逆差以及综合后货物和服务贸易顺差均呈现稳中有升态势，资本和金融账户中的直接投资顺差下降并转为逆差（见表1）。从国际收支存量看，2022年中国国际投资头寸呈现对外净资产（即对外金融净债权）在较大幅度波动中快速提升的特征，达 2.3 万亿美元，已较为接近历史峰值（2020 年第二季度的 23760.4 万亿美元）（见图 3）。

表 1 中国国际收支情况（BPM6 季度表，当季值）

单位：亿美元

项　　　目　国际收支差额	2021 年第一季度	2021 年第二季度	2021 年第三季度	2021 年第四季度	2022 年第一季度	2022 年第二季度	2022 年第三季度
1. 经常账户	709	455	826	1184	889	775	1443
1.A 货物和服务	973	843	1136	1676	1283	1561	1716
1.A.a 货物	1231	1127	1441	1828	1450	1758	2007
1.A.b 服务	−258	−284	−305	−152	−167	−197	−292
1.B 初次收入	−288	−432	−346	−555	−446	−844	−339
1.C 二次收入	24	44	35	62	52	58	66
2. 资本和金融账户	−675	−156	−347	−321	−892	−320	−1490
2.1 资本账户	0	0	1	0	−2	0	−1
2.2 金融账户	−675	−157	−348	−321	−890	−320	−1489
2.2.1 非储备性质金融账户	−328	343	266	101	−497	−510	−1116
2.2.1.1 直接投资	718	446	432	463	599	141	−254
2.2.1.2 证券投资	−131	23	251	366	−798	−788	−1021
2.2.1.3 金融衍生工具	35	12	20	44	−46	−59	9
2.2.1.4 其他投资	−951	−137	−437	−772	−252	196	150
2.2.2 储备资产	−347	−500	−614	−422	−393	190	−373
2.2.2.4 外汇储备	−353	−499	−196	−419	−394	173	−388
3. 净误差与遗漏	−33	−299	−479	−863	4	−455	47

注：（1）本表计数采用四舍五入原则。（2）根据《国际收支和国际投资头寸手册》（第六版）编制。（3）金融账户下，对外金融资产的净增加用负值列示，净减少用正值列示。对外负债的净增加用正值列示，净减少用负值列示。

资料来源：国家外汇管理局。

3. 2022 年我国外汇储备经营管理概况

完善外汇储备经营管理，更好地发挥外汇储备位于国内大循环外延、国际大循环前沿、双循环重要链接点的作用至关重要。党的二十大报告指出，我国外汇储备稳居世界第一。2022 年 12 月中央经济工作会议指出要更好统筹国内循环和国际循环，围绕构建新发展格局，增强国内大循环内生动力和可靠性，提升国际循环质量和水平。在异常复杂严峻的外部环境中，推动外汇储备经营管理稳中有进，保障外汇储备资产的安全、流动和保值增值，任

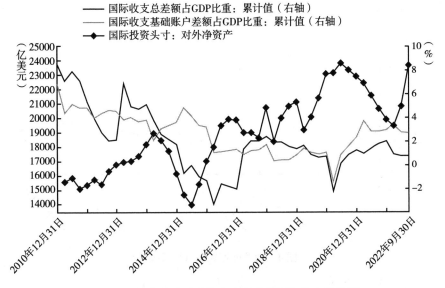

图3　国际投资头寸对外净资产及我国国际收支总差额、
国际收支基础账户差额占 GDP 比重

资料来源：Wind。

重而道远。截至 2022 年 12 月末，我国外汇储备规模为 31277 亿美元，环比
增长 0.33%，在与我国经济和外贸规模基本适应的同时，也避免了稳定外
汇储备与稳定人民币汇率的两难选择。受主要经济体货币政策等因素影响，
伴随美元指数变化以及主要国家金融资产价格涨跌互现，2022 年我国外汇
储备月度规模先下降后上升（见图4），总体上保持基本稳定。

4. 从外汇储备币种构成看人民币国际使用

从 IMF 官方外汇储备货币构成（COFER）季度数据看，截至 2022 年 9
月，人民币储备在全球已分配外汇储备中的份额达到 2.76%，相比近期历史
峰值 2022 年 3 月的 2.86%，略有下降。2022 年美元和欧元的全球外汇储备币
种占比较稳定，日元和英镑的全球外汇储备币种占比均有所下降。截至 2022
年 9 月，美元储备全球占比为 59.79%，欧元储备全球占比为 19.66%，日元储
备全球占比为 5.26%，英镑储备全球占比为 4.62%。总体来看，人民币储备
全球占比与美元储备、欧元储备的全球占比相比仍然有较大差距（见图5）。

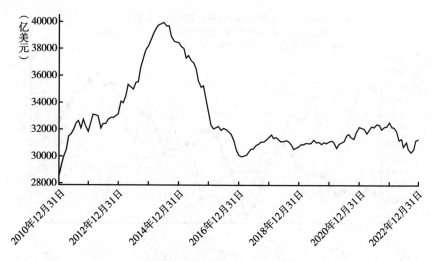

图4 我国外汇储备月度规模

资料来源：Wind。

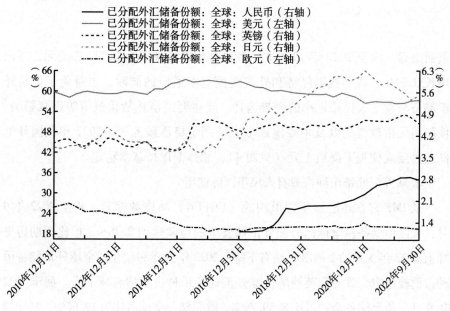

图5 全球外汇储备中主要储备货币占比

资料来源：Wind、IMF。

二 2022年外汇管理重要举措评述

2022年12月中央经济工作会议指出，当前我国经济恢复的基础尚不牢固，需求收缩、供给冲击、预期转弱三重压力仍然较大，外部环境动荡不安对我国经济带来的影响加深。党的二十大报告提出，加快构建新发展格局，着力推动高质量发展。深化外汇领域改革开放，保持人民币汇率与国际收支平衡良性互动，有助于构建新发展格局和推动高质量发展。

（一）外汇助企纾困和改革开放有力有效

面对世纪疫情冲击，外汇政策"绿色通道"有效建立。伴随具有出口背景的国内外汇贷款购汇偿还条件放宽，货物贸易小额特殊退汇业务登记取消，外汇助企纾困不断发力。2022年4月，中国人民银行和国家外汇管理局联合印发《关于做好疫情防控和经济社会发展金融服务的通知》，进一步加大了外汇助企纾困力度。

1. 贸易便利化水平稳步提升

伴随优质企业贸易外汇收支便利化政策覆盖面不断扩大，优质企业贸易外汇收支便利化政策逐步推广至全国。一方面，银行将更多优质中小企业纳入便利化政策范畴；另一方面，更高水平贸易投资人民币结算便利化试点有序开展。例如，2022年5月，深圳出台了《关于统筹做好金融支持疫情防控和经济社会发展有关工作的通知》，提出要扩大更高水平贸易投资人民币结算便利化试点覆盖面，力争试点企业数量较年初增长10%，便利化业务占比达到20%。

2. 企业跨境融资进一步便利

对于符合条件的高新技术和专精特新中小企业开展外债便利化额度试点予以支持，符合条件的企业在一定额度内可以自主借用外债。2022年5月，国家外汇管理局发布《高新技术和"专精特新"企业跨境融资便利化试点业务指引（试行）》，参与试点业务的试点企业，不再适用全口径跨境融资宏观审慎及外债"投注差"管理规定。此外，便利企业借入外债，支持企业以线上方式申请

外债登记，并且可以按照规定直接到银行办理外债等资本项目的外汇登记业务。

3. 企业汇率风险管理服务不断完善

2022年7月，国家外汇管理局发布《企业汇率风险管理指引》，指出资产负债顺周期管理值得关注：在人民币汇率升值期间，企业通过增加外币债务和加杠杆等方式，进行过度"资产本币化、负债外币化"配置，以期赚取人民币汇率升值收益；在人民币汇率贬值期间，通过增加外币资产和加杠杆等方式，进行过度"资产外币化、负债本币化"配置，以期赚取人民币汇率贬值预期收益。监管部门需要进一步加大宣导力度，消除企业对银行的不信任，减少"推介"产生的抵触心理。外汇市场自律机制继续汇聚行业良好实践，推动银行齐头并进。

4. 跨境业务办理流程进一步优化

2022年，银行进一步提高企业经常项下跨境收付款效率。企业向试点银行申请成为试点企业应具备的条件由"原则上在试点银行持续办理货物贸易/服务贸易外汇收支业务三年以上，具备真实的试点业务需求"，改成"原则上在试点银行持续办理经常项目外汇收支业务两年以上（部分地区仍是三年），具备真实的试点业务需求"。此外，进一步提升跨境业务数字化水平，企业跨境收付款效率不断提升，跨境业务办理服务质效持续改善。

5. 出口信用保险支持力度不断加大

2022年2月，商务部、中国出口信用保险公司发布《关于加大出口信用保险支持　做好跨周期调节进一步稳外贸的工作通知》，指出要充分发挥出口信用保险作用，做好跨周期政策设计，加大对外贸企业的支持力度。充分发挥出口信用保险风险保障和融资增信作用，为促进外贸平稳发展创造良好的政策环境。鼓励保险机构和银行深化出口信用保险保单融资合作，更好地为中小微外贸企业提供高效优质的金融服务。

6. 投资者跨境投融资便利度稳步提升

2022年5月，中国人民银行、证监会、国家外汇管理局发布联合公告〔2022〕第4号（关于进一步便利境外机构投资者投资中国债券市场有关事宜），遵从"一套制度、一个中国债券市场"的基本思路，进一步推动银行间和交易所债券市场统一准入标准，进一步便利境外机构投资者投资中国债券市场，进一步简化入市流程、提升境外机构投资者投资资金汇出便利性，优化汇出入币种匹配管理。2022年12月，中国人民银行、国家外汇管理局发布《关于境外机构境内发行债券资金管理有关事宜的通知》，统一银行间和交易所市场熊猫债资金管理规则，完善熊猫债外汇风险管理，明确发债募集资金可留存境内，也可汇往境外使用。

（二）人民币汇率双向波动，国际收支基本平衡

1. 中美汇率联动下人民币汇率双向浮动

人民币汇率是国内大循环与国际大循环内外均衡相互链接的重要价格变量。2022年，从日度数据来看（见图6），中美汇率重现原有的联动特征［人民币对美元汇率中间价（直接标价法）与美元汇率指数（间接标价法）在走势上呈现"正相关"，而在同一标价法下，两者实则"负相关"］。伴随美元汇率指数先升值后贬值，面对极为复杂严峻的国际形势，人民币兑美元汇率中间价先贬值后升值双向浮动，人民币在全球主要货币中表现相对稳健。

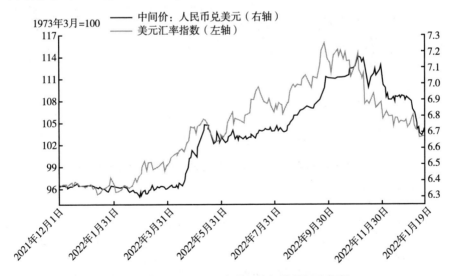

图6 人民币兑美元汇率中间价与美元汇率指数

资料来源：Wind。

2. 人民币汇率与外汇市场流动性相互关联

2022 年，我国外汇市场供求基本平衡，外汇市场整体基本稳定。自 2015 年"8·11"汇改以来，人民币兑美元汇率中间价（逆序）与银行代客结售汇顺差及境内银行代客涉外收付款差额呈现较为明显的相关性（见图 7）。为提升金融机构外汇资金运用能力，中国人民银行决定，自 2022 年 5 月 15 日起，下调金融机构外汇存款准备金率 1 个百分点，即外汇存款准备金率由 9% 下调至 8%。① 此后，自 2022 年 9 月 15 日起，中国人民银行再次下调金融机构外汇存款准备金率 2 个百分点，即外汇存款准备金率由 8% 下调至 6%。② 为稳定外汇市场预期，加强宏观审慎管理，中国人民银行决定自 2022 年 9 月 28 日起，将远期售汇业务的外汇风险准备金率从 0 上调至

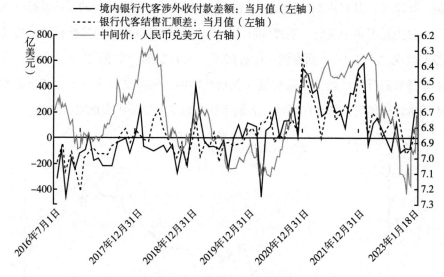

图 7 人民币兑美元汇率（逆序）与外汇市场流动性相关指标

资料来源：Wind。

① 参见《中国人民银行决定下调金融机构外汇存款准备金率》，2022 年 4 月 25 日，中国人民银行官网，http://www.pbc.gov.cn/goutongjiaoliu/113456/113469/4538929/index.html。

② 参见《中国人民银行决定下调金融机构外汇存款准备金率》，2022 年 9 月 5 日，中国人民银行官网，http://www.pbc.gov.cn/goutongjiaoliu/113456/113469/4650644/index.html。

20%。① 为进一步完善全口径跨境融资宏观审慎管理，增加企业和金融机构跨境资金来源，引导企业和金融机构优化资产负债结构，2022年10月，中国人民银行、国家外汇管理局决定将企业和金融机构的跨境融资宏观审慎调节参数从1上调至1.25。②

专栏2　外汇存款准备金率的动态调整

外汇存款准备金是指金融机构按照规定将其吸收外汇存款的一定比例交存中国人民银行的存款，外汇存款准备金率是指金融机构交存中国人民银行的外汇存款准备金占其吸收外汇存款的比例。外汇存款准备金率的动态调整，旨在调节外汇市场的供求关系，释放人民币汇率动态趋稳的重要信号。

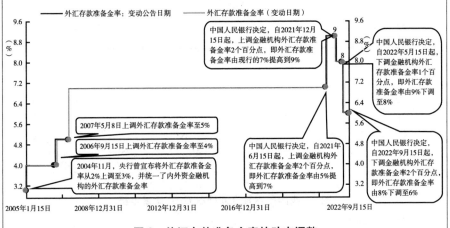

图8　外汇存款准备金率的动态调整

资料来源：Wind。

---

① 参见《中国人民银行决定将远期售汇业务的外汇风险准备金率调整为20%》，2022年9月26日，中国人民银行官网，http://www.pbc.gov.cn/goutongjiaoliu/113456/113469/4666334/index.html。

② 参见《人民银行、外汇局上调跨境融资宏观审慎调节参数》，2022年10月25日，中国人民银行官网，http://www.pbc.gov.cn/goutongjiaoliu/113456/113469/4689504/index.html。

3. 从统筹发展与安全看我国国际收支运行

2022 年，我国国际收支综合平衡态势较为平稳。从国际收支总差额当季值占 GDP 比重看，国际收支小幅顺差且较为稳定。面对复杂多变的外部环境，我国的国际收支韧性较强，特别是经常项目持续顺差并保持在合理均衡区间，有助于新发展格局的加快构建。从经常账户差额当季值占 GDP 比重看，其呈现"V"形走势；从资本和金融账户差额当季值占 GDP 比重看，其持续逆差并有所增大（见图 9）。对此，国际收支综合平衡背后的结构问题以及进一步创造条件促进国际收支实现自主平衡值得关注。

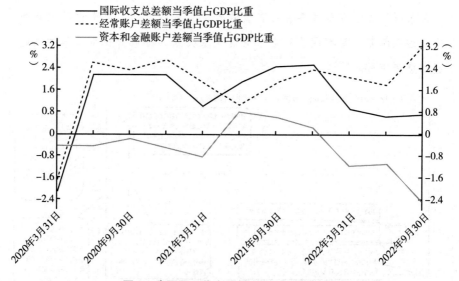

图 9　我国国际收支差额占 GDP 比重走势

资料来源：Wind。

（三）外部冲击应对有效，人民币国际化推进有序

1. 外汇储备是抵御外部冲击的重要保障

我国外汇储备规模长期保持基本稳定，对维护国家经济金融安全、抵御外部冲击发挥了重要的积极作用。党的二十大报告指出，"建设现代中央银行制度"。近年来，我国实现了在维护外汇储备规模总体稳定的同时，中央银行资产

负债表资产端的外汇资产占比过高问题不断缓释。从中国人民银行资产负债表看，进入新时代，一方面，中央银行外汇占款总体规模保持相对稳定（保持在21万亿元人民币以上）；另一方面，中央银行外汇占款占中央银行资产总规模的比例不断下降。尽管外汇资产在中央银行资产负债表资产端规模占比仍然最大，但是，截至2022末外汇资产占中央银行资产总规模比例已下降到52%，相比近期（2013年）的历史峰值83%，降幅已超过30个百分点。在此过程中，外汇储备仍是国家经济金融的"压舱石"和"稳定器"并且继续发挥着重要作用。

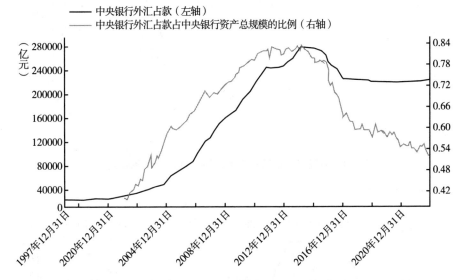

图10　我国中央银行外汇占款及其占中央银行资产总规模的比例走势

资料来源：Wind。

2.跨境短期资本流动仍具有一定流出压力

2022年，基于国际收支衡量的我国跨境短期资本流动所面临的外流压力仍较大。综合来看（见图11），2022年我国跨境短期资本流动整体呈现净流出。从实际规模看，跨境短期资本流动净流出尚未完全呈现出向零线收敛态势。从跨境资本流动与人民币兑美元汇率中间价走势的相关性而言，2022年两者相关性是否会有所增强，以及若存在相关性是否会出现人民币汇率升值与跨境资本流动从净外流转向净流入相伴而行，或反之亦反，也都值得关注（见图12）。当然，伴随跨境资本流动宏观审慎管理不断优化，全口径跨境融资、外汇风险准备金等宏观审慎管理工具的组合使用，我国跨境资本流动及外汇市场将保持总体稳定态势。

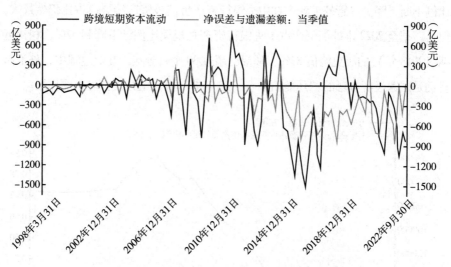

图11　中国跨境短期资本流动情况（基于国际收支）

资料来源：Wind。

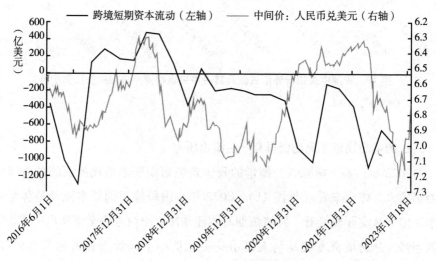

图12　人民币兑美元汇率（逆序）与中国跨境短期资本流动情况

资料来源：Wind。

3. 加快构建新发展格局下人民币国际使用水平稳步提升

以服务构建新发展格局、促进贸易投资便利化为导向，人民币跨境贸易投融资结算等基础性制度不断完善，服务实体经济能力进一步提高。2022年6月，中国人民银行印发《关于支持外贸新业态跨境人民币结算的通知》（银发〔2022〕139号），进一步完善跨境电商等外贸新业态跨境人民币业务相关政策。① 2022年上半年，经常项目与直接投资跨境人民币结算金额合计为6万亿元，同比增长23%；货物贸易中跨境人民币结算占比提高至16.6%，较上年同期提高1.9个百分点。② 从不同口径的跨境人民币使用数额看，2022年均呈现出稳中有升态势。其中，跨境贸易人民币业务结算额当月值提升较为显著，经常项下人民币跨境收付金额稳中有升，资本和金融项下人民币跨境收付金额显著提升（见图13）。此外，国际货币基金组织（IMF）发布的官方外汇储备货币构成（COFER）数据显示，2022年第三季度，人民币在全球外汇储备中的占比达2.76%，成为位居美元、欧元、日元、英镑之后的全球第五大储备货币。2022年，人民币跨境支付系统（CIPS）稳定运行，跨境人民币业务处理水平显著提升（见图14）。环球银行金融电信协会（SWIFT）数据显示，2022年人民币仍为全球排名第五位的支付货币（见图15）。2023年1月，商务部、中国人民银行联合印发《关于进一步支持外经贸企业扩大人民币跨境使用　促进贸易投资便利化的通知》，指出便利各类跨境贸易投资使用人民币计价结算，更好满足企业跨境人民币投融资需求。③

---

① 参见《关于支持外贸新业态跨境人民币结算的通知》（银发〔2022〕139号），2022年6月20日，中国人民银行官网，http：//www.pbc.gov.cn/tiaofasi/144941/3581332/4581686/index.html。

② 参见《2022年人民币国际化报告》，2022年9月23日，中国人民银行官网，http：//www.pbc.gov.cn/huobizhengceersi/214481/3871621/4666144/index.html。

③ 参见《商务部　中国人民银行联合印发〈关于进一步支持外经贸企业扩大人民币跨境使用　促进贸易投资便利化的通知〉》，2023年1月11日，商务部官网，http：//www.mofcom.gov.cn/article/xwfb/xwrcxw/202301/20230103378668.shtml。

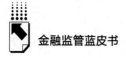

图 13　跨境人民币结算与人民币跨境收付状况

资料来源：Wind。

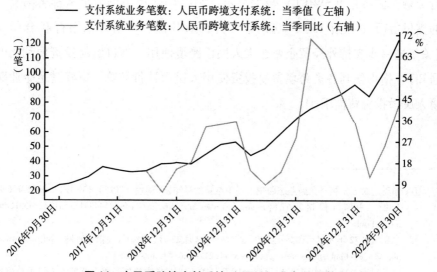

图 14　人民币跨境支付系统（CIPS）业务处理状况

资料来源：Wind。

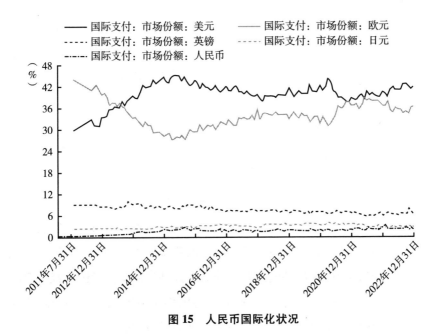

图 15　人民币国际化状况

图例：
—— 国际支付：市场份额：美元　　—— 国际支付：市场份额：欧元
---- 国际支付：市场份额：英镑　　…… 国际支付：市场份额：日元
-·-· 国际支付：市场份额：人民币

三　2023年外汇管理改革展望

（一）促进国际收支平衡，有序推进人民币国际化

党的二十大报告明确提出"有序推进人民币国际化"，以及"完善参与全球安全治理机制，建设更高水平的平安中国，以新安全格局保障新发展格局"。应建立与国际高标准贸易和投资规则相适应的外汇管理方式，维护外汇市场稳定和国际收支安全。有序实现人民币资本项目可兑换，稳慎有序推进人民币国际化，不断优化完善我国参与国际政策协调机制，更好地服务新发展格局的构建。

（二）深化外汇领域改革开放和完善外汇市场管理

稳步扩大优质企业贸易外汇收支便利化政策覆盖面，进一步支持贸易新

业态创新发展和规范发展。持续提升跨境投融资便利化水平,稳妥有序推进资本项目高水平开放。有序推进金融市场双向开放,进一步完善外汇市场宏观审慎管理和微观监管,不断优化外汇市场微观监管执法标准,坚持跨周期性、稳定性和可预期性,进一步健全跨境资本流动监测、预警和响应机制,维护我国外汇市场健康良性秩序。

(三)防范跨境短期资本异动和外部冲击传导风险

在不确定性环境中,外部冲击可能会增加跨境短期资本流动波动性和易变性。对外部冲击,应进一步加快完善更加及时、完整、有效的国际收支风险监测体系。进一步优化完善本外币一体化的跨境资本流动宏观审慎管理机制,切实防范外部金融市场冲击风险。充分发挥外汇储备作为国家经济金融的"压舱石"和"稳定器"作用,更好发挥汇率调节宏观经济和国际收支的自动稳定器作用,牢牢守住不发生系统性金融风险的底线。

参考文献

［1］《党的二十大报告学习辅导百问》编写组编著《党的二十大报告学习辅导百问》,党建读物出版社、学习出版社,2022。

［2］中共中央宣传部、国家发展和改革委员会:《习近平经济思想学习纲要》,人民出版社、学习出版社,2022。

［3］潘功胜:《推动外汇领域改革发展开创新局面》,《中国外汇》2022年第19期。

［4］国家外汇管理局资本项目管理司:《推动外债管理改革支持实体经济发展》,《中国外汇》2022年第19期。

［5］刘斌:《经常项目便利化助力涉外经济发展》,《中国金融》2022年第16期。

［6］肖胜:《稳步推进资本项目高水平开放》,《中国金融》2022年第17期。

附录　2022 年发布的外汇管理相关政策

发布时间	相关政策法规名称	制定部门
2022 年 1 月	《关于银行业金融机构境外贷款业务有关事宜的通知》（银发〔2022〕272 号）	中国人民银行 国家外汇管理局
2022 年 4 月	《关于做好疫情防控和经济社会发展金融服务的通知》（银发〔2022〕92 号）	中国人民银行 国家外汇管理局
2022 年 4 月	《关于发布〈金融机构外汇业务数据采集规范（1.3 版）〉的通知》（汇发〔2022〕13 号）	国家外汇管理局
2022 年 5 月	《关于进一步促进外汇市场服务实体经济有关措施的通知》（汇发〔2022〕15 号）	国家外汇管理局
2022 年 5 月	《关于进一步便利境外机构投资者投资中国债券市场有关事宜》（公告〔2022〕第 4 号）	中国人民银行 证监会 国家外汇管理局
2022 年 5 月	《关于支持高新技术和"专精特新"企业开展跨境融资便利化试点的通知》（汇发〔2022〕16 号）	国家外汇管理局
2022 年 6 月	《关于支持外贸新业态跨境人民币结算的通知》（银发〔2022〕139 号）	中国人民银行
2022 年 7 月	《企业汇率风险管理指引》	国家外汇管理局
2022 年 8 月	《关于印发〈通过银行进行国际收支统计申报业务实施细则〉的通知》（汇发〔2022〕22 号）	国家外汇管理局
2022 年 11 月	《关于印发〈境外机构投资者投资中国债券市场资金管理规定〉的通知》（银发〔2022〕258 号）	中国人民银行 国家外汇管理局
2022 年 12 月	《关于境外机构境内发行债券资金管理有关事宜的通知》（银发〔2022〕272 号）	中国人民银行 国家外汇管理局
2023 年 1 月	《关于进一步支持外经贸企业扩大人民币跨境使用　促进贸易投资便利化的通知》（商财函〔2023〕1 号）	商务部 中国人民银行

专 题 报 告
Special Reports

B.8
中小银行并购重组化险的
进展、挑战与优化

王 刚　常浩然　郭志远*

摘 要:　当前我国中小银行风险高企、分布集中，资本补充困难，兼并重组成为重要的化险手段。但化险实践中，中小银行兼并重组面临地方政府强势主导、并购范围受限、手段不够丰富、支持措施难以持续、行业和社会层面赋能不足等一系列挑战。国际经验表明，兼并重组是促进一国银行业结构优化的战略举措，成功的关键是坚持质量优先，把握时机，做好政策协同。建议提升兼并重组举措在我国中小银行风险化解工具箱中的地位，强化行政引导支持下的市场化推进原则，适当放开并购的地域和机构类别限制，丰富手段，针对城、农商行和村镇银行分类精准施策。鼓励强强合并，支持强弱合并，严控弱弱合并。同时，多角度完善配

---

* 王刚，国务院发展研究中心金融研究所研究员，主要研究方向为审计、投资、金融监管；常浩然，南开大学金融学院在读硕士研究生，主要研究方向为银行监管；郭志远，现任职于北京农村商业银行乡村振兴部。

套支持政策。

关键词： 中小银行　兼并重组　风险化解

一　中小银行兼并重组化险的重要性

当前中小银行风险高、化解难，兼并重组成为重要化险措施。中小银行①已成为我国高风险金融机构主体，且风险特征各异。截至 2021 年底，我国高风险中小银行共 302 家，其中高风险城商行 13 家、农村金融机构 186 家、村镇银行 103 家，合计占高风险金融机构的 96%。城商行利润负增长、不良贷款率持续上升。2022 年一季度，商业银行净利润同比增长 7.4%，各类银行中仅城商行利润负增长，降幅为 4%。一季度末商业银行不良贷款率为 1.69%，同比下降 11 个百分点，仅城商行不良贷款率反弹，同比上升 2 个百分点。农商行不良贷款率居高不下，风险抵补能力不足。一季度末农商行不良贷款率为 3.33%，同比虽下降 2 个百分点但不良贷款占比偏高，进一步压降难度大。农商行拨备覆盖率为 133%，大幅低于 150% 的安全线。② 村镇银行规模不经济，化险高度依赖主发起行。一旦主发起行自顾不暇，风险化解便可能悬空。

高风险中小银行区域分布集中，地方救助能力相对不足。辽宁、内蒙古等五省区高风险机构数量占全国的 70%，资本缺口占 80%。以辽宁为例，截至 2021 年 8 月，农信系统共有 37 家高风险机构，占其法人机构的 62%。经济下行叠加疫情冲击，导致部分地方政府财力不足，救助成片集中高风险机构的意愿下降，能力不足。

以市场化手段持续补充中小银行资本的难度明显加大。在净息差持续收

---

① 包括城商行、农村金融机构（含农商行、农合行、农信社）、村镇银行和民营银行。
② 曾刚、王伟：《「NIFD 季报」2022Q1 银行业运行》，https：//baijiahao.baidu.com/s？id=1736378165515256865&wfr=spider&for=pc。

窄、盈利空间逼仄的背景下中小银行通过自身利润转增资本的空间收窄。包商银行二级资本债减记吸收损失后，金融市场分层使得中小银行发行资本补充工具难度加大、成本明显上升。银行股东股权管理标准提高后，经济欠发达地区、县域涉农机构引进符合入股资质的战略投资者困难重重。接受地方政府专项债补充资本的中小银行面临定期付息、到期还本的压力，需要尽快恢复造血功能。[①]

兼并重组成为中小银行重要的化险措施。兼并重组有助于推动地方中小银行机构、网点、人员等资源有序整合，提升银行核心竞争力、实现银行体系布局优化，是银行业供给侧结构性改革的关键抓手。从风险处置角度看，以兼并重组为主的结构调整属于银行体系内部出资实施的在线修复措施，可以降低各级政府的干预成本和财政压力，在避免引发系统性风险的前提下实现问题中小银行平稳退出市场。

二 当前我国中小银行兼并重组化险实施进展与存在的问题

（一）实施进展

兼并重组一直是我国高风险金融机构处置风险的重要举措之一，徽商银行、江苏银行合并化险的成功案例发挥了良好的示范效应。包商银行等机构风险暴露后，在监管部门和地方政府的引导和推动下，注资重组、同业收购合并等结构调整方式成为城商行风险处置的主流模式。村镇银行以吸收合并提升规模效益的做法也早有实践。中国人民银行把对农村金融机构并购的政策导向调整为"保持商业可持续的县域法人地位长期稳定"，事实上允许商业不可持续的农村金融机构的并购重组。银保监会提出"鼓励优质银行、保险公司和其他适格机构参与并购重组农村中小银行，推动农村中小银行兼

---

① 根据最新公布的年报，新设合并的辽沈银行和山西银行2021年分别亏损12亿元和47亿元。

并重组和区域整合"。可以预见，兼并重组也将成为下阶段农村金融机构化险改革的主要方式之一（见表1）。

表1　近年来中小银行重组典型案例

完成时间	重组方式	存续机构	被并购机构
2020年11月	新设合并	四川银行	攀枝花市商业银行、凉山州商业银行
2021年9月	新设合并	辽沈银行	辽阳银行、营口沿海银行
2021年4月	新设合并	山西银行	大同银行、长治银行、晋中银行、晋城银行、阳泉银行
2022年5月	吸收合并	中原银行	洛阳银行、平顶山银行、焦作中旅银行
2022年2月	吸收合并	秦农银行	长安区农信联社、鄠邑农商行
2021年10月	新设合并	乐山农商行	乐山三江农商行、五通农信联社、沙湾农信联社、金口河农信联社
2017~2018年	股权收购	中银富登村镇银行集团	国开行旗下15家村镇银行、建行旗下27家村镇银行

资料来源：笔者整理。

（二）存在的问题

一是行政主导色彩浓厚，市场化法治化原则难以落实。个别地方政府因缺乏财力，为加快处置风险简单地"并大堆"，搞"拉郎配"，忽视市场主体意愿，不重视协调股东利益，使并购方事前难以准确评估并购可行性，事后难以有效推进机构人员、文化和风控的整合，可能引发处置风险的风险。要吸收当年海南发展银行被其所并购的当地信用社风险拖累最终关闭的教训。

二是实施范围受限，难以推动要素资源在更大范围内有序流动。目前中小银行并购限于省内同类别机构之间的整合，农合机构的并购更是限于地市范围内，少有大型国有控股银行、全国性股份制银行或省外优质中小银行并购或参控股地方中小银行的案例。这一方面印证了监管实践中仍将中小银行视为特殊类别机构而非独立的商业银行，另一方面限

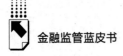

制了个别经济增长乏力、地方财政严重困难省份化解中小银行风险的政策选择空间。

三是方式有待丰富。目前并购重组主要包括强弱合并和弱弱合并两类，市场化的强强对等合并较少。除并购重组之外，引进战略投资者参股控股、联盟合作、平台搭建等其他结构调整方式使用不多，设立处置基金、过桥银行等处置高风险金融机构的案例也较少。

四是重组后支持政策"退坡"过快，考核不尽合理。对以改革化险新方式成立的银行，地方政府和监管部门缺乏必要的持续性扶持政策，不利于新生银行充分化解显性和隐性风险，推进体制机制磨合和文化整合。挂牌后立即按正常金融机构标准对新机构进行考核，过高的利润压力和不尽合理的指标要求容易挫伤经营管理者积极性，不利于银行积蓄发展后劲。

五是行业赋能不足，难以从根本上提升中小银行经营效率和竞争实力。现有思路更关注通过并购重组化解单体机构风险，对社会和行业层面的业务赋能和风险再分散重视不够，可能导致中小银行化险效果和竞争力提升事倍功半。事实上，当前中小银行发展的外部环境（经济增长动能、人口、区域和产业等）正在发生深刻变化，深刻持久的数字化冲击更使中小银行不得不"抱团取暖"。相关部门在通过并购重组等措施对中小银行实施"外科手术"后，亟须推动中小银行进一步修炼内功提升自身核心竞争力，同时着眼于重构面向新竞争格局的完整能力体系，强化社会和行业层面对中小银行的赋能与风险分散。

三　中小银行兼并重组的国际经验

（一）典型国家做法

1.美国：完善政策法律环境，支持市场化并购

20世纪90年代初美国储贷危机爆发后，美国金融管制逐步放松，银行

业结构调整持续推进。1990~2020 年，通过并购重组，美国法人银行数量从超过 1.5 万家减少到 5000 余家。① 从并购的驱动因素看，跨州并购、混业经营等监管限制放松，反垄断司法审查标准放宽是美国银行业并购开启的直接诱因。② 从机构自身角度看，信息技术发展拓展了管理半径，规模经济、效率提升与成本节约是银行并购的内驱因素。

2. 日本：政府主导银行并购

与美国不同，日本银行业并购主要由政府驱动，行政意愿大于市场意愿。政府推动银行业并购的原因：一是担忧中小银行抵御风险能力不强，可能危及金融稳定。二是试图通过兼并推动形成"超级金融集团"，在银行业国际竞争中保持竞争力。实践中，主要做法：一是由财务省斡旋甚至安排大银行对小银行采取救济式兼并，二是以存款保险机构为主导提供兼并资金援助，三是采用"特别公家管理"和"过桥银行"方式帮助经营困难的银行过渡。③

3. 德国：完善集团赋能和风险再平衡机制

德国统一后，德国储蓄银行加快整合演变成内部功能差异化的银行集团结构：区域储蓄银行在保持资源配置和战略发展独立性前提下，控股上层州立储蓄银行和顶层德卡集团，州立储蓄银行承担区域内清算和资金调配功能，顶层德卡集团则提供投行、资产管理等复杂业务，通过共享 IT 和基础设施，以及统一产品和服务提升集团内各区域储蓄银行的经营效率。与此相似，德国合作银行体系上层的中央合作银行集团发挥类似系统内央行的职能，主要为区域合作银行提供必要的流动性支持和高端配套金融产品服务，以确保区域银行功能得到充分发挥。

---

① 罗思平：《美国银行业并购趋势及其启示》，《银行家》2020 年第 8 期。
② 20 世纪 80 年代，美国法院反垄断审查中将市场集中度指标调整为赫芬达尔-赫希曼指数，同时参考效率指标和消费者福利指标，在综合考量竞争因素、财务因素、监管因素和社区便利因素基础上，将银行兼并标准明显放宽，客观上鼓励了大银行并购。
③ 以日本第二地方银行为例，其数量从 20 世纪 90 年代的 68 家降至 2009 年的 42 家，2020 年初进一步降至 38 家。

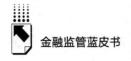

（二）启示

一是危中有机。在三重压力加大背景下中小银行经营承压，风险暴露，此时加速推进中小银行有序整合，有利于优化银行业竞争环境，提升银行体系抗风险能力。二是质量优先。美国市场化的银行并购推动银行业整体实现了规模经济和经营效率显著提升。应鼓励优质机构在区域内和跨区域开展并购，并购后宜聚焦提升银行治理能力和经营效益，力求实现"高质量"扩张。三是把握好时机。要努力走在市场风险曲线之前，对出现问题苗头的机构及时开展"在线修复"，这有助于控制救助成本，保持系统稳定。四是加强政策协同。美国20世纪90年代的银行并购能顺利启动，既得益于美国国会适时修改金融法律，也受益于美国司法部门放松反垄断审查标准，二者相向而行，客观上为银行并购开了"绿灯"。

四　优化中小银行兼并重组化险的原则、路径与重点

优化中小银行兼并重组举措宜遵循如下原则：一是变行政主导为行政引导，坚持激励相容的市场化、法治化原则。鼓励符合条件的各类市场主体入股或并购弱资质地方中小银行，地方政府和监管部门提供必要政策支持。二是充分授权，一省一策。我国不同省份经济基础、发展前景、金融生态差异较大，不宜"一刀切"式地"齐步走"，应"定好大局、因地制宜、充分授权"。在压实责任的前提下对省级政府充分授权、允许"一省一策"。三是基于不同类别中小银行的差异化特征分类施策。可适当突破现有机构类别划分，统筹考虑规模、地域、城市化等维度，更精准刻画中小银行特征，并实施差异化的调整政策。

从实施路径看，应在以多种方式（兼并重组、吸收或新设合并、必要的市场退出等）化解风险过程中，推动市级或省级层面的机构合并适当减少法人机构数量，扩大组织边界，同步完善股权结构和公司治理。从地域分布看，在全国"一盘棋"、整体推进的同时，聚焦"过度银行化"特征

突出、地方银行体系风险较高的东北和中西部地区，如辽宁、内蒙古、吉林、青海、甘肃等省区。从调整对象看，按照有针对性和前瞻性相结合的原则，一是纳入根据央行评级结果（8-D级）确定的现有3类302家高风险机构。① 二是覆盖潜在高风险机构，即具有下列一个或多个特征的中小银行：连续多年亏损、资本补充困难、公司治理存在重大缺陷、银保监会监管评级为C级以下等。坚持分类施策："强强联手、以强并弱"，扩大城商行组织边界，依托省联社推进农村金融系统结构调整，以"共享理念"推动村镇银行重塑整体功能。

从完善兼并重组措施的重点看，一是优化扶持政策，避免过快"退坡"。实事求是地看待"好银行"与"坏银行"，对实施并购重组的地方法人银行，既要"扶上马"，也要"送一程"。建议给予3年左右过渡期，其间实施差异化监管要求，在业务资质取得、央行评级与监管评级、宏观审慎评估、存保费率调降、网点省内撤并和再布局等方面予以适当倾斜，支持机构有效化险、平稳发展。二是取消不必要的限制，丰富调整方式。允许大型银行、全国性股份制银行、省外优质中小银行参股控股地方中小银行，在提供股本金支持的同时输出风控、金融科技等方面的经验。优化重组模式，鼓励强强联合，支持强弱合并，严控弱弱联合。三是强化行业和社会赋能。支持搭建具备行业性赋能和风险再分散功能的平台和第三方机构，推动中小银行在结构调整基础上尽快具备与其业务定位相适应的能力体系。浙江省联社改制为浙江农商联合银行，重点开展面向成员行提供服务的银行业务，不从事与成员行存在竞争的一般存贷款业务，是个有益的探索。

五　完善中小银行兼并重组的配套政策

制定完善的针对性配套措施是提升合格主体以市场化手段并购中小银行

---

① 根据《2021年四季度央行金融机构评级结果》，截至2021年底，全国共有高风险城商行13家、农村合作金融机构186家、村镇银行103家。

意愿的关键，是体现行政引导效果的重要抓手。

在货币政策方面，一是扩大一级交易商资格范围，使其包括改制后的省联社和省级城商行，缓解金融市场流动性分层和中小法人银行的流动性压力。二是在对地方法人银行实施差异化最优惠存款准备金率基础上，对参股控股、并购高风险地方法人银行的法人银行给予更优惠的存款准备金率待遇，调动其参与入股和并购的积极性。

在财税政策方面，一是从各地中小银行实际风险敞口、需并购的高风险机构数量、资本缺口等出发，适当增加中小法人银行化险专项债券额度，充实可用于兼并重组的资本金资源。二是鉴于中小银行持有的大量抵债资产处置普遍面临市场价格波动大、税费高、变现难、处置时间长等问题，建议财税部门阶段性降低中小银行抵债资产过户税费标准。

在监管政策方面，一是拓展中小银行不良资产处置渠道。将对公单户不良资产转让和批量个人不良贷款转让试点范围从国有大型银行和全国性股份制银行拓展到地方法人银行，转让信贷资产类别扩大到涉房类不良资产；扩大不良资产证券化试点范围，覆盖地方中小法人银行；在新老划断基础上，将地方法人银行因处置不良资产接收的抵债资产或股权处置时限从2年延长到5年，相应地持有抵债资产风险权重的调整时间阈值由2年延长到5年。二是引导中小银行制定差异化的数字化转型策略。以省级城商行、省联社、主发起行等为依托，鼓励中小银行有组织地开展数字化转型，建立共同开发、共同享有的金融科技平台。支持单一法人机构、集团（联合或控股）、平台（外部支撑中介）等多元化的中小银行行业赋能体系组织模式。

地方政府层面，一是落实风险处置属地责任，加快地方法人机构风险处置化解。一方面，协调各级法院提升不良资产司法处置效率。加快银行涉诉不良资产立案、审理和执行，加大执行力度，维护银行正当权益和资金安全；另一方面，组织开展辖区中小银行不良资产清收专项工作，加大对失信人的惩戒力度。二是在法律框架下，发挥积极股东作用。一方面，在地方政府专项债额度内划定部分专项资金，注资省级城商行，支持其参股或并购辖内高风险机构；另一方面，明确除依《公司法》等规定享有股东权利外，不干预地方法人机构经营活动和人事任免。此外，优化对地方中小银行的绩效考核，提升合规和风险管理等指标权重，加强中长期考核与激励约束。①

参考文献

［1］罗思平：《美国银行业并购趋势及其启示》，《银行家》2020 年第 8 期。
［2］张倍源：《合并重组助推农村中小银行化险攻坚》，《中国农村金融》2021 年第 7 期。
［3］李奇霖、谭小芬、居上、常娜：《中小银行危机与转型》，中国金融出版社，2019。
［4］钟震：《中小银行发展转型的理论与实践研究》，人民出版社，2020。

---

① 张倍源：《合并重组助推农村中小银行化险攻坚》，《中国农村金融》2021 年第 7 期。

B.9
地方政府债务管理研究报告

曹 婧[*]

摘 要： 2022年经济下行压力加大叠加隐性债务监管趋严，地方政府债券靠前发力，城投债发行和净融资明显收缩，专项债与城投债一"进"一"退"凸显了稳增长和防风险并重的政策导向。相关部门坚持"开好前门、严堵后门"的监管思路，持续优化地方政府债务管理。一方面，创新地方政府债券发行机制，合理扩大专项债使用范围，健全政府债务管理制度；另一方面，城投平台债务监管强调有保有压，从严查处问责违规新增隐性债务，坚持在高质量发展中防范化解债务风险。

关键词： 政府债务管理 地方政府债券 城投债

一 2022年地方政府债券及城投债市场回顾

（一）2022年地方政府债券市场回顾

1. 地方政府债券发行情况

经第十三届全国人民代表大会第五次会议审议批准，2022年预算安排新增地方政府债务限额43700亿元，其中，一般债务限额7200亿元、专项债务限额36500亿元。2022年全国累计发行地方政府债券73676亿元，其

---

* 曹婧，经济学博士，中国社会科学院金融研究所助理研究员，主要研究方向为地方政府债务、财税理论与政策。

中，发行一般债券 22360 亿元、专项债券 51316 亿元。按债券性质分，发行新增债券 47566 亿元，其中，新增一般债券 7182 亿元、新增专项债券 40384 亿元；发行再融资债券 26110 亿元，其中，再融资一般债券 15178 亿元、再融资专项债券 10932 亿元。

从发行进度来看（见图 1），财政部于 2021 年底提前下达了 2022 年新增专项债额度 1.46 万亿元，2022 年地方债发行节奏明显前置，新增专项债在 6 月底前基本发行完毕。2022 年第三季度新增地方债发行明显缩量，9 月 7 日召开的国务院常务会议决定启用 5000 多亿元专项债结存限额这一财政增量政策工具，10 月专项债发行再次放量，年内新增专项债发行规模超过年初限额。

分区域看，地方债发行呈现"东多西少"的格局，并向经济发达省份集中。2022 年广东、山东、浙江地方债发行规模位居前三，其中，广东和山东的发行额均超过 5000 亿元。西藏、宁夏、青海、海南为发行额最少的 4 个省（区），发行规模均低于 1000 亿元。

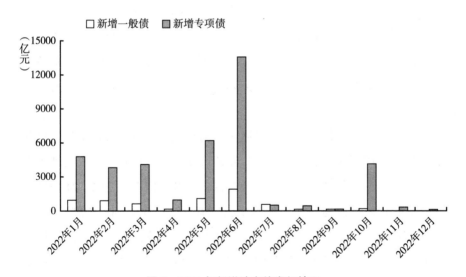

图 1　2022 年新增地方债发行情况

资料来源：财政部。

2. 地方政府债务余额情况

经第十三届全国人民代表大会第五次会议审议批准，2022 年全国地方政府债务限额为 37.65 万亿元，其中，一般债务限额 15.83 万亿元、专项债务限额 21.82 万亿元。截至 2022 年 12 月末，全国地方政府债务余额 35.06 万亿元，控制在全国人大批准的限额以下。其中，一般债务 14.39 万亿元，专项债务 20.67 万亿元；政府债券 34.90 万亿元，非政府债券形式存量政府债务 1623 亿元。

2022 年地方政府债券到期偿还本金 27758 亿元，其中，发行再融资债券偿还本金 23910 亿元、安排财政资金等偿还本金 3848 亿元。近九成地方政府债券通过发行再融资债券偿还本金，地方政府偿债高度依赖借新还旧。

（二）2022年城投债市场回顾

1. 城投债发行情况

2022 年以来，城投融资监管趋严叠加存量债务大量到期，导致城投债发行规模及净融资额大幅回落（见图 2）。以 Wind 城投债口径为基础，2022 年城投债累计发行 6928 只，同比减少 12.22%；发行总额 48648.24 亿元，同比下降 13.14%；净融资额 11235.91 亿元，同比下降 52.03%。受银行理财大规模赎回影响，2022 年 12 月城投债推迟或取消发行数量明显增加，净融资规模由正转负。

沪深交易所和银行间市场交易商协会均对城投债进行分档审理，债务高风险地区、信用资质较弱的城投平台发债难度较大，城投债融资呈现结构性分化特征。其一，分区域看，东部经济强省是城投债发行主力，而西部和东北地区城投债发行低迷。江苏和浙江城投债发行规模分别以 10995.01 亿元和 5880.56 亿元位居前二，大幅领先其余省份。内蒙古、青海、黑龙江、宁夏、甘肃、辽宁、西藏等经济和财政实力较弱的区域，城投债发行规模不足 100 亿元。从同比变化来看，江苏和浙江城投债发行规模大幅下降，主要原因是区县级城投融资受限；随着区域信用环境修复，天津和河南城投债发行规模明显增大。其二，分主体评级看，AAA 级和 AA+级城投平台是发债主力，以 AA 级为代表的低评级主体城投债发行规模同比大幅收缩。黑龙江、吉林、青海、宁夏等地的低评级主体逐步退出市场，AA 级城投平台不再发行债券。

从发行期限来看，城投债发行以 5 年期及以内的中短期品种为主，城投债融资期限趋于短期化有两方面原因。一是 2022 年国内稳增长压力较大，货币政策维持总量宽松，部分信用资质较好的城投平台主动进行债券期限管理，以发行成本较低的中短期债券置换成本较高的长期债券；二是由于城投融资政策延续收紧态势以及市场风险偏好下降，部分信用资质较弱的城投平台难以发行期限较长的债券。

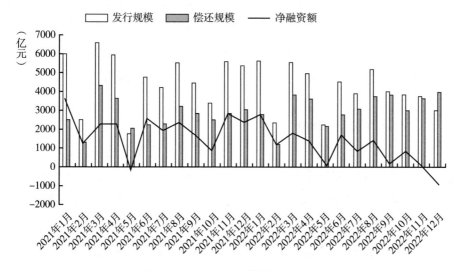

图 2 2021~2022 年城投债发行情况

资料来源：Wind。

2. 城投债余额情况

截至 2022 年 12 月末，全国有存续城投债的城投平台共 3034 家，较年初增加 29 家；存续债券共 18743 只，较年初增加 1980 只；债券余额 13.51 万亿元，较年初增加 1.11 万亿元。全国存续城投债品种以公司债（含私募债）、中期票据和定向工具为主，存续规模分别为 56932.87 亿元、34161.61

亿元和 19191.77 亿元，占比分别为 42.1%、25.3% 和 14.2%。

分区域看，江苏、浙江、山东存续城投债规模位居前三，城投债余额分别为 27715.60 亿元、18843.57 亿元、11483.79 亿元。黑龙江、贵州、辽宁、云南、广西等地城投存量债务付息成本较高，平均票面利率超过 6%。

二　2022年地方政府债务管理重大举措

（一）创新地方政府债券发行机制

为确保稳增长政策接续发力，匹配宏观调控节奏，地方债采取灵活发行方式。政策允许利用结存限额发行专项债、借助政策性开发性金融工具为专项债项目资本金搭桥、支持深圳发行离岸人民币地方政府债券、试点参考以地方债收益率曲线作为发行定价基准，从而扩大专项债发行规模并促进地方债市场化发行。

1. 盘活专项债结存限额

2022 年新增专项债靠前发力，上半年基本完成发行任务，下半年通过盘活专项债限额空间形成有效衔接。2022 年 9 月 7 日召开的国务院常务会议提出，依法盘活 5000 多亿元专项债结存限额，其中 70% 由各地留用，30% 由中央财政统筹分配并向成熟项目多的地区倾斜，10 月底前发行完毕。用足用好专项债结存限额政策有助于填补第四季度专项债发力的"空窗期"，实现投资滚动接续。

2. 专项债项目资本金搭桥

为解决重大项目资本金到位难等问题，2022 年 6 月 29 日召开的国务院常务会议提出，运用政策性开发性金融工具，通过发行金融债券等筹资 3000 亿元，用于补充包括新型基础设施在内的重大项目资本金（不超过全部资本金的 50%），或为专项债项目资本金搭桥。为加快专项债项目落地开工，先通过政策性开发性金融工具补充项目资本金，待专项债资金到位后再置换资本金。专项债和政策性开发性金融工具协同发力，发挥了财政政策与货币政策的协调联动效应。

3.创新地方政府债券品种

2022年10月31日，财政部出台《关于支持深圳探索创新财政政策体系与管理体制的实施意见》（财预〔2022〕139号），支持深圳继续赴境外发行离岸人民币地方政府债券，推动粤港澳大湾区金融市场互联互通。2022年11月7日，深圳再次成功在香港发行离岸人民币地方债50亿元，用于城市轨道交通、水治理和产业园区建设等项目。发行离岸人民币地方债有助于拓宽地方政府融资渠道，加快地方政府债券市场和国际金融市场的有效衔接。

4.完善地方债发行定价机制

2022年11月9日，广东省财政厅发布《广东省财政厅关于2022年广东省地方政府再融资一般债券（九期）发行有关事宜的通知》（粤财债〔2022〕87号）和《广东省财政厅关于2022年广东省地方政府再融资专项债券（八期）发行有关事宜的通知》（粤财债〔2022〕88号），首次参考财政部—中国地方政府债券收益率曲线设定地方债投标区间。地方债发行定价基准由国债收益率曲线变更为地方债收益率曲线，有利于打破基于国债收益率加点的发行利率隐形下限，提升地方债发行市场化水平。

（二）优化专项债使用范围

为充分发挥专项债扩大有效投资、稳定宏观经济的重要作用，我国不断优化调整专项债重点支持领域、禁止类项目清单以及专项债资金用作项目资本金范围。中央陆续出台《国务院关于印发扎实稳住经济一揽子政策措施的通知》（国发〔2022〕12号）、《国家发展改革委办公厅关于组织申报2023年地方政府专项债券项目的通知》（发改办投资〔2022〕873号），适度扩大专项债资金投向领域和用作资本金范围，并细化专项债使用负面清单。

1.加强专项债投向领域管理

第一，适当扩大专项债支持领域。2022年专项债支持领域从交通基础设施、能源、农林水利、生态环保、社会事业、城乡冷链等物流基础设施、

市政和产业园区基础设施、国家重大战略项目、保障性安居工程9大领域扩大至11个,将新型基础设施、新能源项目纳入支持范围。合理扩大专项债投向领域,支持新基建等增后劲、上水平项目建设,充分发挥专项债作用带动扩大有效投资。

第二,细化禁止类项目清单。为严格落实专项债负面清单管理、切实提高专项债资金使用效益,财政部制定全国和高风险地区两类负面清单。在全国范围内严禁将专项债用于楼堂馆所、形象工程和政绩工程、房地产等其他项目,高风险地区在此基础上新增四项禁止类项目,包括城市轨道交通、社会事业(除卫生健康、教育、养老外)、市政基础设施(除供水、供热、供气外)、棚户区改造新开工项目。

2.扩大专项债资金用作资本金范围

为有效发挥专项债对社会资本的撬动作用,2022年专项债资金用作项目资本金领域再次扩围,从铁路、收费公路、干线机场、内河航电枢纽和港口、城市停车场、天然气管网和储气设施、城乡电网、水利、城镇污水垃圾处理、供水等10个领域,进一步拓宽至新能源项目、煤炭储备设施、国家级产业园区基础设施。

(三)健全地方债管理制度

2022年中央进一步健全政府债务管理制度,在完善政府债务管理体制机制、强化专项债资金监管、加强债务风险评估预警结果应用、建立政府偿债备付金制度等方面出台多项监管措施,加强地方政府债务风险防控。

1.完善政府债务管理体制机制

2022年6月13日,国务院办公厅发布《国务院办公厅关于进一步推进省以下财政体制改革工作的指导意见》(国办发〔2022〕20号),加强地方政府债务管理。第一,坚持省级政府对区域债务风险负总责,市县政府按属地原则和管理权限分级负责,通过增收节支、资产变现等方式减轻市县政府偿债压力。以省为单位有序推进地方政府债务风险防范化解,有助于强化省级政府对全域债务风险的统筹和监管能力,降低市县政府化债难度。第二,健全省以下财政体制，理顺地方各级财政事权和支出责任以及政府间收入划分关系等，破除引发地方政府举债冲动的体制机制因素。第三，规范开发区管委会举债融资行为，使开发区政府债务管理体制保持与财政管理体制相适应。此前由于开发区财政管理体制不规范，开发区违规举债行为屡禁不止，开发区政府债务管理亟须加强。

2. 强化专项债资金监管

为避免专项债资金闲置和投向不合规，加快形成实物工作量，2021年12月21日，发布《财政部关于地方政府专项债券重发行轻管理方面问题的整改情况》。一是全面推广专项债项目穿透式监管，从2022年起对所有项目资金使用情况进行绩效评价，评价结果向社会公开，以此倒逼主管部门和项目单位加强自我约束。二是常态化开展专项债资金使用情况核查，建立违规使用专项债处理处罚机制。三是从2022年起建立专项债支出进度通报预警制度，将专项债限额分配与支出进度挂钩，发行超过一年仍未支出的，原则上要求省级财政部门调整用于其他项目。财政部副部长许宏才在加快政府债券发行使用情况国务院政策例行吹风会上指出，2022年1月以来，财政部每月将各地专项债的发行、拨付、支出进度通报省级财政部门，对进度最慢的3个省份实施预警，并明确在分配以后年度专项债限额时与各地实际支出进度挂钩。[1]

3. 加强债务风险评估预警结果应用

2022年11月1日，财政部出台《关于贯彻落实〈国务院关于支持山东深化新旧动能转换推动绿色低碳高质量发展的意见〉的实施意见》（财预〔2022〕137号），提出加强债务风险评估预警结果应用，推动债务风险防控关口前移。地方政府债务风险量化评估从事后管控前移至事中监测和事前预案，便于监管部门提前实施风险防范预案，避免局部风险传导放大进而触发危机。[2]

---

[1] 《加快政府债券发行使用情况国务院政策例行吹风会图文实录》，http://www.scio.gov.cn/ m/32344/32345/47674/48081/tw48083/Document/1722760/1722760.htm.

[2] 郭玉清：《地方政府债务风险的量化预警评估方法及应用》，《财经智库》2019年第3期。

4. 建立政府偿债备付金制度

由于专项债偿债资金高度依赖土地出让收入，2022 年土地市场遇冷加大专项债偿付压力，设立政府偿债备付金的重要性凸显。2022 年 10 月 31 日，财政部出台《关于支持深圳探索创新财政政策体系与管理体制的实施意见》（财预〔2022〕139 号），探索建立政府偿债备付金制度，有效防范专项债偿付风险，首次从中央层面发布文件支持深圳在专项债偿债备付金方面先行先试。

三　2022年城投平台债务管理重大举措

（一）新增债务管理有保有压

2022 年以来，国内外环境更趋复杂严峻，经济下行压力明显增大，基建投资成为稳增长的重要抓手，城投融资环境迎来边际改善。2022 年 4 月 18 日，中国人民银行、国家外汇管理局联合发布《关于做好疫情防控和经济社会发展金融服务的通知》（银发〔2022〕92 号），要求在风险可控、依法合规的前提下，按市场化原则保障城投平台合理融资需求，避免盲目抽贷、压贷或停贷引发流动性风险。在坚决遏制新增地方政府隐性债务的主基调下，城投融资监管趋于差异化，强调有保有压，支持保障合理融资。

1. 城投债发行条件放松

2022 年 4 月 29 日，沪深交易所分别发布《上海证券交易所公司债券发行上市审核规则适用指引第 3 号——审核重点关注事项（2022 年修订）》（上证发〔2022〕63 号）和《深圳证券交易所公司债券发行上市审核业务指引第 1 号——审核重点关注事项（2022 年修订）》（深证上〔2022〕437 号），对城投公司债发行条件进行修订。与沪深交易所发布的 2021 年指引相比，此次修订主要有两点变化。一是取消主体信用评级限制，上证发〔2022〕63 号文将审核重点关注范围从"主体信用评级低于 AA（含）"调整为"主体资质较弱",深证上〔2022〕437号文将审核重点关注范围从"主体信用评级低于AA（含）"调整为"偿债能力较弱"。取消公司债发行环节信用评级要求，既能降低区域债务风险较低、自身信用资质较好的AA级城投平台发债难度，也符合深化公司债注册制改革的政策导向。二是将"审慎确定公司债券申报方案"调整为"合理确定公司债券申报方案"，满足城投平台合理发债需求。

2022年5月6日，中共中央办公厅、国务院办公厅出台《关于推进以县城为重要载体的城镇化建设的意见》，鼓励银行业金融机构（尤其是政策性、开发性金融机构）扩大中长期贷款投放，支持城投平台发行县城新型城镇化建设专项企业债券。该意见为区县级城投参与县域城镇化建设提供多渠道资金保障：第一，对于公益性项目，地方政府发行专项债予以支持，并由区县级城投承接专项债项目。第二，对于准公益性项目和经营性项目，可采取债贷组合模式，即配合低成本的政策性银行贷款发行县城新型城镇化建设专项企业债。

2. 有序清退城投定融

随着隐性债务监管趋严和城投再融资受限，一些城投平台以债权或应收账款收益权转让挂牌形式，向地方金融资产类交易场所（以下简称"金交所"）、信用资产登记备案中心登记备案发行定向融资计划。城投定融具有成本高、期限短、合规性差、门槛低、涉众广等特点，为新增隐性债务和引发社会不稳定埋下风险隐患。2021年12月17日，清理整顿各类交易场所部际联席会议要求禁止金交所为房地产企业（项目）、城投公司等国家限制或有特定规范要求的企业融资。① 2022年以来，个别地方出现城投定融展期或违约风险，多地出台政策要求清退城投定融。2022年6月4日，河南省财政厅、地方金融监管局发布《关于开展融资平台公司非法集资和违规举债自查自纠工作的函》，提出摸清底数、分类整顿、完善机制等要求，稳妥

---

① 《联席会议部署开展金交所现场检查工作》，http：//www.csrc.gov.cn/csrc/c100028/c1656428/content.shtml。

有序清理整顿城投定融，坚决遏制债务风险蔓延。2022年7月28日，四川省江油市下发《关于停止开展定融产品融资业务的通知》，要求地方国企按照"增量为零、存量递减"原则，不得新增定融融资，按期兑付存量定融，降低定融违约风险。

（二）坚决遏制违规举债融资

2022年，国内经济下行压力加大，房地产市场经历深度调整，城投平台在基建投资和购地托底方面发挥了重要作用。在稳增长与防风险并重的政策导向下，财政部严格落实政府举债终身问责制和债务问题倒查机制，年内两次对地方政府隐性债务问责典型案例进行通报，并对城投平台举债购地行为予以规范，坚决守住不发生系统性风险的底线。

1. 强化城投平台违规举债问责

为贯彻落实2017年全国金融工作会议关于地方政府隐性债务问题终身问责、倒查责任的要求，财政部持续加强常态化监管，对新增隐性债务和化债不实等违法违规行为加大问责力度。为进一步严肃财经纪律、发挥警示教育作用，2022年5月和7月，财政部先后发布《关于地方政府隐性债务问责典型案例的通报》和《关于融资平台公司违法违规融资新增地方政府隐性债务问责典型案例的通报》，集中通报16起涉及新增隐性债务和化债不实的典型案例。具体而言，城投平台新增隐性债务主要有三种方式：一是抵押储备土地和公益性资产；二是借助政府部门担保或承诺；三是利用地方政府中长期支出事项，例如质押政府购买服务协议约定的应收账款。化债不实主要有两种方式：一是直接删除隐性债务；二是将借新还旧作为化债处理。两次通报均强调把防范化解隐性债务风险作为重要的政治纪律和政治规矩，牢固树立底线意识和"红线"意识，对城投平台参与地方政府违法违规举债行为形成有效震慑。

2. 规范城投平台举债购地行为

2022年房地产市场下行引致土地财政低迷，地方政府倾向于通过城投平台举债购地托底土地市场，再以土地收储的方式回购土地并返还部分土地出让金，从而减轻城投平台资金压力①。城投平台举债购地配合地方政府返还土地出让金的操作模式，不仅会导致城投平台债务积累并加剧隐性债务风险，还会造成财政收入虚增空转，掩盖真实财政风险。为防范化解城投平台举债购地的潜在风险，2022 年 10 月 9 日，财政部出台《关于加强"三公"经费管理严控一般性支出的通知》，禁止地方政府借助国企购地托底、举债储备土地等方式虚增土地出让收入。

（三）稳妥化解存量隐性债务

2022 年以来，城投再融资能力下降叠加地方土地财政低迷，隐性债务风险趋于显性化。中央坚持"严控增量、化解存量"的化债思路，针对债务高风险地区制定区域性化债方案，陆续出台《国务院关于支持贵州在新时代西部大开发上闯新路的意见》（国发〔2022〕2 号）、《支持贵州加快提升财政治理能力奋力闯出高质量发展新路的实施方案》（财预〔2022〕114 号）等政策文件，强调在高质量发展中解决债务问题，从积极增强化债能力、稳妥实施债务重组、科学安排政府债券等方面支持贵州防范化解债务风险，力争到 2025 年取得实质性进展。

1. 积极增强化债能力

强化财政资源统筹，积极盘活财政存量资金和闲置资产，稳妥化解存量隐性债务。加强政府性资源统筹，关键在于推动地方政府和国有企业积极盘活存量资产，合理扩大有效投资并降低政府债务风险。第一，优化政府收入结构，整合、清理、规范一般公共预算中的专项收入和政府性基金项目，提高国有资本收益的收取比例和上缴财政比例②。第二，整合国有企业优质资产，通过低息融资或股权变现等方式筹集偿债资金。例如，贵州曾借助茅台集团的优质信用和股权化解债务风险。一是股权划转，根据贵州省国资委相关通知，茅台集团将其持有的贵州茅台股权无偿划转至贵州省国有资本运营

---

① 张路、龚刚：《房地产周期、地方政府财政压力与融资平台购地》，《财经研究》2020 年第 6 期。
② 张斌：《减税降费、资源统筹与增强财政可持续性》，《国际税收》2022 年第 6 期。

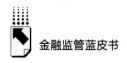

公司；二是发债融资，茅台集团发债 150 亿元用于贵州高速公路集团有限公司股权收购、偿还有息债务和补充流动资金；三是茅台财务公司购买贵州城投债，缓解城投再融资压力。

2. 稳妥实施债务重组

国发〔2022〕2 号文提出坚持市场化、法治化原则化解地方政府债务风险，允许城投平台与金融机构协商，通过存量隐性债务展期、重组等方式维持资金周转。财预〔2022〕114 号文在此基础上做了两处调整：一是删除"符合条件的存量隐性债务"这一前提，意味着城投平台自身经营性债务也可进行债务展期或重组；二是新增"降低债务利息成本"这一要求，强调以低成本融资置换高成本债务。债务展期或重组的化债方式早在 2018 年国务院办公厅出台的《关于保持基础设施领域补短板力度的指导意见》（国办发〔2018〕101 号）和 2019 年财政部出台的《地方全口径债务清查统计填报说明》中就已提出，考虑到 2022 年以来我国整体处于宽松货币政策营造的低利率环境下，当前是以时间换空间、实现债务低成本平稳接续的最佳窗口期。

借助上述利好政策，遵义道桥建设（集团）有限公司成为贵州债务化解试点企业，在省、市两级政府协调下，其与金融机构达成贷款展期协议。2022 年 12 月 30 日，遵义道桥建设（集团）有限公司公布银行贷款重组方案，重组后银行贷款期限调整为 20 年，年化利率调整为 3%~4.5%，前 10 年仅付息不还本，后 10 年分期还本。在债务人和债权人合理分担风险的前提下，贷款展期有助于城投平台缓解短期偿债压力和优化债务结构，避免个别债务违约风险演化为区域系统性风险。

3. 科学安排政府债券

在确保债务风险可控的前提下，科学分配新增地方政府债务限额，支持符合条件的政府投资项目建设。根据《新增地方政府债务限额分配管理暂行办法》（财预〔2017〕35 号），财政部综合考虑各地区债务风险、财力状况以及中央确定的重大项目支出、地方融资需求等情况，遵循正向激励原则分配新增地方政府债务限额。债务限额分配不当会使财力较强的发达地区不能充分利用限额空间，财力较弱的债务高风险地区因限额不足而新增隐性债务[①]。在严格落实风险防范措施的前提下，将债务限额适度向重点项目较多、限额使用比例较高的债务高风险地区倾斜，有助于缓解重点项目资金压力、引导地方政府用足用好限额。

四　加强地方政府债务管理的政策建议

（一）完善地方债发行管理机制

第一，优化新增政府债务限额分配机制。新增政府债务限额分配应充分考虑各地区财力和债务风险水平，坚持资金跟着项目走，对财政实力强、债务风险低、成熟和重点项目多的地区予以倾斜，同时兼顾区域发展平衡性。探索建立省以下政府债务限额调剂使用和增减挂钩机制，适当允许未使用的债务限额在省内流转分配，将一般债务限额增加与专项债务限额减少相挂钩。

第二，推动地方债发行市场化。一是完善反映市场供求关系的地方债收益率曲线，加快推广使用地方债收益率曲线，将其作为发行定价基准。二是参考国债做市支持操作，鼓励债务规模较大的地区适时开展地方债做市支持操作，提升地方债二级市场流动性。三是借鉴广东、深圳、海南成功在香港和澳门发行离岸人民币地方债的经验，鼓励经济和财政实力较强、对外开放度较高的地区赴香港、澳门、上海自贸区、海南自贸区、广东自贸区等离岸金融市场发行地方债（即"走出去"）。同时，吸引国际投资者积极认购离岸地方债，或通过"北向通"参与在岸地方债市场（即"引进来"），推动地方债市场国际化。

（二）强化专项债穿透式监管

遵循"举债必问效、无效必问责"的专项债绩效管理原则，借助信息化手段对专项债"借、用、管、还"全流程加强穿透式监管，提高专项债

---

① 向辉、俞乔：《债务限额、土地财政与地方政府隐性债务》，《财政研究》2020 年第 3 期。

资金使用效益。

一是加强专项债项目事前绩效评估。建立项目库动态管理机制，使前期手续准备完善、可行性分析真实客观、经济社会效益良好的项目优先入库，对仓促申请、临时拼凑的不良项目及时予以剔除。地方财政部门应加强对项目立项申报材料和现金流平衡测算等问题的规范和监管，防止项目单位夸大经营收入，虚假包装债券投资项目。

二是完善专项债信息披露制度。目前专项债信息披露主要集中在发行环节，应重构专项债信用评级体系，强调偿债风险与项目投资收益和发展前景挂钩，弱化地方政府主体信用背书[①]。加强对专项债项目建设期和运营期的持续信息披露，包括专项债资金实际使用与项目建设进度是否匹配、项目投入运营后的经营收益等情况。

三是健全专项债偿债保障制度。建立灵活的偿债机制，通过发行含权专项债赋予地方政府赎回选择权，地方政府可在市场融资成本下降、财政资金或项目收益充足时提前偿还本金，减轻付息压力。土地出让收入波动较大叠加项目收益不及预期导致专项债偿付面临一定风险，应加快建立政府偿债备付金制度。对于偿还专项债本息后仍有剩余专项收入的重大项目，结合其运营期限、收益实现规律，将项目收入的一定比例安排作为偿债备付金。

（三）推动城投平台市场化转型

当前城投平台市场化转型进入攻坚区，职能定位不准确、市场化经营能力不足等问题逐渐暴露。为加快推进城投平台市场化转型，需从以下三方面发力。

第一，理顺城投平台与政府和市场的关系。规范城投平台融资信息披露，严禁与地方政府信用挂钩，渐进打破城投债刚性兑付预期。引导城投平台以市场法人的身份与政府建立新型契约关系，例如，鼓励城投平台承接专项债项目或参与公募基础设施 REITs 项目，发挥其在基础设施建设和运营领

---

① 温来成、徐磊：《项目管理、信息披露与地方政府专项债券价格形成机制》，《财政研究》2021 年第 3 期。

域的业务优势①。

第二，分类推进城投平台市场化转型。城投平台应把握政策机遇并依托区位、资源优势，兼顾主责主业和市场化经营领域，分类分步实现市场化转型。例如，2022 年房地产利好政策和城市更新支持政策相继出台，为城投平台向保障性住房建设和城市更新业务转型提供了契机。

第三，推动城投平台整合升级。通过兼并重组、资产划转等方式整合城投平台，根据平台功能定位，将具有稳定现金流的优质经营性资产划入城投平台，提高城投平台盈利能力和资产质量，辅助城投平台进行市场化转型。支持城投平台收购符合产业导向的上市公司，借助上市公司拓展产业结构和优化资本布局，为市场化转型创造有利条件。

（四）稳妥有序化解隐性债务存量

坚持中央不救助原则，在城投平台与金融机构、地方政府合理分担风险的前提下，稳妥化解隐性债务存量，防止发生处置风险的风险。充分利用宽松货币政策创造的低利率窗口期，积极调动财政金融资源，稳妥有序开展隐性债务置换或展期。一是发行地方政府债券置换隐性债务，适度扩大再融资债券发行规模和资金用途，支持债务高风险地区化解存量债务。二是利用区域内优质国企的良好信用资质低成本发债，或将城投平台持有的上市公司股权变现，募集资金用于偿还城投债务。三是适当允许低成本贷款或非标债务展期，保障城投债顺利滚续和高成本非标债务优先偿还，维持资金周转并优化债务结构。但需警惕，商业银行通常是区域城投债市场的主要投资者，贷款展期或使银行类债权人做出较大利益让渡并缩减资产负债表。为避免潜在的信用收缩风险，鼓励从业经验丰富的金融系统干部担任省级政府副职，通过协助与金融机构谈判、召开债务恳谈会、协调资金、增强担保等方式，跨部门、跨区域调动金融资源，为区域内城投提供流动性支持和增信，提升再融资能力。

---

① 毛捷、徐军伟：《地方融资平台公司的市场化转型研究——制度溯源、个性刻画与实现路径》，《财贸经济》2021 年第 3 期。

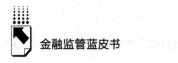

参考文献

[1] 郭玉清：《地方政府债务风险的量化预警评估方法及应用》，《财经智库》2019年第3期。

[2] 毛捷、徐军伟：《地方融资平台公司的市场化转型研究——制度溯源、个性刻画与实现路径》，《财贸经济》2021年第3期。

[3] 温来成、徐磊：《项目管理、信息披露与地方政府专项债券价格形成机制》，《财政研究》2021年第3期。

[4] 向辉、俞乔：《债务限额、土地财政与地方政府隐性债务》，《财政研究》2020年第3期。

[5] 张斌：《减税降费、资源统筹与增强财政可持续性》，《国际税收》2022年第6期。

[6] 张路、龚刚：《房地产周期、地方政府财政压力与融资平台购地》，《财经研究》2020年第6期。

附录1 2022年地方政府债务管理规范性文件目录

发布时间	文件名称	制定部门（文号）
2022年5月31日	《国务院关于印发扎实稳住经济一揽子政策措施的通知》	国务院（国发〔2022〕12号）
2022年6月13日	《国务院办公厅关于进一步推进省以下财政体制改革工作的指导意见》	国务院办公厅（国办发〔2022〕20号）
2022年10月28日	《国家发展改革委办公厅关于组织申报2023年地方政府专项债券项目的通知》	国家发展改革委办公厅（发改办投资〔2022〕873号）
2022年10月31日	《关于支持深圳探索创新财政政策体系与管理体制的实施意见》	财政部（财预〔2022〕139号）
2022年11月1日	《关于贯彻落实〈国务院关于支持山东深化新旧动能转换推动绿色低碳高质量发展的意见〉的实施意见》	财政部（财预〔2022〕137号）
2022年11月9日	《广东省财政厅关于2022年广东省地方政府再融资一般债券（九期）发行有关事宜的通知》	广东省财政厅（粤财债〔2022〕87号）
2022年11月9日	《广东省财政厅关于2022年广东省地方政府再融资专项债券（八期）发行有关事宜的通知》	广东省财政厅（粤财债〔2022〕88号）

附录 2 2022 年城投平台债务管理规范性文件目录

发布时间	文件名称	制定部门（文号）
2022 年 1 月 18 日	《国务院关于支持贵州在新时代西部大开发上闯新路的意见》	国务院（国发〔2022〕2号）
2022 年 4 月 18 日	《关于做好疫情防控和经济社会发展金融服务的通知》	中国人民银行、国家外汇管理局（银发〔2022〕92 号）
2022 年 4 月 29 日	《上海证券交易所公司债券发行上市审核规则适用指引第 3 号——审核重点关注事项（2022年修订）》	上海证券交易所（上证发〔2022〕63 号）
2022 年 4 月 29 日	《深圳证券交易所公司债券发行上市审核业务指引第 1 号——审核重点关注事项（2022 年修订）》	深圳证券交易所（深证上〔2022〕437 号）
2022 年 5 月 6 日	《关于推进以县城为重要载体的城镇化建设的意见》	中共中央办公厅、国务院办公厅
2022 年 5 月 18 日	《关于地方政府隐性债务问责典型案例的通报》	财政部监督评价局
2022 年 6 月 4 日	《关于开展融资平台公司非法集资和违规举债自查自纠工作的函》	河南省财政厅、地方金融监管局
2022 年 7 月 28 日	《关于停止开展定融产品融资业务的通知》	四川省江油市国有资产监督管理办公室
2022 年 7 月 29 日	《关于融资平台公司违法违规融资新增地方政府隐性债务问责典型案例的通报》	财政部监督评价局
2022 年 9 月 9 日	《支持贵州加快提升财政治理能力奋力闯出高质量发展新路的实施方案》	财政部（财预〔2022〕114号）
2022 年 10 月 9 日	《关于加强"三公"经费管理严控一般性支出的通知》	财政部（财预〔2022〕126号）

B.10
地方金融监管体制建设的进展、
短板与建议

郑联盛　孟雅婧*

摘　要：　随着金融行业态势的不断发展和日渐复杂，地方金融监管在防范化解金融风险、建立宏观审慎监管体系中的重要性日渐凸显。本文梳理了我国地方金融监管体制建设的发展历程，并盘点了我国地方金融监管立法方面的进展，研究发现我国已有过半的省级行政单位发布了纲领性的金融监管条例，并不断依托实践经验推进出台分类分业监管办法，地方金融监管体制建设已经取得了初步的效果。地方金融监管体系的短板和不足主要包括：地方金融监管缺乏上位法明确权责划分、央地金融监管目标存在不一致、地方政府内部不同机构与地方政府间都存在横向协调困难的问题，以及难以面对层出不穷的金融技术带来的新挑战。最后本文就现存的监管短板提出了有针对性的政策建议，如完善金融稳定法律保障体系、明晰中央地方金融监管职责、构建地方金融监管治理体系、强化地方金融监管能力建设。

关键词：　地方金融　公共管理　监管协调　金融稳定

---

* 郑联盛，经济学博士，研究员，中国社会科学院金融研究所金融风险与金融监管研究室主任、国家金融与发展实验室金融法律与金融监管研究基地主任，主要研究方向为金融监管、金融风险、金融科技及普惠金融等；孟雅婧，南开大学经济学院在读博士研究生，主要研究方向为金融监管。

地方金融监管体系是我国金融监管体系的重要组成部分之一，地方金融监管体系建设体现出了我国金融监管资源纵向配置的发展态势。金融风险具有隐蔽性、复杂性和危害强的特点，这些特点导致金融监管的任务需要中央和地方共同发力承担。早在 2017 年 7 月，习近平总书记在第五次全国金融工作会议上便明确提出"地方政府要在坚持金融管理主要是中央事权的前提下，按照中央统一的规则，强化属地风险处置责任"①，对地方政府金融监管的范围和边界进行了明确。

从过往金融领域实践来看，地方金融监管在我国的金融稳定方面发挥了重要的作用，一方面是能够结合当地的区域特征，制定有的放矢的监管政策，对于经营活动地域性明显的小微金融机构来说是一种针对性较强的监管安排；另一方面也更能有效地调动地方政府及其相关部门积极性，在防范、发现、控制和管理金融风险方面形成监管合力，减少监管成本，提高监管效率。

2023 年 3 月，中共中央国务院印发《党和国家机构改革方案》，党中央将组建中央金融委员会并设立办公室，同时组建中央金融工作委员会。国务院层面不再保留国务院金融稳定发展委员会，将新组建国家金融监督管理总局，优化中国人民银行职能，强化证监会职责，进一步完善地方金融监管体制，强化金融消费者与投资者保护等。地方金融监管体制和组织安排是重要内容之一。

地方金融监管在地方金融发展和稳定中发挥了重要的作用，但也应当注意到地方金融监管在法律框架和执法实践方面的问题逐渐显现。在法律方面，地方金融监管缺乏上位法提供权力来源的明确界定，法律制度供给不足导致执法越位和缺位现象共同存在；在实践方面，地方金融监管遇到监管动机不足、部门之间联动困难和监管水平滞后等方面的问题。基于此，本文在梳理我国地方金融监管的发展历程的基础上，总结当前地方金融监管存在的短板，并据此提出针对性的建议，特别是推动相关部门利用党和国家机构改革的契机，进一步建设和规范地方金融监管体系，确保金融系统稳定。

---

① 《全国金融工作会议在京召开》，http：//www.gov.cn/xinwen/2017-07/15/content_ 5210 77 4.htm。

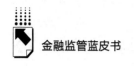

一 地方金融监管体制建设的进展

（一）地方金融监管的重要性

建设现代化的金融监管体系是党中央的政策要求。2022 年 10 月党的二十大报告指出，要加强和完善现代金融监管，强化金融稳定保障体系，依法将各类金融活动纳入监管，守住不发生系统性风险底线。守住不发生系统性风险底线是我国向第二个百年奋斗目标进军的重要要求。在中国式现代化推进过程中，在构建高水平社会主义市场经济体制过程中，深化金融体制改革，加强和完善现代金融监管是重要的政策任务。

2023 年 3 月，中共中央、国务院印发《党和国家机构改革方案》，方案中提到金融监管体制调整是重大改革举措之一，其中地方金融监管体制的完善也是重要的内容。金融监管体制改革是贯彻落实党的二十大精神的重要措施，是深化金融体制机制改革，建立现代中央银行制度，加强和完善现代金融监管的具体表现。本次改革将进一步优化我国金融监管体系，从而对我国金融发展和监管产生深远影响。

现代化的金融监管体系具有丰富且明确的政策内涵。在中国式现代化全面建设过程中，我国要认清现代金融监管的总目标和内在要求，有效梳理我国金融监管的短板或弱项，积极主动发展与打造同经济高质量发展和实施创新驱动发展战略相适宜的现代化金融体系和现代化监管体系。现代金融监管体系具有宏观审慎管理、微观审慎监管、保护消费者权益、打击金融犯罪、维护市场稳定、处置问题金融机构等六大内涵[1]。

地方金融监管是现代金融监管的有机组成部分。不管是全国性金融组织，还是地方性金融组织，都在各个地区开展相关金融业务；不管是现代金融监管的六大内涵，还是现代金融监管的诸多任务，都涉及各个地区的实

---

[1] 郭树清：《加强和完善现代金融监管体系》，《人民日报》2022 年 12 月 14 日。

施、反馈与改进。地方金融监管的权威和高效是整个金融监管体系有效的重要前提，地方金融监管与整个金融监管是紧密关联在一起的有机整体①。梳理地方金融监管存在的不足、短板或问题，是完善地方金融监管、加强现代金融监管和保障金融稳定与金融安全的政策要求。

（二）地方金融监管的体制安排

自 1978 年以来，我国的金融监管体制历经种种探索与变迁，监管权力从下放至地方，到中央重新收回，再到中央地方互动金融监管体制的形成、探索与深化，地方金融监管逐渐成为维护国家金融稳定不可或缺的一部分。在探索和实践各种监管体制方案时期，我国政府逐渐意识到由于我国独特的社会体制与发展阶段，任何国家的监管体制都不能机械地套用和模仿，不论是以欧洲国家为代表的单层金融监管体制，还是以美国、加拿大等国家为代表的双层金融监管体制都不完全适合我国的国情。

2008 年 5 月，银监会和中国人民银行发文扩大小额贷款公司试点并要求各省级政府承担小额贷款公司监管和风险处置责任，自此地方金融监管体系建设和协调地方金融监管与中央金融监管的关系成为重要的政策议题。通过多年来的不断探索，地方金融监管体制机制有了一定的发展，但在第五次全国金融工作会议之前，金融监管可能更加强调中央事权。

第五次全国金融工作会议后，监管分权逐步成为金融监管机制建设的重要理念。相对而言，我国幅员辽阔、要素不均、区域差异的基本国情和随着互联网发展日益复杂的金融创新，使得"分权"（decentralization）成为更符合我国国情的监管制度，即将部分监管权力下放给地方政府有利于利用属地优势减轻中央监管机构对于小微金融机构的监管压力。因此，在第五次全国金融工作会议后，我国最终开始探索以中央为核心、以地方为辅助的金融监管体系②。经过 3~4 年的改革发展，我国已经基本形成以国务院金融稳定

---

① 张萍、张相文：《金融创新与金融监管：基于社会福利性的博弈分析》，《管理世界》2010 年第 8 期。

② 刘骏：《金融制度的地方性供给：源自民间金融的制度经验》，《社会科学》2018 年第 8 期。

发展委员会为核心，以中国人民银行为系统性风险应对核心主体，以银保监会、证监会、国家外汇管理局为中央监管支撑，以各地金融监督管理局为地方监管支撑的近似"伞"形的分业双层的金融监管体制。

就我国的实践而言，中央监管主体和地方监管主体的监管对象具有实质性差异。法律上，地方金融监督管理局并未拥有监管中央监管对象的分支机构的权力，而仅限于地方金融组织，即"7+4"类地方金融机构，地方金融监管机构并未从中央金融监管机构中"分权"。当然，在具体的操作中，地方金融监督管理局可以通过属地政府、自身制度或机制、公司治理渠道等安排来形成对中央监管主体监管对象地方分支机构的"影响"，从而形成一种隐性的监管权力。

随着我国金融部门综合经营的进程不断深入以及金融市场的开放和国际化，我国地方金融监管机构及相关体制遇到了三个重要的挑战。

一是金融监管与金融发展的统筹。金融监管政策需要统筹兼顾的顶层设计，但落地执行离不开地方，此时对于地方金融监管机构来说，一个潜在的冲突摆在眼前：一方面地方金融监管部门需要配合落实中央政府的相关监管要求；另一方面地方要为本地的金融发展负责，如何权衡发展与稳定间的关系是对地方金融监管机构的重大考验。

二是地方承担系统性或区域性风险应对的职责难题。为了积极适应金融发展新形势，完善宏观审慎监管体系并进一步保障金融稳定，2017年11月，我国成立国务院金融稳定发展委员会，旨在加强金融监管协调，减少监管的空白地带和重叠区域；2018年银保监会成立，在将中国银行业监督管理委员会和保险监督管理委员会的职责整合的同时，将银行业、保险业法律法规草案和审慎监管基本制度交由银保监会制定。同时由中国人民银行主要承担宏观审慎或金融稳定相关政策的制定职责。但是，与之相应的地方金融监管没有形成一揽子的法规、机构、资源、资金等来承担区域性或系统性金融风险应对的职责。即地方金融监管机构对于系统性风险或区域性风险的应对面临挑战。

三是地方金融监督管理机构较难应对金融科技创新风险。随着技术迭代而不断发展的金融科技则对地方金融监管形成另一个重大挑战。随着大数据、云计算、人工智能、区块链等一系列技术的进步，与之深度融合的金融科技（FinTech）企业不断发展，其提供的金融产品在形式上日渐多元化的同时，在载体上也呈现虚拟化的态势，从而给金融监管带来新的挑战。Zhang 等发现，互联网金融公司会采取寻租方式逃避惩罚从而降低地方政府监管的效率，近年来中小互联网平台的频繁暴雷和破产则进一步印证了金融监管的不足。[1] 无论金融科技如何创新，其本质上都仍然没有脱离金融范畴，如果得不到正确引导和监管就会对地方的金融体系造成冲击。同时，如果地方金融监管体系不够统一，对各行业相应的监管权没有合理的设计，就会给监管套利提供空间；而地区政府间缺乏协调机制，针对跨区域经营的互联网金融企业无法形成有效的跨地区合作，则会进一步导致风险的外溢和传导。

根据 2023 年党和国家机构改革的相关要求，我国的地方金融监管体制将迎来新的变革。建立更优的地方金融监管体制，以中央金融管理部门的地方派出机构为主，在设置和人力财力配备方面进行优化和统筹；地方金融监管机构应专注于监管职能，不再附带其他牌子，如金融工作局、金融办公室等。在中央监管和属地监管方面，应进一步强化金融监管的中央事权；同时，在统筹考虑金融监管和金融发展的职能时，应更加注重地方金融监管职能的作用。这些举措将提升地方金融监管的权威性、聚焦度和有效性。

（三）地方金融监管的立法演进

在我国过往的实践中，地方金融监管在面对以地方性、专业性公司为主的地方金融组织时展现出了独到的优势，如在农民专业合作社、小额贷款公司等地域性很强的金融机构管理方面，地方金融监管机构能够因地制宜地引导其健康发展并及时发现和处置其违法行为。这也促使中央政府进一步放权

---

[1] Zhang Z., Song Y., Sahut J. M., et al., "How to Establish a Coordinated Supervisory Mechanism of Internet Finance Companies in China?", *Canadian Journal of Administrative Sciences*, 2022, 39 (3).

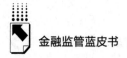

给地方，从而提高地方金融监管系统的重要性。其中，一个基本的工作就是推进与监管权力相一致的立法进程。

网贷机构监管曾一度成为地方金融监管的重要责任，也推动了地方金融监管立法的尝试。2016 年 8 月银监会、工信部等四个部门联合制定了《网络借贷信息中介机构业务活动管理暂行办法》，要求按照地方和中央金融监管分工的有关规定，各地方金融监管部门具体负责对本辖区网络借贷信息中介机构的监管，包括对本辖区网络借贷信息中介机构的规范引导、备案管理和风险防范、处置工作，进而对地方政府对网络借贷的管理做出了明确规定，也推进了地方金融监管立法的进程。比如，浙江省、广东省金融办等就出台了《网络借贷信息中介机构业务活动管理实施办法（试行）（征求意见稿）》和《网络借贷信息中介机构备案登记管理实施细则（试行）（征求意见稿）》等规范性文件。其后，由于网络借贷被叫停，地方金融监管部门的关于网络借贷的相关立法工作就被取消了。

第五次全国金融工作会议开启了地方金融监管的立法进程。自 2018 年 6 月牵头启动起草工作后，中国人民银行就《地方金融监督管理条例》多次通过实地调研、召开专题座谈会、书面征求意见等方式进行论证。2021 年 12 月，中国人民银行公布《地方金融监督管理条例（草案征求意见稿）》，公开向社会各界征求意见，这一文件初步确立了中央统一规则、地方实施监管的这一原则。2022 年 4 月，《金融稳定法（草案）》公开征求意见，同年 12 月交由全国人大常委会审议，这一文件进一步强调压实地方政府的属地责任和稳定责任。

虽然，中国人民银行主导制定的《地方金融监督管理条例（草案征求意见稿）》至 2023 年 3 月末仍未见下文，但是，我国各个省、自治区及直辖市为了承担地方金融监管职能职责，陆续制定出台了地方金融监督管理条例。比如，2020 年 4 月上海市人大常委会表决通过的《上海市地方金融监督管理条例》，2022 年 7 月湖南省人大常委会通过的《湖南省地方金融监督管理条例》等。大多数条例旨在规范地方的金融组织及其金融活动，并防范地方金融风险的产生和扩散。在 2023 年党和国家机构改革过程中，地方金融监管体制、机构以及相关法律制度的调整优化也是必要的内容，国家层面《地方金融监督管理条例》和各地相关金融监督管理条例也需要进行针对性优化调整。

二　我国地方金融监管存在的短板

我国地方金融监管体系是一个从无到有的过程。2013 年山东省率先建立省、市、县三级地方金融监管机构，我国首部综合性地方金融法规《山东省地方金融条例》于 2016 年在山东率先施行，这一条例弥补了地方金融发展和金融监管工作的法律空白，将彼时"一行三会"监管之外的地方金融组织纳入管理范畴，从而保护了当地投资者的合法权益，有利于当地的金融稳定和良好发展。然而作为我国第一部地方金融监管条例，这一条例在实践过程中也暴露出一些不足或模糊之处，如关于地方金融组织的报送内容相对模糊，对违规行为的处罚措施与权限也不够明确，关于执法主体及其法定权力的规定也有模糊之处。在后续的实践过程中，山东省陆续出台了其他补充政策以解决行政处罚执法工作中存在的问题，其他省份在吸取经验教训的同时结合自身经验不断完善地方金融监管的法律规范。

截至 2022 年末，全国已有 19 个省（区、市）出台了地方性金融监督管理条例或相似规范，这对地方金融监管特别是对地方金融组织的监管提供了较好的法律支撑，也为地方金融风险防范和处置提供了较好的制度保障。整体看，自 2017 年第五次全国金融工作会议以来，各地金融系统保持平稳，没有发生区域性或系统性金融风险，为我国系统性金融风险防范化解和重大金融风险攻坚战的阶段性胜利提供了扎实的支撑。但是，我国地方金融监管的体制机制以及法律规范等仍然存在一些不足之处，中央与地方的金融监管统筹仍然是一个重要的政策任务。2023 年 3 月，党和国家机构改革方案也将深化地方金融监管体制改革作为重要的内容之一。

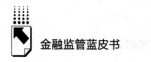
（一）地方金融监管缺乏上位法

全国过半省份出台了省级《地方金融条例》或《地方金融监督管理条例》等规章，这类规章是省级政府的行政性法律规范文件，主要服务于辖区内地方性金融组织的日常监管和风险应对。但是，从各地金融监管的实践看，存在两个普遍性问题。

一是权力来源。当前，金融监管仍然是中央事权，第五次全国金融工作会议召开后，"7+4"类地方金融组织的监管权力逐步由中央下放到地方，但是，这种权力的赋予需要由法律进行明确。"7+4"类地方金融组织监管机制当前只有融资性担保公司是通过《融资性担保公司监督管理条例》这一行政法规进行规范的，其余的法律层级更低，也就是缺乏上位法支撑，地方金融监督管理当局的权力来源需要得到明确[1]。再者，《地方金融监督管理条例（草案征求意见稿）》第一章总则第三条指出，"国务院金融监督管理部门负责制定地方金融组织的监督管理规则，并对地方金融监督管理部门监督管理和风险处置予以业务指导"；第四条进一步指出，"省级人民政府履行对地方金融组织的监督管理和风险处置职责"。从第三条和第四条看，对地方金融组织的监管同时存在中央事权和地方事权，二者的关系、分工和界限有待进一步明晰。为此，《地方金融监督管理条例》应定位于国家行政法规，并对地方金融监管的权力来源进行明确界定。更重要的是，《地方金融监督管理条例》应尽快出台并实施。

二是行政执法。各地地方金融条例或金融监督管理条例均对监管权力有一定的配给。比如，《山东省地方金融条例》第四章较为详细地界定了地方金融监管部门的金融监管权力，比如，第四十一条指出，县级以上人民政府地方金融监管机构可以依法实施现场检查，并采取相关措施。第四十三条指出，"必要时，可以责令地方金融组织暂停相关业务"。《上海市

---

[1] 郑联盛、孟雅婧：《地方金融监管体系的发展难题与改进之策》，《银行家》2019年第6期。

地方金融监督管理条例》第二十二条指出，可以采取监管谈话、责令公开说明、责令定期报告、出示风险预警函、通报批评、责令改正等措施。第三十七条进一步指出，情节严重的，依法责令停业或者吊销许可证件、取消试点资格。由于《行政许可法》的约束，这些权力是属于监管处置手段，还是属于行政处罚手段，需要在法律上进行明确。同时，这些权力的获得特别是业务许可或暂停、许可证件吊销等是依托于行政许可和行政处罚权力的，而地方金融监管当局相应的行政许可和行政处罚权力应由上位法赋予。

可见，地方金融监管上位法是理顺地方金融监管体制的首要支撑。在目前混业经营和金融创新不断涌现的态势下，仅靠中央政府临时性授权很难满足地方金融监管需要，这会导致地方金融监管要么自行扩张权力，要么存在空白之处。

（二）央地金融监管目标难统筹

改革开放初期，我国就曾尝试下放部分金融监管权给地方政府，但是，随着改革开放逐步深入，中央政府和地方政府在金融监管的目标上出现难统筹甚至矛盾的情况。20世纪90年代中期，随着金融资源重要性提高，地方政府急需资金来支持地方经济建设而放松了金融监管，各地金融乱象频发，金融稳定受到冲击，央地金融监管的统筹变得更加困难，加上东南亚金融危机带来外部金融风险，中央决定收回金融监管权力。1998年10月，中央决定加强对地方金融系统的监督管理并将金融监管权力上收为中央事权。在中国人民银行成为中央银行后，证监会、保监会和银监会陆续成立，我国确立了以"一行三会"为主体的分业监管和垂直管理的金融管理模式，地方政府的金融监管权力被收回。

总结20世纪80~90年代下放金融监管权力实践的经验和教训发现，导致各种问题出现的原因除金融制度不完善和东南亚金融危机带来外部冲击外，中央和地方监管目标不一致是核心。由于地方政府融资渠道狭窄、官员政绩考核导向、地方政府事权与财权不匹配等种种原因，地方政府存在背离中央监管目标的动机。巴曙松等[①]提出,地方政府在地方经济发展的过程中,大量利用中央改革过程中存在的制度缺陷行政干预银行决策、逃废银行债务等,通过多种方式方法竞争有限的金融资源,同时经济飞速发展对金融资源的迫切需要驱使地方政府不愿意严格管理金融风险,地方政府监管的目标是获得更多金融资源而非确保金融稳定。在赋权地方政府后,中央政府兜底保障的客观存在使得地方政府倾向于将区域金融风险责任转嫁给中央政府,中央政府反而要承当更大的救助责任和处置成本。

由于地方金融机构是我国金融政策的实施渠道之一,同时也是地方经济社会发展的有效支撑力量,地方金融监管的重要性是毋庸置疑的。但是,长期以来,地方金融系统的风险应对和处置一直是个重大的政策难题。在"一行三会"体系建立后,我国将中央金融管理部门的派出机构作为地方金融监管的主要执行者,相对独立于地方行政体系,以提高货币政策和金融监管的独立性,更好地保障政策效率和监管有效性。

与金融监管相比,包括地方金融监督管理局在内的地方相关机构可能更加注重金融发展以及金融对经济发展的支持作用。此前,地方金融监督管理部门大多是基于地方政府金融服务办公室或金融工作局而建立的,这些部门主要关注金融发展以及服务地方经济发展。虽然,地方政府金融服务办公室或金融工作局已悉数"变更"为地方金融监督管理局,但是,各省(区、市)地方金融监督管理部门仍加挂金融工作局牌子。同时,各地方金融监督管理部门仍具有金融发展的"法定"职责。比如,上海市地方金融监督管理局13条主要职责中有7条是关于金融发展的,北京市地方金融监督管理局15条主要职责中有8条是关于金融发展的。

在现实中,一定程度上,地方金融监督管理部门承担的金融发展任务可能比金融监管任务更为"重要"。这种重要性体现在三个方面。一是金融发展能更好地协调配置金融资源,而金融监管特别是金融风险应对和问

---

① 巴曙松、刘孝红、牛播坤:《转型时期中国金融体系中的地方治理与银行改革的互动研究》,《金融研究》2005 年第 5 期。

题金融机构处置可能会减少当地的金融资源。二是金融发展能更好地体现发展绩效，更加符合当前以经济增长为目标的考核机制。三是金融发展失误的追责风险要显著小于金融风险处置的追责风险。金融发展的重要性高于金融监管的重要性，金融发展任务要求多于金融监管任务要求，使得地方金融监督管理部门需要在金融发展和金融监管两个目标中进行权衡。特别是在经济下行压力下，地方金融监督管理部门可能被动地要更加关注金融发展以及金融对经济增长的服务功能。但是，金融发展和金融监管的目标和责任纠缠不清往往会导致偏离监管目标，侵害消费者权益，引发金融稳定威胁。为了改变这种困局，2023 年党和国家机构改革方案聚焦加强金融监管的中央事权，建立以中央金融管理部门地方派出机构为主的地方金融监管体制，并优化相关机构的设置和力量配备。

（三）地方金融监管横向集中难

根据第五次全国金融工作会议要求以及后续监管改革与体制安排，"7+4"类地方金融组织由地方金融监督管理部门来集中实施监管。这会涉及四个横向统筹的问题。

一是地方金融组织的业务集中监管。地方金融组织的业务并非全部都是金融业务。比如，融资租赁公司经营范围覆盖经营融资租赁业务、租赁业务、租赁物购买、残值处理与维修、租赁交易咨询、接受租赁保证金、转让和受让融资租赁或租赁资产、固定收益类证券投资业务等。非金融业务由地方金融监督管理部门进行监管，还是地方金融监督管理部门联合其他部门一起进行监管，就是一个需要统筹的问题。

二是地方政府内部的横向统筹，即所有与地方金融组织相关的业务都要集中由地方金融监管部门实施监管，这就要求各类金融业务相关（以及部分非金融业务）的部门形成强有力的内部统筹和配合。

三是地方金融监督管理部门与中央金融监督管理部门派出机构的协同发力，具体来说不仅包含法律政策等方面的统筹问题，还有融资租赁公司、商业保理公司和典当行监督管理职责的统筹问题。2018 年 4 月，商

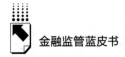

务部已将制定融资租赁公司、商业保理公司、典当行业务经营和监管规则的职责划转给银保监会。同时，省级政府也相应地进行了监管规则职责的划转。但是，这三类地方金融组织究竟是由银保监会派出机构监管还是由地方自行监管仍然存疑。现实中大部分省份的金融监督管理部门已对这三类地方金融组织进行了监管，但是，这个横向统筹的法律和机制问题需要由上位法加以明确。

四是跨省的横向统筹。《地方金融监督管理条例（草案征求意见稿）》指出，原则上不允许地方金融组织进行跨省展业，但是，实际上已有较多的融资租赁公司、商业保理公司等开展了跨省业务，并且地域限制是否符合全国统一大市场、区域融合发展和经济高质量发展的要求也是值得斟酌的。这些问题也应该由上位法予以解决。

（四）地方金融监管面临技术关

从地方金融服务办公室或金融工作局转变为地方金融监督管理局，这本质上要求实现重要职能转变，即从推动金融发展和服务经济更多转向金融监管和风险处置。相对而言，金融发展的任务更为纯粹，而金融监管和风险处置涉及的工作更加具体、复杂和多元，同时也更加专业化和技术化。

金融监管和风险处置的高要求使得部分地方金融监督管理部门面临较大的专业、人员、数据、技术、制度以及资源等方面的困难。一方面是基础较弱。地方金融监督管理部门的监管人员、信息和举措相对缺乏，比如绝大部分地方金融监督管理机构尚未建立"7+4"类地方金融组织的信息管理系统，部分地方甚至基本是人工填报统计数据。部分地方建设了所谓的金融信息管理系统，但是，基本是项目式样而非系统级别，甚至部分系统是"空架子"。另一方面是要求提高了。金融创新特别是金融科技创新对监管当局提出了更高的监管要求，也使得地方金融监管部门的监管能力和监管体系短板更为凸显。依托互联网、大数据、云计算等新兴金融科技开展业务成为诸多地方金融机构的选择，数字化成为金融发展和金融创新的历史趋势，部分地方金融机构业务不仅摆脱了营业时间约束，甚至也摆脱了地理约束。这使得地方金融监管部门面临较大的监管挑战，部分监管部门可能无法识别混业经营、跨区经营或金融科技创新等的相关风险并进行有效规制。2016 年，银监会等四部门联合出台了《网络借贷信息中介机构业务活动管理暂行办法》，对以互联网为开展直接借贷业务媒介的中介机构的日常行为进行监督和管理，并要求有关机构在地方金融监管部门备案登记。但是，实践证明各地对彼时网贷机构的认识并不充分、对网贷机构的监管并不到位、对网贷风险的应对并未有效。

三　政策建议

（一）完善金融稳定法律保障体系

在法律制度上，以法律完备性作为目标，致力于构建以公平市场环境建设、市场稳定运行保障和强有力消费者保护为"三支柱"的法治环境。贯彻落实党的二十大精神，加快金融稳定法律保障体系建设，尽快出台《金融稳定法》，明确地方政府及其金融监管部门在金融稳定中的地位、作用和职责，厘清地方金融发展和金融监管的目标、职责及界限，并赋予地方政府相应的金融监管权力，解决地方金融监管缺乏上位法的问题。加快推进《地方金融监督管理条例》立法工作，对地方金融监督管理进行更为完备、明确的界定，对地方金融监督管理的体制、组织和技术安排进行更为专业化的设置，为地方金融监管提供上位法支撑同时更加注重规则与业务指导性。

（二）明晰中央地方金融监管职责

在强化上位法和地方金融监管相关国家行政法规基础上，以 2023 年党和国家机构改革中的金融监管体制改革为突破点，着力健全中央地方金融监管职责体系。一是厘清法律关系。明晰集权、分权和授权的内在关系，明确地方政府及其金融监管部门的监管对象和权力来源。对于中央来说，要重视对地方金融监管的指引，地方金融监管部门则不能超越法律实施金融监管①。二是厘清职责关系。明晰中央金融监管部门及其派出机构和地方金融监管部门的法定职责及内在关系②。中央部门及其派出机构不能当"甩手掌柜"，尤其在进行金融风险应对和问题基础处置时不能过度依赖地方政府或施压地方政府；地方政府及其金融监管部门不能"大包大揽"，尤其在日常监管过程中不能过度扩大监管范围、拓展监管权力或迂回行使监管权力。三是杜绝责任转嫁。强化派出机构一线监督职能，使派出机构切实负有辖区金融风险防范和应对责任，有效加强对中央金融监管对象的监管有效性，提升防范风险的能力。在中央金融监管部门及其派出机构对地方监管部门进行有效业务指导和监督的同时，注意避免派出机构的责任转嫁。当然，要充分落实属地责任，否则地方政府可能会存在让中央政府"兜底"的道德风险③。四是完善协调机制。着力建设不同监管部门、不同金融子行业、不同地方政府部门以及不同辖区的监管职责及协调机制，在中央监管垂直执行的同时，要注重地方金融组织及相关金融业务在地方政府及其金融监管部门中的有效集中和横向统筹。

（三）构建地方金融监管治理体系

2023 年在党和国家机构改革要求下，在地方金融风险和金融发展的统筹中，地方金融监管职能将得到加强。当然，不管未来是分权模式还是授权模式，地方金融监管治理体系建设均是基础性工作。首先，在地方金融监管治理的上层建筑上，要充分发挥和保障中央金融管理部门集中统一的规则制定权和业务指导权。"7+4"类地方金融组织的业务指导和规则制定

---

① 陈盼：《央地金融监管协作：经验、回顾与展望》，《西南金融》2020 年第 4 期。
② 王冲：《地方金融监管体制改革现状、问题与制度设计》，《金融监管研究》2017 年第 11 期。
③ 彭红枫、杨柳明、王黎雪：《基于演化博弈的金融创新与激励型监管关系研究》，《中央财经大学学报》2016 年第 9 期。

部门要尽快完善上层法律规范，使地方金融监管具有扎实的法律制度支撑。其次，在地方金融监管治理的主体上，在利用中央金融监管部门的规则制定权和业务指导权基础上，要依托权责对等原则，充分尊重地方政府及其金融监管部门对地方金融组织的监管与处置权力。再次，在地方金融监管治理的对象上，要明确将地方政府及其金融监管部门的权力限定在"7+4"类地方金融组织上。最后，在地方金融治理的协调上，要着重统筹中国人民银行、银保监会（即未来的国家金融监督管理总局）、证监会、国家外汇管理局等派出机构与省级地方政府及其金融监管部门的监管职责，充分发挥中央金融监管部门派出机构对金融监管问题的统筹能力以及地方政府的监管能力，尤其对跨行业、跨市场和跨地区的金融业务要加强治理统筹。

（四）强化地方金融监管能力建设

一是基础设施。充分认识我国金融体系法律制度和信息系统等基础设施短板，加快推进地方金融综合统计、监管信息系统和信息披露机制建设。二是全程覆盖。构建地方金融风险监测预警和早期干预机制，着重完善事中应对和处置机制，做好地方金融组织产品违约、机构破产、市场功能丧失等处置安排，健全"事前-事中-事后"应对机制。三是机构处置。着重针对地方金融组织的特性，建立问题地方金融组织处置机制，有效统筹行政干预和市场手段，综合运用内部救助和外部救援，更多利用兼并、重组和破产等市场手段来处置问题金融机构。四是监管科技。充分利用互联网、大数据、云计算等新兴技术，强化金融科技监管能力，同时也促进金融监管数字化进程。五是资源保障。中央政府和地方政府给予地方金融监管高度重视，将其纳入改革和完善现代金融监管的政策任务之中，在法律上给予赋权、在机构上给予保障、在人才上给予倾斜、在资金上给予支持。

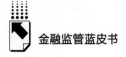

参考文献

［1］ Zhang Z., Song Y., Sahut J. M., et al., "How to Establish a Coordinated Supervisory Mechanism of Internet Finance Companies in China?", *Canadian Journal of Administrative Sciences*, 2022, 39（3）.

［2］ 巴曙松、刘孝红、牛播坤：《转型时期中国金融体系中的地方治理与银行改革的互动研究》，《金融研究》2005 年第 5 期。

［3］ 陈盼：《央地金融监管协作：经验、回顾与展望》，《西南金融》2020 年第 4 期。

［4］ 郭峰：《政府干预视角下的地方金融：一个文献综述》，《金融评论》2016 年第 3 期。

［5］ 洪正、胡勇锋：《中国式金融分权》，《经济学（季刊）》2017 年第 2 期。

［6］ 黄淑慧：《李扬：完善地方金融管理　解决融资平台问题》，《中国证券》2010 年 12 月 6 日第 A02 版。

［7］ 林毅夫、孙希芳：《信息、非正规金融与中小企业融资》，《经济研究》2005 年第 7 期。

［8］ 刘骏：《金融制度的地方性供给：源自民间金融的制度经验》，《社会科学》2018 年第 8 期。

［9］ 彭红枫、杨柳明、王黎雪：《基于演化博弈的金融创新与激励型监管关系研究》，《中央财经大学学报》2016 年第 9 期。

［10］ 王冲：《地方金融监管体制改革现状、问题与制度设计》，《金融监管研究》2017 年第 11 期。

［11］ 杨海静、刘畅：《地方金融监管立法之比较研究——以六省市的地方金融监管条例为例》，《金融发展研究》2020 年第 10 期。

［12］ 杨松：《新金融监管体制下央地监管权关系再审思》，《法学评论》2020 年第 6 期。

［13］ 张萍、张相文：《金融创新与金融监管：基于社会福利性的博弈分析》，《管理世界》2010 年第 8 期。

［14］ 郑联盛、孟雅婧：《地方金融监管体系的发展难题与改进之策》，《银行家》2019 年第 6 期。

［15］ 周立：《改革期间中国国家财政能力和金融能力的变化》，《财贸经济》2003 年第 4 期。

B.11
农村信用社改革与监管研究报告

张　珩*

摘　要： 作为我国农村金融的主力军，农村信用社在从"统一领导"到"经营权上收"、从"民办"到"官办"的艰难探索过程中，对农村金融服务体系改革和发展发挥着至关重要的作用。党的十八大以来，在全面推进乡村振兴的背景下，进一步深化农村信用社改革成为当前金融体制改革的难点和重点。因此，在当前中国经济面临需求收缩、供给冲击和预期转弱的三重压力下，加快农村信用社改革化险既是实现农村金融高质量发展的动力所在，也是助力乡村振兴、扎实推动实现共同富裕目标的应有之义。本文在系统性分析农村信用社发展成效基础上，全面分析农村信用社改革与监管存在的问题，并针对这些问题，提出一系列深化农村信用社改革与监管、促进农村金融高质量发展的政策建议。

关键词： 农村信用社　体制改革　乡村振兴

一　引言

农村信用社自成立以来就受到党和国家的重视和关注，从统一领导到由

---

* 张珩，管理学博士，中国社会科学院金融研究所副研究员，主要研究方向为金融理论与政策、农村金融管理。

中国农业银行和中国人民银行代管，中央和地方政府都给予了强烈的政策支持。[①] 为深入推进中国农村金融体制改革，促进农村信用社（以下简称"农信社"）体制转型和更好服务地方经济，国务院于 2003 年 8 月印发了《深化农村信用社改革试点方案》（国发〔2003〕15 号），开启了深化农信社改革之路。于是，江苏、吉林、陕西等首批农信社深化改革地区陆续成立省联社并负责管理农信社，同时各省（区、市）按照因地制宜原则组建形成农村信用社、农村合作银行（简称"农合行"）、农村商业银行（简称"农商行"）三种产权组织形式。在上述政策推动下，农信社和农合行数量逐年下降，农商行改制进度持续加快，加快实现向现代商业银行方向迈进。党的十八大以来，随着全国 10 多个省市的农信社改制的全面收官，省联社行政管理与市场化目标的矛盾开始凸显，省联社改革的呼声越发强烈。[②] 2022 年，中央"一号文件"提出，要"加快农村信用社改革，完善省（自治区）农村信用社联合社治理机制，稳妥化解风险"，这为农信社改革与发展提供了政策指引。党的二十大报告也提出"深化金融体制改革""健全农村金融服务体系"等重要内容，这为进一步做好新时代农信社改革工作指明了方向。考虑到各省份农信社发展差异较大，中国银行保险业监督管理委员会（以下简称"银保监会"）引导各省联社按照因地制宜、"一省一策"、分类推进的原则积极探索选定符合各地实际发展情况的改革路径。浙江"农商联合银行"的先行落地，标志着全国深化农信社改革的开启。随即，河南、辽宁等省份也纷纷启动农信社改革，四川、吉林、山东等省份也将农信系统改革提上日程。农信社应该如何改革？农信社在改革和监管中又遇到哪些问题？需要什么样的政策保障推动农信社改革与监管？这些问题有待讨论。鉴于此，本文从农信系统发展现状入手，总结和反思农信社改革的有益成果和经验教训，并从发挥正效果视角出发，提出深化农信社改革与监管的

---

① 张珩、程名望、罗剑朝、李礼连：《破解地方金融机构支持县域经济发展之谜》，《财贸经济》2022 年第 2 期。

② 张瑞怀、孙涌、李家鸽、任丹妮、郑六江：《省联社管理及其对农信社效率提升的影响：理论与实证研究》，《金融研究》2020 年第 7 期。

政策建议，不仅对于推进农信系统高质量发展、助力实现农业农村现代化有重大意义，也对防范化解金融风险、维护银行体系和金融市场稳定具有重要价值。

二 农信系统发展现状

（一）服务网络日趋完善，员工队伍不断优化

作为我国网点数量最多、覆盖范围最广、离农民最近的金融机构，农信社对农村金融的发展具有重要作用。根据 Wind 资讯显示的 2020 年数据，全国农信系统营业网点数量为 75165 个，遍布除西藏以外的所有县（市），占全国金融机构网点总数的 33.15%，每个县平均有 28.6 个农信社服务网点，弥补了全国 90% 以上的乡镇金融服务空白点，基本实现了乡乡有网点、村村有服务的局面。另外，就员工人数看，农信系统持续强化员工队伍建设，不断优化员工年龄结构、知识结构。根据中国银行业协会发布的《全国农村中小银行机构行业发展报告 2021》，截至 2020 年末，全国农合系统共有员工 91.8 万人，其中，35 岁以下青年员工 43.6 万人，占比 47%；大专以上学历员工 83.1 万人，占比超过 90%。

（二）经营管理稳中有进，业务发展持续向好

近年来，受新冠肺炎疫情和国内外复杂严峻形势的影响，农信社经营发展受到了一定冲击，但资产质量整体稳健，各项经营指标稳中有进、稳中向好。根据中国银行保险业监督管理委员会 2022 年年报，截至 2022 年末，全国农村金融机构总资产规模和总负债分别高达 50.01 万亿元和 46.39 万亿元，分别是改革前（2002 年底）的 23.04 倍和 20.99 倍，分别占银行业金融机构的 13.4% 和 13.6%，远超过同期中国工商银行的数据，成为鲜为人知的"宇宙第一大行"。另外，截至 2022 年 9 月末，全国农村中小金融机构存贷款规模分别达到 27.4 万亿元、39.1 万亿元，是改革前的 20 倍，资

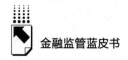

本净额增至 3.6 万亿元，资本充足率达到 11.95%，拨备覆盖率达到 133.2%。其中，农商行实现净利润 764 亿元，同比下降 57.74%；净息差基本保持不变，为 2.06%；不良贷款率为 3.29%，同比下降 0.3 个百分点，达到 3 年来最低水平；拨备覆盖率 139.60%，同比上升 7.88 个百分点，为近 3 年最高，资产质量稳中向好。

（三）积极响应国家战略，持续巩固"三农"服务

近年来，在监管部门持续引领下，农信系统积极回归本源、深入推进中小微企业金融服务能力提升工程和金融支持个体工商户发展专项行动，有力支持小微企业、个体工商户发展，缓解其因受原材料价格上涨、疫情反复等因素影响所产生的经营压力。根据中国银行保险业监督管理委员会 2022 年季报，截至 2022 年 9 月末，全国农村金融机构普惠型小微企业贷款（单户授信总额 1000 万元及以下）6.87 万亿元，同比增长 15%，占银行业金融机构的 30.51%。牵头推进金融支持乡村振兴，全面提升农村金融服务效能，同时利用金融力量为农户以及各类新兴农业经营主体提供特色化、差异化的金融服务，持续推进巩固脱贫攻坚成果与乡村振兴有效衔接。根据中国银行保险业监督管理委员会官方数据，截至 2022 年 9 月末，全国涉农贷款余额共 48.49 万亿元，同比增长 13.7%。其中，普惠型涉农贷款余额 10.31 万亿元，较年初增长 16.16%，超过各项贷款平均增速 6.89 个百分点。

（四）全面推进机构改革，不断提升治理效能

2003 年以来，随着农信社产权改革不断深化，不仅北京、上海、天津、重庆等多个省市全面完成了农信社改制成农商行的工作，而且农信系统的公司治理体系和治理能力现代化建设也取得突出成果。根据中国银行保险业监督管理委员会 2022 年年报，截至 2021 年末，农信系统共有 2207 家法人机构，其中农商行 1596 家，占农信系统法人机构总数的 72.32%，农信社 577 家、农合行 23 家；73% 的法人机构在县域，服务在农村，重心在基层。不断推进将党的领导与法人治理有机融合，引进合格企业股东增强机构资本、

解决所有者缺位问题，强化关联交易管理，保护股东和客户等利益相关者的合法权益，为提高农信系统法人治理运行效能奠定较好基础。根据银保监会2021年公布的信息，以农信社、农商行为主的农村中小银行已基本搭建好公司治理组织架构，并平均配备董事10人、监事7人，有千余家机构引进独立董事和外部监事，法人股占比由改革前的不足5%提高至57.5%，通过改革募集股本已超过1万亿元。

三　农信社改革与监管的不足之处

（一）公司治理能力仍亟待提升

1. 治理机制不健全，内部人控制现象严重

在新一轮农信社改革实践中，尽管许多农信机构搭建起了"三会一层"的治理架构，并且改制为农合行和农商行的农信社法人治理水平也有较大提升，但受多方面因素的制约，农信机构并未完全达到完善法人治理结构、强化约束机制的改革目标，与大型商业银行的治理机制仍存在较大差距。具体表现有两点：第一，"两会一层"职责边界不清，内部人控制现象依然严重。虽然许多农信机构在改制后按照"三权分立、相互制衡、共谋发展"原则对自身所涉及的治理主体的职责和权力进行了明确界定，并下设专门的委员会来开展风险管理、薪酬管理、三农事业、审计工作等，但受省联社管理体制等因素影响，多数农信机构的治理机制在实际运行中形同虚设，基本都是董事长或行长"一人说了算"，加之各经营层和下设的委员会不能提出专业的建设性意见，经营层和监事会无法发挥出真正的治理作用。[1] 第二，股权管理和股权结构存在短板，"三农"股东和战略投资者明显不足。在组建农商行过程中，尽管许多农信机构引进了符合监管要求的战略投资者，将

---

[1]　刘达、温涛：《深化农村信用社改革的关键问题和治理对策》，《经济纵横》2022年第10期。

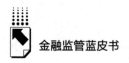

股权结构进行了一次"重新洗牌"，但个别股东的忠诚度和专业素质不高，且在存续期间因涉诉、营业执照处于非正常状态等原因而出现不能持续符合法律法规和监管规定的现象，加之农信机构的自然人股东较为分散、员工持股比例偏低、法人股股东主要以投机套现为目的而不关注长期价值投资，不仅给银行业的股东管理带来不利，也在一定程度上影响了农信机构"三农"发展战略的深入实施和先进化管理理念的输入。①

2. 信息披露和内部审计不够规范

近年来，随着商业化改革不断推进，农信系统对信息披露和内部审计重视程度有所提高，虽然在一些环节步骤上取得明显成效，但仍存在一些不足。主要表现有四点：第一，主动进行信息披露的意愿低。由于当前我国的信息披露仍处于自愿披露阶段，除上市农商行和部分非上市农商行受监管政策限制不得不通过官方网站定期发布年度报告外，多数农信社不仅不重视对公众的信息披露，而且还把信息披露作为一种负担，特别是一些农信机构在效益出现不佳时担心公开财务信息后会影响自身形象而失去客户，因此不愿意主动披露信息，这在一定程度上加大了信息披露推开的难度。第二，信息披露的短期成本过高。信息披露需支付完善组织框架、设计金融产品等方面的诸多费用，且在短期内收益不好，因而农信机构的披露意愿并不强烈。第三，信息披露整体质量差。尽管发布年度报告的农信机构数量逐步增加，但这些农信机构对《商业银行信息披露办法》的要求只是被动应付，主要披露的是财务信息，而对于那些可以反映农信机构经营状况但又不直接反映银行财务状况的非财务信息却很少披露，对关联交易等重大事项、重大经营决策的披露更是偏少，这严重影响了信息使用者的决策。第四，内部审计职能未充分发挥。目前，尽管农信机构设置了内部审计委员会，但其职能基本由审计部门代为行使，权威性不够，加之农信机构多开展以纠正违规和减少差错为目标的财务审计和合规审计，创新业务、风险防控和经济利润等关键领

---

① 孙少岩、石洪双：《农信社股份制改革：商业化经营、公司治理与市场定位》，《学术交流》
2013 年第 2 期。

域的审计工作远远不足，导致审计职能存在明显短板，并未充分发挥出其应有的职能。

3.省联社的多重属性导致农信机构治理效率低下

2003 年开启的农信社改革推行的是一种渐进式、强制性的改革路径，因此在省联社的管理体制下能有效降低新旧制度摩擦成本和实施成本，提升盈利能力和支农绩效。[①] 但是，随着近年县域农信机构的治理逐步完善和经营状况的不断改善，省联社"自下而上"的筹建方式与"自上而下"行政管理职能的矛盾开始显露。[②] 具体表现在两个方面：一是省联社利用行政权力过度干预农信系统人事权。当前，在省联社管理体制下，一些地区的农商行的董事长、监事长和行长等高管职务的任免实际上多由省联社完成，弱化了股东大会主导高管任免的权力，这在一定程度上容易让县域农村金融机构的公司治理机制走弱，并难以有效发挥"三会一层"的决策和制衡作用，进而使县域农村金融机构形成"重上级指标、轻内部管理"的短期行为。[③] 二是省联社"重管理、轻服务"制约了农村金融机构业务发展。作为管理农信社的行政机构，省联社并不完全是银行业金融机构，其既不能进行投资，也无法申请相关金融业务资质和金融牌照，因而无法帮助农信机构产生更大的经营绩效，加之在多重代理关系和双重目标的作用下，省联社在新产品研发、金融科技运用、大数据挖掘等领域已严重不能满足农信机构的实际发展需要，这不仅制约了农信机构创新金融产品和服务的动力，也严重影响了县级农村金融机构市场机制的培育和完善。[④]

（二）农信机构面临较大的经营压力

新阶段，银行业金融机构的增长红利已逐步消退，而作为农村金融机构

---

① 董玄、孟庆国、周立：《混合型组织治理：政府控制权视角——基于农村信用社等涉农金融机构的多案例研究》，《公共管理学报》2018 年第 4 期。

② 张正平、夏海、毛学峰：《省联社干预对农信机构信贷行为和盈利能力的影响——基于省联社官网信息的文本分析与实证检验》，《中国农村经济》2020 年第 9 期。

③ 穆争社：《农村普惠金融供给侧结构性改革》，中国金融出版社，2018。

④ 谢宏、李鹏：《金融监管与公司治理视角下的农村信用社省联社改革研究》，《农业经济问题》2019 年第 2 期。

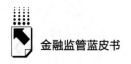

的主力军,农信机构经营效益不仅也较之前下滑明显,而且面临着金融数字化转型、同业竞争的压力。具体表现在以下几个方面。

1. 上市农商行与其他农信机构的经营能力差异明显

从资产规模来看,根据 Wind 资讯公布的数据,截至 2021 年 6 月末,12家已上市农商行资产总额合计超过 5 万亿元,实现了同比正增长;营业收入合计 625.67 亿元,除紫金农商行和江阴农商行出现下滑外,其余 10 家农商行均实现了同比正增长;归母净利润共计 209.7178 亿元,其中 10 家农商行实现了归母净利润双位数增长。从资产质量来看,12 家上市农商行中 10 家农商行拨备覆盖率出现了骤增且均在 200% 以上,明显高于监管的基本标准(150%);9 家上市农商行不良贷款率出现回落,且明显低于同期商业银行的不良贷款率(1.76%)。最后,从盈利能来看,12 家上市农商行净息差出现了收窄趋势,成本收入比也多数较年初有所降低,中间业务对营业收入的贡献力度也正在加大,这与其他主要依靠传统存贷差作为主要收入的农村金融机构形成了鲜明的对比。

2. 金融产品与服务创新动力不足

一方面,农信机构所提供的金融产品与服务与农村金融市场中的需求主体契合度不高,大多产品和服务只是复制了传统大中型商业银行的产品和服务,部分与农村领域相关的金融产品也没有创新和特色。另一方面,农信机构为农户和中小企业提供的仍是储、贷、汇等基础性金融产品与业务,较为单一,这在一定程度上难以满足城乡统筹发展趋势下客户的多元化金融需求。[①] 另外,农业产业的天然弱质性,使得农信机构的不良贷款率普遍较高,加之农村金融机构对金融科技的应用主要依托于省联社和外部科技公司,自身利用金融科技开展金融服务的能力明显较弱,精通数据技术开发、收集、分析和应用的专业人才十分欠缺,运用金融科技开展金融服务的能力明显落后于大中型商业银行,这在很大程度上影响了农信机构创新金融产品

---

① 张珩、罗剑朝、郝一帆:《农村信用社发展制度性困境与深化改革的对策——以陕西省为例》,《农业经济问题》2019 年第 5 期。

与服务的主观能动性。

3. 大中型银行业务下沉加剧了农村金融机构市场竞争压力

近年来，在党和国家的要求下，大中型银行纷纷成立了三农事业部和普惠金融事业部，并利用资金成本低优势迅速将金融业务下沉到县域，与农信机构争夺客户资源，农信机构传统生存空间逐步被压缩，客户基本盘受到一定冲击。面对大中型银行的白热化竞争，农信机构不得不通过压低存贷比来开发高风险、低成本的次优客户以维持生计。

4. 业务离柜率走高加大了农信机构物理网点的经营成本

随着社会大众对线上金融服务的体验感与适应度日趋增强，以农信社为主的农村中小银行的业务离柜率逐渐走高，电子渠道分流率持续攀升并保持较高水平，部分农信机构物理网点产生的实际利润逐渐下降甚至为负，这在一定程度上加大了农信机构的经营成本。根据中国银行业协会发布的《2020 年中国银行业服务报告》，截至 2020 年末，银行业金融机构的离柜交易达 3708.72 亿笔，同比增长 14.59%；离柜交易总额达 2308.36 万亿元，同比增长 12.18%；行业平均电子渠道分流率为 90.88%。尽管受到技术使用限制的老年人群以及偏好稳健保守、追求综合体验的客群仍然愿意将物理网点作为办理金融业务的主要渠道，但面对线下运营的人、财、物等综合成本，农信机构一些低效能的网点难免面临被裁撤的可能。

（三）农信系统监管体系与法律制度不健全

农村金融监管对我国农村金融的可持续发展有着举足轻重的影响，尽管国家不断下达各种政策对农村金融进行监管且初显成效，但仍存在很多问题。具体表现在以下三个方面。

1. 农村金融监管有效性不足

第一，监管主体之间未形成有效合力。由于我国对农村中小金融机构实行分业经营，负责监督和管理农信机构的部门有中国人民银行、中国银行保险监督管理委员会、财政部门、工商部门乃至地方政府等多个部门，这种集权多头的监管模式会因交叉监管、重复监管或空白监管而无法充分发挥监管资源的有效性，加之各个金融监管部门在省域、县域之间的协调机制滞后，金融监管部门因缺乏协调机制而导致监管信息无法实时共享，这在一定程度上影响了监管效率。第二，监管体系没有明确价值定位。目前，监管部门针对农信机构只设置了服务"三农"约束条款，并没有像针对中国农业银行那样设置量化的刚性约束，加之监管考核指标仅仅考虑的是银行业金融机构的共性问题，特别是并没有针对不同产权组织形式的农信机构给出差异化的金融支持乡村振兴和普惠金融的考核指标，导致现有农信机构监管考核只是对大中型银行的缩微化。[1] 第三，数字金融监管有待强化。目前，在数字技术与金融业务的加速融合下，农信机构获得了跨界融合、多点互动的机会和能力，农村金融风险的复杂性、传染性和跨地域性特征更为突出。[2] 但是，由于数字金融监管仍游离在传统金融监管体系之外，传统监管手段不能及时掌握农信机构的实际发展情况，不利于农村金融秩序的正常运转。

2. 农信机构并购重组机制有待完善

在防范化解金融风险的主基调下，虽然通过并购重组的方式"抱团取暖"是农信机构近年来改革和发展的主要趋势，但其也存在许多问题。一是并购重组方可能会面临业绩下滑的风险。由于被收购的农信机构存在较大风险，即便经营业绩存在优势的农商行利用资金能一时解决被并购重组的农信机构的问题资产，但未来仍可能会在某一时点暴露不良风险问题，这会增加收购方业绩下滑的风险。二是并购重组产生的协同效应较弱。从目前已发生的并购重组案例来看，农信机构之间的并购重组仅考虑了被并购重组方的存量风险，而忽视了双方之间的运营理念和企业文化的差异，导致并购重组之后的农信机构在管理过程中可能会存在一些摩擦和矛盾，这在一定程度上影响了并购重组的协同效果。三是并购重组的市场化程度较低。由于地方政

---

[1] 何婧、雷梦娇：《金融监管的央地分工变迁及其对农村金融的影响》，《改革》2021年第11期。
[2] 范从来、林键、程一江：《宏观审慎管理与微观审慎监管：金融监管政策协同机制的构建》，《学术月刊》2022年第9期。

府在农信机构的并购重组中处于主导地位，对并购重组的标的资产价格有不同程度的干预，许多农信机构的账面标的质量与真实资产质量存在较大偏差，这会降低收购方投资收益和收购方参与并购重组的积极性。因此，只有建立一个有效的并购重组机制，监管机构才能依法对农信机构进行监管，才能化解农村金融市场中不断滋生的风险。

3. 指导农信机构发展与监管的法律制度落后

目前，我国只有《农业法》《中国人民银行法》《商业银行法》等几部法律指导农信机构经营与发展，而且这些法律对农信机构只是零星简单的规定，并未系统性地将农信机构所涉及的所有农村金融制度内容加以明确规定，也未对农信机构给予更加明确具体的法律定位（如如何开展业务、如何满足农村市场有效需求等）。与此同时，虽然银保监会也颁布了一些"暂行规定"（如《农村商业银行管理暂行规定》），并对农商行和农合行的主体地位进行了确认，但这些暂行规定多为原则性的规范性规定，位阶较低，缺乏权威性和严肃性，其他有针对性的法规多为部门规章制度，不能满足农信机构对法律保障和规范的要求。另外，有关农村抵押担保的法律法规也不完善。例如，近期出台的《乡村振兴促进法》虽然对农信机构支持乡村振兴也做了一些明确规定，但并没有对信贷客户信息与信息共享做出说明，也未对农村"两权抵押"贷款中涉及的抵押价值评估、处置和市场流转等问题做出说明，更未对一些优惠政策在扶持对象、受益期限、覆盖范围等方面做出界定，因而不能满足当前农信机构发展和监管的现实需求。

（四）农信机构所处的生态环境有待优化

1. 农村信用体系不健全

一是农村征信建设覆盖面小。尽管农信机构在推动农村征信体系建设方面做出了巨大努力，但信用采集范围窄、数据不真实、信息更新不及时等诸多问题，导致农村信用体系的功能大打折扣。二是农村社会诚信意识依然不足。虽然农信机构近年来定期在农村地区开展金融知识普及工作，但这远远不能满足信用建设的需要，部分涉农企业和农村居民自觉行为较弱，欠债不

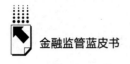

还的意识仍然存在。

2. 涉农贷款业务风险防范和保障机制存在短板

一是农地价值评估和交易市场不健全。一方面，目前关于农地价值要么是金融机构自行评估，要么是金融机构参考当地农地流转市场的租金价格进行评估，非常缺乏公信力，影响了农信机构涉农业务的创新；另一方面，虽然各地为推进涉农业务设立了农村产权交易中心，但并未对农地经营权及其他各类农村资产进行登记，导致农地经营权及其他各类农村资产并不具有正常抵押物的功能。二是农村消费者权益保护存在短板。虽然目前各个地区设立了专门的金融消费者权益保护机构，但在和解、调解、仲裁、诉讼等金融消费问题解决渠道方面还存在很多问题，有待畅通和完善。

四　促进农信社改革与监管的政策建议

（一）加快推进农信社发展和改革

1. 持续优化农信机构的公司治理机制

健全的公司治理制度是银行业金融机构形成自我约束、树立良好市场形象、获得公众信心和实现健康可持续发展的重要基础。在当前面临需求收缩、供给冲击、预期转弱三重压力背景下，加快建立和完善现代公司治理机制对于农信机构尤为重要，因此要持续优化农信机构的公司治理机制。一是要优先吸收认同农信机构服务"三农"且追求长期价值的战略投资者入股，并与其建立能向支农支小倾斜的公司治理机制，以此促进经营机制、创新能力和公司治理的优化，实现股东利益与农信机构价值的共同增长。二是明确股东大会、董事会、监事会和经营层之间的责权利，强化和提升履职"独立性"，保证公司治理机制有章可循，同时加强对"一层三会"的内部审计，并督促其忠诚勤勉尽职履责，以此确保农信机构的各项业务经营和管理行为合法合规、风险可控。三是加强党对农信机构公司治理的领导，完善党在公司治理中的决策制度，明确党委在重大决策、重要人事任免、重大项目安排和大额资金使用等方面的决策权和职能，防止省联社利用行政手段干预农信机构人事任免和业务经营而侵害中小股东利益。

2."一省一策"推动省联社改革

对于省联社的改革探索，学者从未间断过。不同地区农信机构经营能力和改革进度存在较大差异，且不同地区经济发展水平和财政实力差异较大，导致省联社的适用条件、改革思路和改革模式也存在较大差异。从当前关于改革模式的讨论和实践来看，主要有统一法人模式、金融服务公司模式、金融控股公司模式和联合银行模式等多种模式。事实上，省联社改革并不是机械的选择题，不同地区省联社改革的适用条件各不相同，不同模式的优缺点也比较明显。① 未来，省联社改革应该是几种模式并行的状态，但无论怎么改，都不仅要结合当地经济发展水平和金融生态环境进行改革，还要遵循五个原则。一是要维持县域法人地位的基本稳定，充分发挥其支农支小优势；二是要帮助农信机构培育和引入合格的机构投资者和涉农企业股东，真正提升其"三层一会"治理的有效性；三是要利用现代金融科技为农信机构做好大服务平台，提供技术支持；四是要强化农信机构的市场地位和经营的独立性，确保其收益与风险得到有效权衡；五是要借助省联社改革契机，推动各省农信机构的结构优化，突出省内机构之间的相互带动效应。

3.建立以市场化为主的风险处置和退出机制

一般而言，在市场经济条件下，存在问题的农信机构如果勉强发展下去，难免会产生系统性风险，影响金融体系稳定和广大存款人的利益，因此要加快建立以市场化为主的风险处置和退出机制。针对当前农信机构发展的实际情况建立差异化的风险处置和退出机制，对资本充足率、不良贷款、净利润等监管考核指标超出警戒值但仍有救助价值和再生能力的问题机构，建议地方监管部门坚持早预警、早处置的原则，采取限制分红或限制高风险业务发展等措施来及时予以校正，同时利用经营救助和内部纾困等方式帮助其

---

① 张珩、罗剑朝、程名望、张家平：《农村信用社管理模式的国际经验、选择条件与地方实践》，《农村金融研究》2019年第11期。

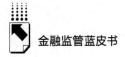

恢复经营能力。对于一些包袱重、业绩压力大但破产损失可控的问题机构，建议由业绩表现良好的农商行对其予以兼并重组，以避免风险传染带来的不利影响。对于失去救助价值的问题机构，建议借鉴国际经验和通行规则，尊重市场规律，充分发挥市场配置资源的决定性作用，采取行政接管、撤销和破产清算等方式，有序引导其实现市场退出。

（二）着力提高农信社核心竞争能力

1. 加快推进农信机构物理网点转型升级

尽管物理网点作为服务客户的主要触角，对农信机构树立社会形象、销售金融产品等具有重要促进作用，但随着金融科技的广泛应用、农村金融客户需求的不断变化，银行电子替代率一路上升，推动物理网点转型升级成为提高农信社核心竞争能力的重要途径。鉴于此，建议农信机构综合考虑物理网点分布、经营绩效和客户资源等因素，从业务、客户和环境等方面对物理网点进行重新定位。具体而言，对于客户流量和市场容量较小的物理网点，建议撤并并增加对 ATM 等智能设备的使用，以此降低农信机构的运营成本；对于装修陈旧破损、陈设布局混乱、功能分区不全的物理网点，建议改造升级，并根据民生需求创新丰富金融服务场景，为客户提供全方位、多渠道的服务渠道，提升客户服务体验感；对于没有物理网点的地区，建议以服务站为基础，通过"村村通"站点转型升级，以"迷你型"直销银行模式为客户提供差异化、定制化的金融服务；对于支持县域小微企业和农村经济主体发展的物理网点，建议给予一定的财税优惠和奖励，激励其加大信贷投放力度，补偿其在偏远地区经营成本大的问题。①

2. 强化农信机构对金融科技的应用

金融科技的运用不仅对于农信机构转型、业务创新和组织管理具有重要作用，也是当前农信机构抵御系统性风险和增强核心竞争力的关键所在。鉴

---

① 张正平：《农信机构数字化转型应避免的误区与现实选择》，《清华金融评论》2022 年第 9 期。

于此,一方面要依托省联社大平台聚合优势,运用大数据、人工智能等技术推进人脸识别、电子签名、贷款审批和风险管理等核心业务系统的改造升级,解决各农信机构在业务开展过程中可能存在的数据和技术"卡脖子"问题,实现身份识别智能化、业务办理场景化、业务凭证无纸化、渠道终端协同化、流程衔接无缝化;另一方面,要积极尝试创新开发集金融服务、政务服务和生活服务于一体的智慧门牌服务系统,以此为居民提供小额取款、助农转账、生活消费、便民缴费和信息咨询等一站式金融服务。另外,加快推进数据专项治理工作,逐渐搭建数据治理的组织架构、制度体系和规范化流程,并探索建立与地方政府和头部互联网平台的信息共享机制,逐步将农信机构搜集的客户信息与地方政府的户籍、就业、医保、社保、公积金等各种政务信息以及头部互联网平台搜集的信用评分信息等相互融合,以此多维度构建客户数据视图,并嵌入获客、风控、增信和资金发放等全生命周期的风控体系当中,为针对性地开展客户营销和风险管理提供有力支撑。

(三)构建符合农村金融发展的监管体系与法律制度

1. 建立与地方经济发展水平相适应的农村金融监管机制

建立有序分层、分工明确、协调配合的监管体系既是建立有效的农村金融监管体制的关键,也是有效监管农信机构的基础。在当前"三会一行"的管理体制下,分头负责、各自为战的监管状态并没有得到彻底改变,监管部门之间依然存在着信息不对称、措施相冲突等问题。鉴于此,一方面要借鉴和学习日本建立"相互配合型"的协调机制的经验,界定清楚各个部门的监管职责,建立农村金融监管情况通报制度,以此提高金融部门之间的协调效率。具体而言,地方人民银行和银保监部门要联合对农信机构高管履职行为实施监督,防止出现其带头贪腐的现象。地方政府要做好监督辖内农信机构股东大会选举制度实施以及辖内问题机构风险处置工作;银保监部门则应做好各项业务监管指标的风险监测以及高管任职资格的审查工作,并对省政府的管理工作进行评价。另一方面,鉴于农信法人机构多、单个规模小、发展不平衡的实际情况,建议监管部门根据农信机构所处经济环境、资产规

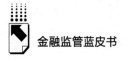

模和风险状况在公司治理和监管标准上采取差异化的监管机制。另外,还要继续强化对农信机构信息披露真实性和完整性的检查工作,确保披露的经营管理、风险状况、高管薪酬等方面的信息全面、真实。

2.加快农村金融立法

金融风险的外溢性和突发性强的特点,决定了党和国家对金融风险处置要具有较高的时效性和权威性。因此,有必要加快农村金融立法,并给予处置部门相应的法律授权,使其能采取相应措施来处置农信机构所产生的各类金融风险。具体而言,一方面,针对农信机构当前并购重组的发展趋势,建议国家尽快出台《农村金融保障法》或相关规范,从组织形态、管理方式、业务种类、业务范围、政策扶持、市场退出等多个方面做出具体规定,从法律上引导农信机构可持续发展,以此防止并购重组所产生的风险隐患,避免造成更大的破坏性影响。另一方面,建议国家制定和完善《金融消费者权益保护法》等与涉农贷款业务相关的法律法规,切实解决农村抵押物合法化和农村居民金融消费权益保护不畅通问题。

(四)建立农村金融成熟的生态环境体系

1.强化农村信用体系建设

一是要继续深入推进信用镇、信用村、信用户建设,完善对涉农企业和农村居民的信息采集、评价和更新工作,继续强化农村信用体系建设;二是要加强各金融机构之间的信息交流与共享,提高对农村信用信息采集的准确程度,实现金融信用信息数据库的规范运转;三是要建立多方参与的信用激励和惩罚机制,从根本上帮助农村居民提高信用意识和金融素养,进而改变农村社会诚信意识不足的问题。

2.完善涉农贷款相关配套措施

一是在省级层面建立"市、县、乡、村"四级土地经营权流转市场和服务平台,为交易双方提供真实可靠的信息,提高农地经营权在更大范围内的流动性;二是引入第三方资产价值评估机构,并由其主导参与农地经营权以及地上附着物等的价值评估工作,解决价值评估的公信力问题;三是建议同时颁发农地承包权证和经营权证，允许经营权证随经营权流转，以此提高农村金融机构开展农地抵押贷款业务的积极性；四是建议农信社进入农业保险领域，创新和设计能将银保农连接在一起的金融产品和服务，同时允许较低程度的风险敞口存在。

参考文献

［1］董玄、孟庆国、周立：《混合型组织治理：政府控制权视角——基于农村信用社等涉农金融机构的多案例研究》，《公共管理学报》2018年第4期。

［2］范从来、林键、程一江：《宏观审慎管理与微观审慎监管：金融监管政策协同机制的构建》，《学术月刊》2022年第9期。

［3］何婧、雷梦娇：《金融监管的央地分工变迁及其对农村金融的影响》，《改革》2021年第11期。

［4］刘达、温涛：《深化农村信用社改革的关键问题和治理对策》，《经济纵横》2022年第10期。

［5］穆争社：《农村普惠金融供给侧结构性改革》，中国金融出版社，2018。

［6］孙少岩、石洪双：《农信社股份制改革：商业化经营、公司治理与市场定位》，《学术交流》2013年第2期。

［7］谢宏、李鹏：《金融监管与公司治理视角下的农村信用社省联社改革研究》，《农业经济问题》2019年第2期。

［8］张珩、程名望、罗剑朝、李礼连：《破解地方金融机构支持县域经济发展之谜》，《财贸经济》2022年第2期。

［9］张珩、罗剑朝、程名望、张家平：《农村信用社管理模式的国际经验、选择条件与地方实践》，《农村金融研究》2019年第11期。

［10］张珩、罗剑朝、郝一帆：《农村信用社发展制度性困境与深化改革的对策——以陕西省为例》，《农业经济问题》2019年第5期。

［11］张瑞怀、孙涌、李家鸽、任丹妮、郑六江：《省联社管理及其对农信社效率提升的影响：理论与实证研究》，《金融研究》2020年第7期。

［12］张正平、夏海、毛学峰：《省联社干预对农信机构信贷行为和盈利能力的影响——基于省联社官网信息的文本分析与实证检验》，《中国农村经济》2020年第9期。

［13］张正平：《农信机构数字化转型应避免的误区与现实选择》，《清华金融评论》2022年第9期。

B.12

《企业集团财务公司管理办法》
修订研究报告

汪 恒*

摘 要： 为落实高质量发展要求，强调财务公司行业定位，银保监会修订
发布了新版《企业集团财务公司管理办法》（下文简称《办
法》）。本文研究新版《办法》的主要修订内容及其影响。修订
内容集中在提高准入标准，扩大对外开放；调整业务范围，实施
分级监管；增设监管指标，加强风险监测预警；加强公司治理和
股东股权监管；完善风险处置和退出机制等方面，体现了回归本
源和强化关键环节监管的监管思路。新版《办法》促进财务公
司行业聚焦服务实体经济的主责主业，明确其发展方向；引导财
务公司重视金融服务成效和质量，融入高质量发展新格局；推动
财务公司突出司库职能，深入展开服务创新；有利于重塑相关行
业生态，推动财务公司管理提升。新版《办法》将对中国经济
社会发展和金融行业进步产生广泛而深远的影响。

关键词： 财务公司 公司治理 股东监管 风险防控

2022 年 10 月 13 日，中国银行保险监督管理委员会发布新版《企业集
团财务公司管理办法》（中国银保监会令 2022 年第 8 号），自 2022 年 11 月

---

* 汪恒，央企财务公司法律与风险管理部负责人，中国财务公司协会年度行业发展报告起草组
组长，主要研究方向为金融监管、企业集团财务公司与集团公司资金管理。

13 日起施行。

相比 2004 年 7 月发布的《办法》（中国银监会令 2004 年第 5 号）、2006 年 12 月完成局部修订的《办法》（中国银监会令 2006 年第 8 号），新版《办法》进行了比较系统、全面的修订，调整幅度较大，主要体现在以下几方面：第一，提高准入标准、扩大对外开放；第二，调整业务范围，实施分级监管；第三，增设监管指标，加强风险监测预警；第四，加强公司治理和股东股权监管；第五，完善风险处置和退出机制。

新版《办法》一方面突出了回归本源、强化监管的监管思路，系统反映了监管部门乃至党和国家在当前和今后一段时间内对企业集团财务公司行业的定位与职责的根本看法；另一方面也是行业发展的基本规范，从根本上塑造了行业未来的发展方向，对行业具有深远影响。

一　修订的背景

根据银保监会有关部门负责人 2022 年 7 月就《企业集团财务公司管理办法（征求意见稿）》答记者问时的阐述，《办法》在时隔 16 年后进行全面修订的背景，一是规章制定时间较早，在市场准入标准、对外开放政策、业务范围和监管要求等诸多方面明显不符合经济高质量发展要求；二是近年企业集团经营风险向财务公司传导问题日益突出，个别财务公司被集团利用沦为对外融资工具，加速使产业风险转化成金融风险，造成较大的社会负面影响，严重影响到整个财务公司行业的政策环境、外部形象和声誉，也对行业监管提出挑战。

如果将此次修订放在中国经济和金融发展的整体格局、财务公司行业发展的整体历程中加以考察，其背景可以概括为四个大的方面：一是落实高质量发展要求，二是体现整体监管思路，三是适应行业发展现状，四是回应行业风险事件。

（一）落实高质量发展要求，强调行业定位

《办法》是规范企业集团财务公司行业发展的纲领性文件，集中体现了

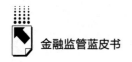

监管部门在财务公司职能定位、行业准入、业务范围、安全合规等方面的基本要求，反映了党和国家对于此类金融机构"是什么，做什么，怎么做"的根本看法。

最近一段时间，特别是党的十八大以来，习近平总书记多次就金融的本质与宗旨发表重要论述。2017 年 7 月 15 日，习近平总书记在第五次全国金融工作会议上指出："金融是实体经济的血脉，为实体经济服务是金融的天职，是金融的宗旨，也是防范金融风险的根本举措。"① 这一论述揭示了金融与实体经济的辩证关系，指明了金融的本质和宗旨。

企业集团财务公司是依托、服务于企业集团和实体经济的一类特殊金融机构，天生就具有贴近实体经济、服务实体经济的基因。明确自身定位、强化回归本源、发挥自身优势、服务实体经济，是财务公司行业贯彻新发展理念、适应经济高质量发展要求的安身立命之本。

《办法》在 16 年之后进行系统性的全面修订，突出财务公司行业本质和宗旨，对财务公司服务企业集团、服务实体经济的行业定位与使命职责，进行完整、准确、全面、清晰地阐述，是习近平新时代中国特色社会主义经济思想在财务公司行业的具体体现，也是行业适应经济高质量发展要求、保持正确发展方向的必然要求。它的背后，体现了决策层对中国经济和金融发展进入新常态的整体认知，凝结了决策层关于财务公司行业全面优化发展思路、转变发展方式的战略卓识。

（二）体现整体监管思路，加强监管约束

从财务公司行业发展实践来看，《办法》这类纲领性文件的制定修订，往往是金融监管思路与举措的集中反映，也是行业发展的重要里程碑。

1987 年 5 月，我国第一家企业集团财务公司——东风汽车财务有限公司正式获批成立。1991 年，国务院在《关于选择一批大型企业集团进行试

---

① 《全国金融工作会议在京召开》，http：//www.gov.cn/xinwen/2017-07/15/content_ 5210 77 4. htm。

点的通知》中，明确了"财务公司的主要任务是在企业集团内部融通资金"。1992 年，中国人民银行在与国务院三委办联合下发的《关于试点企业集团设立财务公司的暂行规定》中，将财务公司定义为"为企业集团成员单位办理金融业务的非银行金融机构"，并第一次以文件形式正式明确了财务公司的业务范围，包括存贷款、结算、投资、信托、融资租赁及各种代理业务，从而确立了企业集团财务公司行业起步早期的基本监管思路，对行业早期发展产生了深远影响。

1997 年 10 月，在东南亚金融危机爆发的大背景下，为解决当时金融市场和财务公司行业出现的乱象，中国人民银行下发了《关于加强企业集团财务公司资金管理有关问题的通知》，改变财务公司的功能定位，将财务公司定位为"支持集团企业技术改造、新产品开发及产品销售的、以中长期金融业务为主的非银行金融机构"，并对其中长期资金来源及运用的比例进行了限定，要求 3 个月以上定期存款必须达到 50% 以上。2000 年 6 月，中国人民银行正式发布《企业集团财务公司管理办法》，坚持和重申了财务公司的这一定位，集中反映了此阶段以收缩业务范围、严控经营风险为主的监管导向，财务公司行业发展也随即进入调整阶段。

2003 年 3 月，银监会成立，银行业金融机构监管进入全新历史阶段。在此基础上，2004 年 8 月银监会发布新一版《办法》，此版《办法》在2000 年人行版基础上进行了较大修改，将财务公司界定为"以加强企业集团资金集中管理和提高企业集团资金使用效率为目的，为企业集团成员单位提供财务管理服务的非银行金融机构"，业务范围方面突破了以中长期金融业务为主的限制，取消了 3 个月以上定期存款的占比要求，对准入标准和监管要求进行了系统全面梳理，并初步提出了分类监管。此版《办法》及之后 2006 年局部修订的版本，集中反映了此阶段我国对于财务公司行业的职能定位和整体监管思路，行业开始步入快速发展时期。

2017 年 7 月，第五次全国金融工作会议强调金融回归本源服务实体经济，提出强化监管、提高防范和化解金融风险能力，强化行为监管和功能监管；会议决定设立国务院金融稳定发展委员会。同年 10 月，党的十九

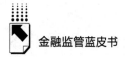

大再次强调增强金融服务实体经济的能力，提出健全金融监管体系，守住不发生系统性金融风险的底线。这一时期，银保监会正式成立、"三三四十"专项治理全面推进，"严监管""强监管"成为金融监管的主旋律。这一主旋律持续至今，不断强化，并在国资监管和国有资本运营等领域引起共鸣。新版《办法》以回归本源、强化监管为基本导向，是对近期一系列监管思路变化和法规政策调整的概括总结，是"严监管""强监管"要求落实于财务公司行业的集中成果，也将引导财务公司行业走入又一个全新发展阶段。

（三）适应行业发展现状，完善政策布局

自 2006 年完成局部修订的《办法》发布以来，随着中国经济社会发展和金融行业的全面进步，财务公司行业也发生了天翻地覆的发展变化，这必然要求在监管规范中得以体现。

从整体状况来看，2006 年底，全国共有企业集团财务公司 79 家，资产规模为 8581 亿元，实现利润总额 93 亿元。到 2021 年底，机构数量上升为 256 家，相当于 2006 年底的 3.24 倍；资产规模为 85831 亿元，相当于 2006 年底的 10 倍；利润总额为 831 亿元，相当于 2006 年底的 8.94 倍。

从业务发展来看，2006 年以来，财务公司结算、信贷等主要业务规模显著增长。各财务公司开展的业务范围和业务品种，也从传统的"存贷结"逐步扩展到投资与同业业务，外汇与跨境业务，担保、保函、委托贷款等中间业务，债券承销等投行业务，代理业务，财务顾问与咨询业务，买方信贷、消费信贷及延伸产业链金融业务等广阔领域；通过帮助所在集团加强集团资金集中管理、建设和运营集团内部资金管理系统、落实资金计划与预算管理职能、发挥专业智库功能等渠道，发挥辅助管理职能，创造综合服务价值。

除了财务公司行业发展本身对《办法》修订具有一定推动作用之外，这一阶段相关法律法规的"立改废"，银保监会、原银监会、人行、证监会等监管机构在专业、单项监管规范与政策方面的修订、调整、优化，以及国

务院国资委国资监管法规政策的发展变化等，也使《办法》的修订调整产生了客观需要。当这种客观需要积累到一定程度，对《办法》进行一轮比较完整的系统修订，就成了一种必然趋势。

举例来说，近年来关联交易相关法律法规与监管规范不断完善。依托及服务于企业集团，与企业集团内上市企业天然具有关联交易关系的财务公司，在关联交易中的权利义务与行为规范问题，也得到了越来越多的关注。2022 年 1 月，银保监会发布《银行保险关联交易管理办法》。此办法考虑到了财务公司的特殊属性，明确财务公司的成员单位业务不适用于该办法。同年 5 月，证监会和银保监会发布《关于规范上市公司与企业集团财务公司业务往来的通知》，对于规范财务公司关联交易管理提出了要求。新版《办法》第三十条指出财务公司应加强关联交易管理，在一定程度上也是吸收了关联交易监管这一单项监管领域的发展成果，形成了对单项监管规范的回应，体现了一种不断完善优化金融监管规范与政策体系布局的整体思维。

（四）回应行业风险事件，强化关键环节

长期以来，财务公司行业依托实体经济与企业集团，保持了安全、稳健的总体发展态势，各项风险指标在银行业金融机构中表现比较出色。2021年末，全行业共有 219 家公司不良资产率为零，占比达 85.55%；全行业不良贷款率为 0.68%，低于商业银行 1.05 个百分点；资本充足率为 18.07%，高于商业银行 2.94 个百分点；流动性比例为 62.89%，高于商业银行 2.57个百分点。

但是，近年来，部分财务公司风险事件陆续爆发，包括宝塔石化集团财务公司、华信集团财务公司、重庆力帆集团财务公司、海航集团财务公司、辽宁忠旺集团财务公司等。相关财务公司随集团陷入经营困境，对同业市场也产生了一定冲击，对财务公司行业整体形象和社会声誉造成了影响。风险个案背后的共性问题，是少数财务公司在功能定位上偏离服务实体经济本源，在业务重心上偏离主责主业，在作用发挥上沦为集团对外融资的工具，

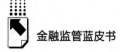

通过票据承兑等渠道，将集团面临的经营风险、产业风险放大传导，形成金融市场风险，产生负外部性。

新版《办法》的发布是对这种风险暴露态势的直接回应。以新版《办法》增设的监管指标为例，新增6项指标中，有4项与票据承兑业务直接相关，还有1项是对集团外负债余额的整体约束。显然，这和行业风险个案中，相关财务公司票据承兑业务规模盲目扩大，导致集团对外债务规模失控、集团产业风险转化为金融风险的教训，存在直接关联。新版《办法》有针对性地强化相关业务风险监管，同时从进一步规范集团与财务公司关系的角度着眼，增加关于公司治理和股东股权的监管要求，明确股东、实际控制人和集团不得干预财务公司经营，则是力求从根本上约束集团过度发挥财务公司的对外融资功能，反映了根据行业发展和风险管理实践，有的放矢地加强关键环节管理约束的监管导向。

二 修订的主要内容

此次修订后的新版《办法》共7章62条，包括总则、机构设立及变更、业务范围、公司治理、监督管理、风险处置与市场退出、附则等。

相比2004年发布的《办法》、2006年局部修订后的《办法》，新版《办法》的主要调整变化在于：一是调整市场准入标准，扩大对外开放。明确跨国集团可直接发起设立外资财务公司。二是突出监管重点，提高监督效率。将财务公司相关行政许可程序和申请材料要求，统一在《非银行金融机构行政许可事项实施办法》中予以明确。三是优化业务范围，实施业务分级监管。取消了部分未能有效服务集团发展且外部成本更低、替代性更强的非核心主营业务，区分财务公司对内基础业务和对外专项业务，实施分级监管。四是优化监管指标，加强风险监测预警。增设了部分票据业务和集团外负债等监管指标。五是强化向上延伸监管，防范集团产业风险。增加了强化股东监管的相关措施。六是强化公司治理监管要求，提升法人独立性，增加具有财务公司特色的公司治理要求。七是完善风险处置和退出机制，补齐制度短板。

本文附录部分对新版《办法》的主要修订内容进行了一一分析，对每章主要修订内容做了具体介绍，并就修订对财务公司行业的直接影响进行了简要分析，在此不再赘述。

三　修订对财务公司行业发展的整体影响

从财务公司行业发展的全局来看，新版《办法》的系统性修订，对财务公司行业整体发展具有重大而深远的影响，将在很大程度上决定行业发展方向、塑造行业未来的全新面貌。这种整体影响，至少将体现在行业定位与整体发展方向、发展方式与阶段特征、职责发挥与业务创新、生态重塑与内部管理等几个方面。下文将逐一进行阐述。

（一）强化主责主业，明确发展方向

新版《办法》的系统性修订，强调回归本源、强化监管的监管思路，通过明确财务公司定义与职能表述、提高设立门槛、缩窄业务范围、增加监管指标、充实完善重点关键环节监管手段等一系列相互衔接配套的制度建构调整，旗帜鲜明地引导财务公司行业进一步明确自身职能定位，回归主责主业，依托集团、服务集团，通过"有限"金融手段和金融工具，为集团主业发展与实体经济发展创造价值，规避过度介入外部金融市场、深度参与高风险金融业务、片面强调盈利、异化为集团对外融资通道等与决策层定位和监管导向相悖的发展方向。

应当承认，从短期、局部来看，部分财务公司因为监管标准趋严、业务范围受限或存量业务需要清退等原因，在经营管理上面临一定压力，甚至可能陷入调整转型"阵痛"期。但从长远、整体来看，新版《办法》修订强化主责主业、明确发展方向，对行业发展全局具有正本清源的重要意义，有利于扫清局部风险暴露和风险隐患带来的不利影响，更有利于将财务公司行业发展更好地融入中国经济和金融发展全局，在经济高质量发展的宏伟蓝图

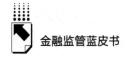

中找准位置、踩准节奏，将行业生存发展建构于更加坚实的基础之上。当然，在这一过程中，监管部门采取跟踪手段，加强对各财务公司具体情况的了解，不断细化完善配套措施，有利于缓解调整"阵痛"、将新版《办法》的正向引导效应更好释放出来。

（二）聚焦内涵发展，转换发展阶段

新版《办法》明显提高了新设立财务公司的门槛，在集团主干产业、注册资本、信息系统、人员配置、公司治理、内部控制、风险管理体系、声誉等方面提出了更高要求；对财务公司可以开展的业务范围进行了限制；提出了更加严格的风险监管要求，进一步强化对财务公司所在集团、股东、实控人的延伸监管；企业集团在不符合新设条件情况下通过重整获得财务公司牌照的渠道也被切断。上述调整变化将同时降低企业集团新设财务公司的必要性和可行性，减弱其设立意愿，提高其设立成本，加之商业银行提供金融服务替代，财务公司行业机构数量增长势头可能出现停滞或倒退。

事实上，即便在新版《办法》出台之前，财务公司行业法人机构的数量在近几年已不再持续前一阶段的高速增长势头。2021 年末，全国共有 256 家财务公司，较 2020 年末减少 1 家。即便排除其中央企合并造成机构数量减少的因素，企业集团新设财务公司的步伐也已呈现明显放慢的态势。与此同时，行业资产总额等规模性指标在经历了一段时间的高速增长后，也出现了增速放缓的情况。2021 年末行业资产总额为 8.58 万亿元，同比增幅为 9.79%，连续四年在 10% 左右徘徊。相比 2015 年末 28.46% 的同比增速，已明显放缓。同一时段，全行业所有者权益的同比增速，从 2015 年末的 26.04% 放缓至 2021 年末的 0.99%。

在财务公司行业已经呈现规模扩张趋缓甚至停滞趋势的情况下，新版《办法》的整体导向与具体规范，将进一步强化这一趋势。财务公司行业将有可能由重视规模扩张的外延式发展阶段，全面转入重视质量效益的内涵式发展阶段。更加重视发展质量、经营绩效、服务价值创造、管理改进提升、

风险管控优化，将是这一阶段的突出特征。

这一转变符合中国结束高速增长期、进入"新常态"的整体外部环境要求，符合财务公司所服务的实体经济产业和企业集团发展的整体状态，符合财务公司行业发展到一定阶段所呈现的客观规律，也符合引导财务公司转变发展方式、重视质量效益的政策导向。它不仅有可能呈现于行业整体发展风貌中，也将很有可能在很多财务公司的微观经营管理中得以体现。重视将现有业务做好做精胜过扩张业务品种，重视金融服务成效与经营管理质量胜过规模指标增长，追求打造"小而美"的特色金融机构，可能在一定范围内将成为发展共识。

（三）突出司库职能，探索创新思路

在财务公司行业处于规模高速扩张的发展阶段时，关于行业发展的理论探索和实践取向，行业内部和学术界曾产生过各种不同的思路，形成了一些比较有代表性的模式。其中比较有影响力的主要有 5 种模式：强调财务公司突出集团资金集中管理和资金资源高效利用职能的"司库型财务公司"模式、发挥对其他金融机构和类金融机构管控统筹平台职能的"控股型财务公司"模式、强调深度参与外部金融市场获取收益的"市场型财务公司"模式、突出财务公司联通外部市场资源和融资通道职能的"通道型财务公司"模式、探索多元化发展乃至向产业银行转化的"全能型财务公司"模式。

随着新版《办法》的尘埃落定，上述模式中的绝大多数明显与监管导向、新版《办法》具体条文相悖，至少在短期内失去了探讨余地。例如，财务公司对金融机构股权投资业务资质的取消，断绝了"控股型财务公司"的存在基础。财务公司投资渠道大幅度压缩，对"市场型财务公司"形成了重重制约。财务公司强调对外融资，向"通道型财务公司"发展，是本轮修订集中力量打击与限制的方向。"全能型财务公司"总体上也失去了其发展的潜在空间。

在这种情况下，唯有"司库型财务公司"模式，成为上述财务公司发展模式中仅存的现实选择。具体来说，一方面，司库职能发挥所需的业务资

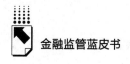
质与金融工具，受本轮修订限制相对较少；另一方面，依托集团主业发展，强化辅助管理职能，完善司库管理平台，发挥帮助集团进行资金集中管理与高效利用的独特价值，并向集团资金监控、风险管理、咨询顾问等增值服务领域深化延伸，本质上符合引导财务公司回归本源、聚焦主责主业的监管导向。2022年1月国务院国资委发布《关于推动中央企业加快司库体系建设进一步加强资金管理的意见》，将司库体系定义为企业集团依托财务公司、资金中心等管理平台，对企业资金等金融资源进行实时监控和统筹调度的现代企业治理机制，明确了财务公司作为管理平台的资金归集、资金结算、资金监控和金融服务职能，在引导央企更好发挥财务公司司库平台职能的同时，也为其他所有制的企业集团做出了示范，进一步形成了有利于"司库型财务公司"发展的政策共振效应。

展望未来，在新版《办法》推动财务公司行业进入全新发展阶段的大背景下，围绕司库职能的更好发挥，释放辅助管理与金融服务机制效能，以求在业务范围大幅度收缩的情况下稳住基本盘，进而在商业银行等外部金融机构日益激烈的竞争下保持自身独特优势，可能将成为越来越多财务公司的自觉选择。

与此同时，在新版《办法》终结财务公司延伸产业链金融业务试点的情况下，此前一段时间产业链金融、供应链金融成为财务公司业务创新重点突破口的发展形势，也将不复存在。在这种情况下，依托各集团产业特色和发展实际需求，围绕集团司库平台完善和司库职能更好发挥而深入展开的服务创新，有可能成为财务公司行业创新的全新重点开拓方向。

（四）重塑行业生态，推动管理提升

新版《办法》对财务公司行业发展的影响，不仅体现在财务公司自身业务层面，还体现在它将推动财务公司所在的整体生态圈产生变化，甚至将重塑这一生态圈内各行为者之间的关系模式。其中，财务公司与其所在企业集团之间的关系、财务公司与外部金融市场及商业银行之间的关系的发展变化趋势尤其值得关注。

财务公司与所在企业集团之间的关系方面，可能呈现下列趋势：一是新版《办法》提高集团设立财务公司的各项准入标准，强化对企业集团的延伸监管，加大对关联交易等领域的监管力度，可能倒逼企业集团对财务公司经营管理给予更多的关注，并在集团自身经营管理相关环节采取落实监管要求的举措，在财务公司战略规划、绩效考核等方面进行符合监管导向、适应财务公司职能定位与功能发挥的优化调整。二是财务公司强化主责主业、突出司库功能，将有利于进一步推动和促进财务公司深度融入集团资金管理体系，发挥辅助管理职能，和集团主业发展和管理运作形成更加紧密的共荣共生关系。三是部分对财务公司盈利能力和融资能力期待较多的企业集团，在财务公司相关领域功能受到新版《办法》更多限制的情况下，可能会转而更多地通过商业银行等外部金融机构满足自身需求，导致财务公司一定程度的边缘化。

财务公司与外部金融市场及商业银行之间的关系方面，则可能出现下列变化趋势：一是新版《办法》强调财务公司回归主责主业，缩减财务公司投资等方面的业务范围，通过增加监管指标限制财务公司票据承兑、对外负债规模，将减少财务公司对外部金融市场的介入与依赖。二是财务公司业务范围收缩、业务规模受限、延伸产业链金融服务试点中止等因素，可能在一定程度上会弱化财务公司相对商业银行等外部金融机构的原有竞争优势，同时倒逼财务公司通过完善司库职能、细化服务手段、创造增值效益等方式，寻求重构自身比较优势，保持自身面对外部金融机构产品与服务时的竞争能力。三是在业务范围收缩的情况下，部分财务公司可能会考虑通过与商业银行合作，将财务公司在资金、信用、信息等方面的资源优势与商业银行的资质、渠道、产品等方面结合起来，使行业生态呈现竞争与合作并存的全新局面。

此外，新版《办法》在扩充监管指标、强化向上延伸监管、强化公司治理监管等方面的全新要求，也将推动财务公司强化管理提升，在更多领域参照商业银行标准重构和优化管理体系，强化公司治理、关联交易等关键环节的风险管控，并在数字化、信息化、专业人才队伍等方面加大投入。这可能在短期内会带来管理压力、引发成本上升，但长远来看有利于财务公司行

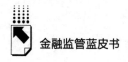
业发展基础的不断巩固，对行业行稳致远、稳步向前，具有深远的积极意义。

当然，新版《办法》目前仍存在一些需要进一步解决的问题，如相关配套制度体系有待完善，部分条文细节在具体执行层面有待进一步细化，部分公司业务转型在短期内可能面临压力，部分资金富裕型公司在内部信贷需求有限、外部业务渠道受限的情况下可能面临资产配置承压等，但这些都是发展中的问题，需要在发展中逐步解决。

总的来说，新版《办法》的发布，是中国财务公司行业一件具有划时代意义的大事，对财务公司行业更好地坚持职能定位、聚焦主责主业、服务实体经济、保持安全稳健，更好地贯彻新发展理念、融入新发展格局、为中国经济社会发展和金融行业进步发挥独特价值，具有广泛而深远的积极影响，是党的二十大精神在这一金融服务领域的充分展现，必将开启财务公司行业发展的全新时代。

附录：

新版《财务公司管理办法》修订的详细条款及其影响分析

1. 总则部分

（1）第二条

修订内容：关于财务公司的定义，增加了"依托企业集团、服务企业集团"的表述，对财务公司服务所在企业集团的基本定位做了强调。关于财务公司的功能，将原来"提供财务管理服务"的表述改为"提供金融服务"，强调了财务公司的金融属性。

影响：财务公司需进一步落实职能定位，明确发展战略。

（2）第三条

修订内容：关于成员单位的认定条件，将"母公司控股51%以上的子公司（以下简称子公司）"改为"母公司作为控股股东的公司"，范围更加广泛，界定更为清晰。

影响：财务公司需对照认定条件的变化，重新梳理可服务的集团成员单位范围。

2. 机构设立及变更部分

（1）第六条

修订内容：明确提出"一家企业集团只能设立一家财务公司"。

影响：近年来部分设有财务公司的企业集团，因集团合并、分立、重组等原因，出现一个集团拥有两家或多家财务公司的情况。按照新版《办法》规定需尽快予以规范。

（2）第七条

修订内容：设立财务公司法人机构应当具备的条件大幅度提高。注册资本要求由 1 亿元提升至 10 亿元人民币或等值可自由兑换货币。增加了信息科技要求，需建立与业务经营和监管要求相适应的信息科技架构、信息系统与保障业务持续运营的技术措施。增加了人员素质要求，除旧版《办法》对风险管理、资金管理方面专业人员的要求之外，新版《办法》要求在信贷管理、结算等关键岗位至少各有 1 名具有 3 年以上相关金融从业经验的人员，且至少需要引进 1 名具有 5 年以上银行业从业经验的高级管理人员。增加了对于有效公司治理、内部控制和风险管理体系的要求。

影响：显著提高企业集团设立财务公司的门槛。集团在准备设立财务公司时，在注册资本、信息系统、人员配置、公司治理、内部控制、风险管理体系方面需要进行更加充分的准备。

（3）第八条，第十二条

修订内容：新增了关于成员单位以外投资者作为财务公司出资人的具体条件，限定成员单位外单个投资者及关联方（非成员单位）的投资入股比例上限为 20%。

影响：明确了财务公司引入外部战略投资者的标准。

（4）第九条

修订内容：对于申请设立财务公司的企业集团，增加了需拥有核心主

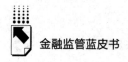

业，符合国家政策，有良好的社会声誉、诚信记录和纳税记录等规定。

定量标准大幅度提高。实收资本由原来的 8 亿元提升到 50 亿元人民币或等值可自由兑换货币；总资产由 50 亿元提升到 300 亿元；控股股东净资产率由 30% 提升到 40%；近两个会计年度营业收入由 40 亿元提升到 200 亿元；利润总额由 2 亿元提升至 10 亿元；增加了近两个会计年度货币资金余额不低于 50 亿元、权益性投资余额（含对财务公司的投资）不超过净资产的 50%、控股股东权益性投资余额不超过 40%、成员单位不低于 50 家等要求。

影响：显著提高企业集团设立财务公司的门槛。规模较小、实力较弱、主业不清晰、声誉等方面存在缺陷的企业集团，未来申请设立财务公司将更加困难。

（5）第十条

修订内容：新增了外资跨国集团可直接设立财务公司或通过在境内设立投资性公司设立财务公司的规定，明确外资集团设立财务公司应达到的标准。

影响：对外资财务公司的设立进行了明确规范，准入条件与中资财务公司基本一致，体现了财务公司领域的对外开放。

（6）第十一条

修订内容：明确了成员单位作为财务公司出资人应当满足的条件。要求成员单位作为出资人必须是独立法人，有良好的治理、组织架构、社会声誉、诚信记录、纳税记录；近两年无重大违法违规行为，连续 2 年盈利（控股股东 3 年）；近一年净资产率不低于 30%（控股股东不低于 40%）。入股资金为自有资金；权益性投资不得超过净资产的 50%（控股股东不低于 40%）等。

要求入股资金为自有资金，不得以委托资金、债务资金等非自有资金入股。

影响：增加对于成员单位作为财务公司股东应满足的一系列具体条件，提高入股财务公司门槛。对入股资金来源进行限制与规范。财务公司需对照新版《办法》要求进行梳理。体现了监管部门对财务公司股东的延伸监管倾向。

(7) 第十三条，第十四条

修订内容：增加对于财务公司出资人的禁止性规定。明确财务公司股东应承担的义务，并要求财务公司在章程中载明。

影响：提高入股财务公司的门槛，加强对财务公司股东的要求与约束，体现了监管部门对财务公司股东的延伸监管倾向。

(8) 第十六条

修订内容：旧版《办法》规定，财务公司可在成员单位集中且业务量较大地区申请设立分公司。新版《办法》要求，仅能在发生合并与分立、跨省级派出机构迁址，或者所属集团被收购或重组等情况下申请设立分公司。

影响：除合并、分立、迁址、重组等情况外，排除了财务公司根据业务需要申请分公司的可能性。财务公司设立分公司将更加困难。

(9) 其他

删除了旧版《办法》关于设立分公司的具体条件，由银保监会另行规定。

3. 业务范围部分

(1) 第十九条，第二十条

修订内容：相比旧版《办法》，新版《办法》大幅压缩财务公司业务范围。新版《办法》参照旧版《办法》分类，将财务公司业务分为基础业务和符合条件方可申请经营的专项业务。基础业务包括成员单位存款、贷款、票据贴现、结算收付，以及成员单位委托贷款、债券承销、非融资性保函、财务顾问、信用鉴证与咨询代理业务。专项业务包括同业拆借、成员单位票据承兑、成员单位买方信贷与消费信贷、固定收益有价证券投资、套期保值类衍生产品交易和经批准的其他业务。

旧版《办法》中财务公司的发行债券、金融单位股权投资、融资租赁、担保、委托投资、保险代理等业务资质被取消；同业拆借、成员单位票据承兑由基础业务调整为专项业务；有价证券投资业务的范围被限定为固定收益类有价证券投资。

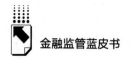

在实践中允许财务公司申请开展的衍生产品交易业务,旧版《办法》未明确列出,新版《办法》将其限定为套期保值类衍生产品交易。

允许财务公司试点开展的延伸产业链金融服务未被列入新版《办法》。按照《中国银保监会办公厅关于做好〈企业集团财务公司管理办法〉实施工作的通知》(银保监办发〔2022〕95号)要求,财务公司停止开展延伸产业链金融服务试点,一年内完成存量业务清理。

影响:大幅压缩允许财务公司开展的业务范围,反映了监管部门的多方面考虑。一是取消融资租赁、保险代理、延伸产业链金融服务等监管部门认为其他金融机构替代性较强的业务资格,引导财务公司将职能聚焦于成员单位存款、贷款、结算等基础业务上。二是取消财务公司发行债券、担保等业务资格,加强对票据承兑、同业拆借等业务的管理与约束,避免财务公司成为集团对外融资渠道,减少财务公司与金融市场的连接关系,减缓财务公司及所在集团可能出现的信用风险暴露,减少对金融市场的潜在影响与冲击。三是取消财务公司对金融机构股权投资的业务资格,进一步减少财务公司与其他金融机构的连接关系,集团以财务公司作为其他金融机构股权管理平台的做法面临限制。四是将有价证券投资业务的范围限定为固定收益类有价证券投资,将衍生产品交易业务限定为套期保值类衍生产品交易,将财务公司的相关业务资质限定为低风险品种,进一步减少财务公司对于金融市场的参与。

在这种情况下,一方面财务公司将进一步聚焦"存贷结"基本业务,聚焦依托集团、服务集团的基本定位,进一步依托集团司库体系建设、发挥自身优势、寻求发展空间,使得行业发展的安全性水平得到提升。另一方面,财务公司也将面临业务品种压缩、服务功能缩水、相对商业银行和其他金融机构的原有竞争优势降低、资产配置渠道受限、集团资产保值增值难度增加等现实挑战。对于资产配置压力较大的资金富裕型财务公司而言,挑战尤为明显。

(2)第二十一条

修订内容:旧版《办法》规定,财务公司不得从事离岸业务,除协助成员单位实现交易款项收付外不得从事资金跨境业务。新版《办法》修订为,财务公司不得从事除中国人民银行或国家外汇管理局政策规定之外的离岸业务或资金跨境业务。

影响：对财务公司可从事离岸业务或资金跨境业务的条件进行了明确，为中国人民银行和国家外汇管理局政策将财务公司纳入离岸或跨境业务范围，预留了一定空间，有利于财务公司帮助集团归集境外资金和参与各类政策试点。

（3）其他

删除了旧版《办法》关于申请专项业务的具体条件，由银保监会另行规定。

4. 公司治理部分

（1）全章

修订内容：新版《办法》新增第四章"公司治理"，包括关于党建、董监高、内控制度、风险管理体系、信息管理系统、股东股权管理、母公司管理体系、绩效考评体系与薪酬管理制度、财务会计制度、外部审计制度等方面的规定。其中党建、风险管理体系、信息管理系统、股东股权管理、母公司管理体系、绩效考评体系与薪酬管理制度等方面的规定为新版《办法》相比旧版《办法》的增补内容。

影响：新增"公司治理"一章，体现了监管部门加强财务公司治理监管的导向。监管部门在很多方面的增补规定都参考了相关部门对商业银行的监管要求。财务公司需充分认识这一导向，对照监管要求，参照商业银行等金融机构的公司治理经验，完善公司治理体系。

（2）第二十五条

修订内容：新增关于财务公司党建的规定。要求国有财务公司增加党的领导方面的内容，将党的建设写入公司章程，落实党组织在公司治理中的法定地位，将党的领导融入公司治理各个环节。民营财务公司也相应地要建立党组织，加强政治引领。

影响：引导和规范财务公司进一步加强党的建设。国有财务公司和民营财务公司需根据自身特点，落实监管对于党建的新要求。

（3）第三十条，第三十一条，第三十二条

修订内容：新版《办法》要求财务公司加强股东股权管理，关注股东

行为，对股东涉财务公司违规行为及时报告和采取措施，由董事会至少每年对股东进行评估并报告监管部门。财务公司应加强关联交易管理。集团公司应建立符合财务公司特点的管理体系，对财务公司实行差异化管理。财务公司应建立科学完备、流程清晰规范的绩效考评机制，建立稳健的薪酬管理制度，设置合理的绩效薪酬延期支付和追索扣回机制。

影响：强化对股东的管理与延伸监管，对财务公司在关联交易管理、绩效考评、薪酬管理等方面提出更加严格细致的要求。财务公司除需要在上述方面落实监管规范、完善公司治理体系之外，还需向集团公司及时传导监管要求，推动集团在履行股东职责、协调内部关联交易、完善差异化管理体系、优化绩效考评和薪酬管理等方面创造条件。

5. 监督管理部分

（1）第三十四条

修订内容：新版《办法》对财务公司监管指标进行了大幅度增补。将原《企业集团财务公司风险监管指标考核暂行办法》设定的流动性比例不得低于25%的要求，纳入新版《办法》正文。增加集团外负债总额不得超过资本净额、票据承兑余额不得超过资产总额的15%、票据承兑余额不得高于存放同业余额的3倍、票据承兑和转贴现总额不得高于资本净额、承兑汇票保证金余额不得超过存款总额的10%等5项监管指标。将短期证券投资比例不得高于资本总额40%、长期证券投资比例不得高于资本总额30%的指标合并为投资总额不得高于资本净额的70%。因担保业务资质取消，削减了担保余额不得高于资本总额的指标。

影响：监管指标增补与强化主要体现了对于集团外负债、票据承兑与转贴现业务的严格管理与约束，反映了防止财务公司成为集团对外融资渠道的监管导向。集团或自身资金面较紧、对集团外负债与承兑转贴现等业务依赖较大的财务公司，将面临较大影响与制约。

（2）第三十六条

修订内容：旧版《办法》规定：财务公司法定代表人应当对经其签署报送的报表真实性承担责任。新版《办法》修订为：财务公司所属企业集团及财务公司董事会，应对所提供报表、资料的真实性、准确性和完整性负责。

影响：强化了企业集团和财务公司董事会的责任，体现了向股东延伸的监管意图。财务公司应进一步加强公司治理，推动董事会和企业集团履职尽责。

（3）其他

增加了银保监会派出机构对于影响财务公司稳健运行的行为予以监督指导，并可区别情形采取早期干预措施的规定。

6. 风险处置与市场退出部分，附则部分

（1）第五十条

修订内容：新版《办法》删除了旧版《办法》关于整顿和恢复正常营业的内容，增加了关于接管和重组的内容。财务公司已经或者可能发生支付危机，严重影响债权人利益和金融秩序的稳定时，银保监会可以依法对财务公司实行接管或者促成机构重组。

影响：对接管和重组的要求进行了规范，明确了银保监会在接管和重组时的有关权限。

（2）第五十一条

修订内容：新版《办法》新增了关于财务公司重整、和解或者破产清算的内容，对银保监会的监管权限做出规定。要求财务公司在破产重整时，其重整后的企业集团应符合设立财务公司的行政许可条件。

影响：对重整、和解和破产清算进行了规范，明确了银保监会的有关权限，杜绝了企业集团在不符合设立财务公司条件下通过重整获得财务公司牌照的可能性。

（3）其他

在附则部分对控股股东、主要股东、重大影响等概念进行了明确。

（三）对于新版《办法》配套实施通知的简要分析

1. 新版《办法》配套实施通知的主要内容

2022 年 10 月 26 日，《中国银保监会办公厅关于做好〈企业集团财务公

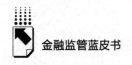

司管理办法〉实施工作的通知》（银保监办发〔2022〕95 号，以下简称
《实施通知》）发布，对新旧版《办法》有关衔接事项进了明确。

《实施通知》主要包括了以下内容：

一是要求财务公司按新版《办法》要求重新核定成员单位范围。

二是财务公司资本或章程不符合新版《办法》要求的，需在新版《办
法》实施一年内提交补充资本或修改章程申请。

三是财务公司业务范围不符合新版《办法》要求的，需完成清理。发
债、信贷资产证券化、担保、委托投资、非固定收益类有价证券投资、保险
代理业务应在一年内完成清理，融资租赁、金融机构股权投资业务应在两年
内完成清理。

四是财务公司现有业务资格如符合新版《办法》要求，以此前行政许
可批复文件为准。未来增加业务品种需符合新版《办法》及行政许可事项
实施办法修订后的许可条件。

五是财务公司需在 3 个月内将按新版《办法》规范后的业务范围、品
种、清理方案等报监管机构。

六是如财务公司企业集团或主要出资人出现重大不利影响的相关情形，
监管机构应暂停财务公司同业拆入、票据承兑业务。

七是财务公司应建立完善衍生产品业务风险管理体系，不符合相关
监管文件对于套期保值类衍生产品交易业务规定的，应暂停业务进行
整改。

八是财务公司应停止开展延伸产业链金融服务试点，一年内完成存量业
务清理。

九是财务公司已开展业务不符合新版《办法》监管指标要求的，应在 6
个月内实现达标。

十是将新版《办法》的固定收益类有价证券投资范围界定为国债、央
票、地方债、金融债、AAA 级企业债、货币市场基金、固定收益类公开募
集证券投资基金。

十一是加强对分公司和代表处的管理，不允许财务公司新设立代表处，

强调法人监管机构、属地监管机构对分公司和代表处的双重监管。

2.《实施通知》的影响分析

《实施通知》对新旧《办法》衔接的一系列相关事项进行了明确，有利于财务公司准确把握新版《办法》精神，贯彻落实新版《办法》要求。除此之外，《实施通知》的影响还体现在以下几方面。

第一，对业务范围缩减和新增监管指标达标等设定了明确的时限要求，对于相关业务开展较多的财务公司带来一定压力。

第二，进一步明确停止财务公司延伸产业链金融服务试点，这对于财务公司发挥自身优势、服务集团产业链、在集团内部融资需求饱和的情况下寻求业务发展空间造成了制约，也不利于发挥上游延伸产业链金融服务风险实质上小于下游买方信贷、消费信贷的业务优势。但在这种情况下，很多财务公司仍有继续争取延伸产业链金融服务试点的实际需求。

第三，固定收益类有价证券投资的细化界定范围相对有限，如虽包括企业债但仅将企业债限定为 AAA 级，且未将作为固定收益市场主流品种的公司债纳入，进一步压缩了财务公司资产配置的空间。

第四，禁止财务公司新备案代表处，对财务公司通过代表处提升异地服务品质具有一定影响。

参考文献

［1］张健华：《从功能演变看我国财务公司的发展方向》，《国有资产管理》2001 年第 7 期。

［2］付培培、凌光平：《企业集团财务公司管理办法的效应分析》，《国有资产管理》2001 年第 9 期。

［3］武传德、李蒙、孙钰雯：《试论我国财务公司金融功能博弈演进》，《银行家》2022 年第 10 期。

［4］刘汉民、韩彬：《两权分离与公司治理的演进——英美经验与我国实践》，《商业经济与管理》2022 年第 4 期。

［5］顾亮、李维安：《集团内部资本市场与成员企业价值——基于集团成立财务公

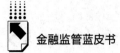

司的事件研究》,《证券市场导报》2014 年第 8 期。

[6] 蒋占华:《在新征程上展现央企财务管理新作为》,《财务与会计》2022 年第 24 期。

[7]《〈企业集团财务公司管理办法〉日前发布》,《中国注册会计师》2022 年第 11 期。

[8] 刘明康:《中国银行业监督管理委员会关于修改〈企业集团财务公司管理办法〉的决定》,《会计之友(上旬刊)》2007 年第 2 期。

[9]《企业集团财务公司管理办法》,《财务与会计》2000 年第 10 期。

B.13
气候变化引致的金融风险及监管建议

刘 亮 陈智莹*

摘 要: 气候风险已经成为金融风险的来源之一。国际社会和各国采取了一系列应对气候风险的措施。本文主要从压力测试和气候信息披露两方面,比较欧洲、英国与中国的进展。目前我国压力测试和气候信息披露进展都较为缓慢,应进一步丰富气候风险压力测试情景,并拓宽其行业覆盖范围,加快开发适应中国国情的指标和模型;同时还应逐步推进强制性气候信息披露,并尽快统一气候信息披露标准。

关键词: 气候风险 压力测试 气候信息披露

一 引言

近年来,极端天气频发带来了一系列灾难性后果。2022年夏季,全球许多国家和地区经历了异常高温天气,高温导致疾病、作物减产、河流水位下降以及水电发电大幅下降等一系列问题。欧洲在极端天气和地缘政治的影响下,更是面临有史以来最严重的能源危机。极端天气的发生频率和强度都在增加,对人类生命安全、生产和生活造成巨大影响。气候问题迅速上升为全球性热议话题。无论是渐进性的气候变化,还是突发性的极端天气,都会对经济增长、金融稳定造成严重威胁。

---

* 刘亮,经济学博士,苏州大学商学院金融系教授,主要研究方向为金融理论与政策;陈智莹,苏州大学商学院金融系在读硕士研究生,主要研究方向为金融理论与政策。

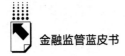
气候变化引致的金融风险问题是一项前沿性课题①。几年前，这一问题尚处于金融研究领域的边缘②，随着气候变化对经济和金融系统潜在冲击的逐渐暴露和扩大，各国监管当局和学者开始意识到气候变化是导致经济和金融系统不稳定的重大因素③，气候变化已成为系统性金融风险的重要来源④（王信，2021）。

为应对气候风险，各国设定了减排目标并作出减排承诺，同时国际组织成立了专业机构或部门指导和协调各国金融系统应对气候风险，以推动各国金融系统参与并支持绿色转型工作。这些组织或部门包括：2015 年 12 月，金融稳定理事会（FSB）成立气候相关财务信息披露工作组（Task Force on Climate-related Financial Disclosures，简称 TCFD）；2017 年 12 月，法国、中国、荷兰等 8 个国家的央行和监管机构联合成立央行和监管机构绿色金融网络（Central Banks and Supervisors Network for Greening the Financial System，简称 NGFS）；2021 年 11 月，在 COP26 会议上，国际财务报告准则基金会（IFRS）宣布了国际可持续发展标准理事会（International Sustainability Standards Board，简称 ISSB）的正式成立。专门的组织或部门的成立一方面有助于统一各类标准，例如气候相关指标和模型、压力测试情景以及信息披露的准则等；另一方面加强了各国和各地区之间的沟通、协调与合作，提供了借鉴知识和经验的平台。目前已有一些国家将气候风险纳入宏观审慎和货币政策框架中。但是总体而言，各国金融监管机构应对气候风险的进展仍然较慢。各国和地区应适度加速、稳中有序地推进绿色低碳经济的转型，在经济发展与绿色低碳转型之间寻找平衡，充分发挥金融系统的支持推动作用。

---

① 陈雨露：《当前全球中央银行研究的若干重点问题》，《金融研究》2020 年第 2 期。

② Chenet H.，"Planetary Health and the Global Financial System"，*Social Science Electronic Publishing*，2019.

③ Campiglio E.，Dafermos Y.，Monnin P.，et al.，"Climate Change Challenges for Central Banks and Financial Regulators"，*Nature Climate Change*，2018，8（340）；Lamperti F.，Bosetti V.，Roventini A.，et al.，"The Public Costs of Climate-Induced Financial Instability"，*Nature Climate Change*，2019，9（11）.

④ 王信：《审慎管理气候变化相关金融风险》，《中国金融》2021 年第 4 期。

本文将介绍气候风险对金融稳定的具体影响，以说明金融体系支持绿色转型的必要性和重要性。另外，在比较各国在气候风险压力测试和气候相关信息披露的现状的基础上，指出我国在研究领域中目前存在的不足，并提出相应的建议。

二　气候风险引致的金融风险及其影响

气候风险是指气候变化对人类社会经济金融活动带来的不确定性。气候风险具有五个特点：一是高度不确定性，由于很难预测气候风险发生的形式和时间，气候风险对生态环境和经济金融活动的影响也就无法预测；二是长期性，碳排放导致全球气温上升，由此带来的影响可能持续几十年乃至更久；三是全球性，气候风险的产生没有地域性，任何国家或地区排放的温室气体都会影响全球气温，反过来也均会受到气候变化的影响；四是非线性，这一特点使得传统量化分析手段不再适用；五是不对称性，气候风险对不同国家和家庭的影响存在不对称性。虽然气候风险影响广泛存在，但是其对低收入国家①、低收入家庭影响更大②。在实际经营中，气候变化风险可能会转化为传统的审慎风险类别，比如承销风险、市场风险、信用和交易对手风险、操作风险和战略风险等。极端气候风险可能引发系统性金融风险，甚至导致金融危机的发生。

根据风险形成的驱动因素，气候风险可分为两种类型：物理风险和转型风险。物理风险主要是指由气候变化的物理影响引起的风险。包括：（1）严重物理风险。通常由特定事件引起，特别是与天气有关的事件，如风暴、洪水、火灾或热浪，可能破坏生产设施和损害价值链。（2）慢性物理风险。一般是由气候的长期变化导致的，如温度变化、海平面上升、水资源可用性

---

① 高睿、王营、曹廷求：《气候变化与宏观金融风险——来自全球 58 个代表性国家的证据》，《南开经济研究》2022 年第 3 期。
② Bank for International Settlements, "Green Swan 2021: Coordinating Finance on Climate", August 2022.

降低、生物多样性丧失以及土地和土壤生产力的变化，所导致的各类型风险。转型风险是指企业、家庭、政府等市场主体在主动向低碳经济转型的过程中，所面临的各种不确定性，包括绿色政策的变化、技术革新、消费者和投资者观念转变等，这种不确定性与转型的速度和激烈程度相关，主要包括以下五种。（1）政策风险。例如能源效率要求、提高化石燃料价格的碳定价机制或鼓励可持续土地利用的政策所形成的政策影响。（2）法律风险。比如因未能避免或尽量减少对气候的不利影响或未能适应气候变化而引发诉讼的风险。（3）技术风险。例如，如果一项对气候破坏性较小的技术取代了一项对气候破坏性更大的技术，则将对承保业务造成明显影响。（4）市场情绪风险。当消费者和企业客户的偏好转向对气候损害较小的产品和服务的时候，企业业务经营情况将受到直接冲击。（5）声誉风险。根据市场经验，如果一家公司有破坏气候的声誉，通常情况下，它将很难吸引和留住客户、员工、商业伙伴和投资者。

通过物理风险和转型风险这两个渠道，气候风险可能影响各国乃至全球的金融稳定。根据央行和监管机构绿色金融网络（NGFS）的压力测试情景报告，物理风险和转型风险会在微观层面和宏观层面对经济产生影响，并通过影响经济再转化为信用风险、市场风险、流动性风险、承保风险、操作风险等。具体而言，在微观层面，物理风险和转型风险会对企业和家庭造成影响，例如企业和家庭的财产和收入遭受损失、企业资产沦为"搁浅资产"、生产成本上升等；在宏观层面，物理风险和转型风险会带来资产折旧、生产率下降、劳动力市场摩擦、政府收入和支出发生变化等。由此可见，气候风险带来的影响十分广泛，可能会通过影响经济体中的每个部门，最终演化为金融体系的风险。

目前，各国均已明确气候风险是金融风险的来源之一。2020年，国际清算银行（BIS）表示气候变化可能会导致"绿天鹅"事件。"绿天鹅"与"黑天鹅"相对应，都是极端的、高度不确定的、高破坏性的尾部风险事件。然而"绿天鹅"与"黑天鹅"有三方面不同：一是虽然气候风险具有高度不确定性，但物理风险和转型风险的某种组合一定会在未来发生，缓慢的转型会面临较高的物理风险和较低的转型风险，而快速的转型会带来更高的转型风险，物理风险则相应下降；二是气候风险的严重性可能高于大多数系统性金融危机；三是其复杂性更高，与物理风险和转型风险相关的复杂连锁反应和级联效应可能会产生根本无法预测的环境、地缘政治、社会和经济动态。

三 应对气候风险的国内外金融监管实践

在应对气候风险的实践中，压力测试和气候相关信息披露是被普遍实施同时进展较快的两项措施。目前，欧洲和英国在应对气候变化的进程中走在世界的前列，所以本节在介绍国际组织相关建议的同时，将具体介绍欧洲、英国以及我国的具体实践。

（一）压力测试

1. NGFS 建议的压力测试情景

2020 年 6 月，NGFS 推出了第一版气候风险压力测试情景分析框架。2021 年 6 月和 2022 年 9 月，NGFS 推出了更新后的第二版、第三版压力测试情景，两次更新均对情景进行了进一步的补充和完善。最新第三版的更新有以下几个方面：一是反映了 COP26 会议上各国作出的实现净零排放的承诺，以及在 2022 年 3 月前作出的所有承诺；二是反映了可再生能源技术和关键减排技术最新发展的数据；三是根据 IMF《2021 世界经济展望》更新了情景中的 GDP 和人口数据；四是首次包括极端天气事件（特别是飓风和河流洪水）的潜在损失预测。NGFS 不同情景下对温度目标、政策响应和技术作出不同假设，因此每个场景下的物理风险和转型风险也不同，例如温室世界情景下，物理风险将对 GDP 产生最强的负面影响，但是转型风险较小。

目前，在全球已经或计划开展气候风险压力测试的中央银行中，绝大部分中央银行使用的是 NGFS 情景。值得注意的是，FSB 和 NGFS 在 2022 年 11 月的报告中发出警告：当前的气候情景分析可能低估了气候风险和脆弱性。原因在于：一是可能无法控制与气候变化相关的尾部风险和溢出效应；

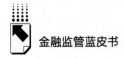

二是风险敞口和对脆弱性的度量可能存在低估；三是许多测试没有捕捉到第二轮效应①、气候风险的潜在非线性以及其他潜在的巨大风险来源。

表1　第三版NGFS压力测试情景

情景类别	具体情景	假设
有序转型	2050年净零排放	通过严格的气候政策和创新，将全球变暖限制在1.5℃，在2050年前后实现全球二氧化碳净零排放。美国、欧盟、英国、加拿大、澳大利亚和日本等一些司法管辖区的所有温室气体排放量均为零
有序转型	温度上升低于2℃	逐步收紧气候政策，使全球变暖有67%的概率限制在2℃以下
无序转型	分歧政策净零排放	在2050年左右达到净零排放，但由于各部门出台的政策不同，成本较高，导致石油的加速淘汰
无序转型	延迟转型	假设年排放量在2030年之前不会减少。需要强有力的政策将升温限制在2℃以下，且负排放是有限的
温室世界	国家自主贡献（NCDs）	纳入所有已承诺的目标，即使尚未得到有效政策的支持
温室世界	当前政策	假设只保留当前实施的策略，导致较高物理风险

资料来源：NGFS官网。

2. 欧洲

2021年，欧洲央行（ECB）开展了对整个经济体（Economy-wide）的气候风险压力测试，测试对象为全球400多万家公司和1600家欧元区银行。2022年1月启动了新一轮主要针对银行业的压力测试，测试对象包括了104家大型银行，主要目的是评估银行业应对气候风险的准备情况。两次压力测试分别采取自上而下（Top-down）和自下而上（Bottom-up）的方法。

2022年7月欧洲央行发布了新一轮压力测试的结果。本次测试收集了定性和定量信息，由三个模块组成：第一模块是关于银行气候压力测试能力的调查问卷；第二模块是通过银行间的比较分析，评估银行业务模式的可持续性及其对高碳行业的风险敞口；第三模块是自下而上的压力测试。其中第

---

① 第二轮效应是指气候变化可能导致资产价格下跌，而资产价格下跌会引发抛售，抛售会进一步压低资产价格。

三模块仅限于41家欧洲央行直接监管的银行。这次压力测试的情景基于第二版的NGFS情景，并根据本次测试需要进行了调整。其中物理风险主要关注两种极端天气：洪水和高温干旱。在转型风险方面，分了短期（3年）和长期（30年）两个维度，短期维度假设短期无序转型，长期维度下分了三种情景：有序、无序和温室世界。在这些情景下，欧洲央行对参试对象的信用风险、市场风险、操作风险和声誉风险进行了评估。测试的结果并不理想，大多数银行尚未将气候风险纳入其压力测试框架和内部模型，且银行收入高度依赖高碳行业。结果还强调了有序转型的重要性，相比无序转型或无政策行动，有序转型的成本最低。

3. 英国

2021年6月，英格兰银行开启气候双年度探索情景测试（Climate Biennial Exploratory Scenario，简称CBES），测试对象更为广泛，包括了大型银行和保险公司。CBES采用自下而上（Bottom-up）的测试方法。

2022年5月，英格兰银行公布了CBES第一轮测试的结果。在测试中，英格兰银行参考NGFS情景设置了三种情景："早期行动"（EA）、"延迟行动"（LA）、"无额外行动"（NAA），且三种情况都发生在30年内。测试结果表明：一是如果银行和保险公司不能有效应对，气候风险可能会对其盈利能力带来持续的拖累影响；二是在不同情景下，银行和保险公司承担的气候变化成本最终可能会转嫁给企业和居民部门，尤其"无额外行动"（NAA）情景下，易受物理风险影响的家庭和企业将遭受严重打击；三是及早采取行动缓解气候风险，总成本将最低。

4. 中国

2021年8月，中国人民银行组织银行业开展气候压力测试。测试对象一共有23家银行，包括2家开发性、政策性银行，6家大型商业银行，12家股份制商业银行和3家城市商业银行。

2022年2月，中国人民银行发布《2021年第四季度中国货币政策执行报告》，给出了该轮压力测试的情景和结果。在测试情景方面，主要对火电、钢铁和水泥等高碳行业进行测试，在轻度、中度和重度三种碳价情景下，以 10 年（2020～2030 年）为期考察碳排放成本上升对企业还款能力的影响，进而评估对参试银行信贷资产质量和资本充足率的影响。本轮测试结果显示，如果火电、钢铁和水泥行业企业不进行低碳转型，在压力情景下，企业的还款能力将出现不同程度的下降，但由于参试银行火电、钢铁和水泥行业贷款占全部贷款比重不高，整体资本充足率在压力情景下均能满足监管要求，均通过了气候风险压力测试。但本次测试中，仍存在碳排放信息数据披露程度低、测试方法不完善、对气候风险的整体认知仍不成熟等问题。

5.对压力测试的总结

从以上进展来看，我国气候压力测试的广度和深度都存在局限性。首先压力测试的对象仅为银行业，且参试银行数量较少，金融业所覆盖的行业和数量有限。其次压力测试的设置较为简单。测试情景方面，只考虑了三种不同程度的碳价上升情景；风险维度方面，没有在情景中考虑物理风险的影响；测试期限方面，时间跨度较短，未能充分反映气候风险影响的长期性。

总的来说，目前各地气候压力测试结果都体现了尽快、主动地向绿色低碳转型的重要性，虽然可能伴有转型成本的上升，但是总成本仍旧是最低的。另外，目前各地的测试结果仅具有前瞻性的指导意义，尚未对金融机构实际的资本监管产生影响。

表 2 欧洲、英国和中国的压力测试比较

国家/地区	最新测试时间	测试对象	情景设置	评估期限	涉及的气候风险类型
欧洲	2022 年 1 月	银行业	物理风险：洪水、高温干旱；转型风险：短期无序转型、长期转型（分为有序、无序、温室世界三个情景）	短期（3 年）和长期（30 年）	物理风险、转型风险
英国	2021 年 6 月	大型银行和保险公司	早期行动（EA）、延迟行动（LA）、无额外行动（NAA）	30 年	物理风险、转型风险
中国	2021 年 8 月	银行业	轻度、中度和重度三种碳价情景	10 年	仅转型风险

（二）气候信息披露

2021 年 7 月，FSB 发布了《应对气候相关金融风险路线图》，其中第一个方面就是气候信息披露。建立统一的气候信息披露框架有利于提高各国气候信息的一致性、可比性，有利于气候相关风险的科学度量和定价，进而引导资本配置向绿色低碳倾斜。

1.国际气候信息披露标准

2017 年，气候相关财务信息披露工作小组（TCFD）发布《实施气候相关财务信息披露的建议》，提出包含治理、战略、风险管理、指标和目标四个方面的信息披露框架，围绕四个方面分别提出了 11 项具体的披露内容（具体见表 3）。TCFD 的气候信息披露框架是目前影响最为广泛的披露标准，截至2022 年 10 月，全球共有 3900 多家机构支持该披露框架。TCFD 每年均会发布年度进展报告，TCFD《2022 现状报告》中提到，近 5 年来披露信息的公司比例持续增长，并且公司从 2017 年的按照平均 1.4 项建议进行披露上升至 2021年的按照平均 4.2 项建议进行披露，但是目前的披露进展尚未达到预期。

表 3　TCFD 的气候信息披露框架

核心要素	内涵	建议披露的具体内容
治理	披露机构关于气候相关风险和机遇的治理	①描述董事会对气候相关风险和机遇的监督； ②描述管理层在评估和管理气候相关风险和机遇方面的作用
战略	披露与气候相关的风险和机遇对机构业务、战略和财务计划的实际和潜在影响	①描述机构在短期、中期和长期内识别的与气候相关的风险和机遇； ②描述气候相关风险和机遇对机构业务、战略和财务规划的影响； ③考虑不同的气候相关情景（包括 2°C 或更低的情景），描述组织战略的弹性
风险管理	披露机构如何识别、评估和管理气候相关风险	①描述机构识别和评估气候相关风险的流程； ②描述机构管理气候相关风险的流程； ③描述如何将识别、评估和管理气候相关风险的流程整合到机构的总体风险管理中

核心要素	内涵	建议披露的具体内容
指标和目标	披露用于评估和管理与气候相关的风险和机遇的指标和目标	①披露机构根据其战略和风险管理流程评估气候相关风险和机遇所使用的指标； ②披露"范围1"、"范围2"和"范围3"的温室气体排放量以及相关风险； ③描述机构用于管理与气候相关的风险和机遇的目标以及目标绩效

资料来源：FSB官网。

　　TCFD的气候信息披露框架总体上仍然是笼统、模糊的，因此国际社会也正在推动制定更为详尽、实用的气候相关财务信息披露标准。2022年3月，国际可持续发展标准理事会（ISSB）发布了《可持续发展相关财务信息披露的一般要求》和《气候相关披露》两份征求意见稿。这两份文件以TCFD的建议为基础，进一步纳入了基于行业的披露要求。目前公开征求意见流程已经结束，将于2023年发布最终标准。

　　2.欧洲

　　欧洲目前已通过立法强制要求企业披露气候相关信息。2021年4月，欧盟委员会发布《公司可持续发展报告指令》（CSRD）草案并于2022年11月通过欧洲议会审议。首先，CSRD适用于所有大型企业和上市公司（微型企业除外）；其次，CSRD要求企业和金融机构聘请审计师或其他独立机构对ESG报告进行审计；最后，欧盟委员会授权欧洲财务报告咨询组（EFRAG）负责欧盟可持续发展标准报告（ESRS）的起草。EFRAG已于2022年11月向欧盟委员会提交了12份ESRS草案，这些草案在征求成员国和机构意见后，将在2023年6月确定最终标准。12份草案中涉及5个环境报告准则，包括气候变化、污染、水与海洋资源、生物多样性与生态系统、循环经济，其中气候变化报告准则对气候相关的信息披露要求做了详尽的说明，并且对披露的具体格式和形式做了示例。ESRS的正式实施将有助于欧盟加快气候信息披露的进程，提高其相关信息的一致性、可比性和可用性。

3. 英国

2020 年,英国成为首个强制实施气候信息披露的国家。英国从 2021 年开始逐步强制性要求大型上市公司和金融机构披露 TCFD 报告,首批被强制性要求披露 TCFD 报告的为英国审慎监管局(PRA)监管的保险公司、银行、建房互助协会和超过 50 亿英镑的职业养老金计划。英国政府计划 2023 年实现大部分企业的气候信息强制披露,2025 年实现所有企业的气候信息强制披露。

4. 中国

目前我国还未强制要求企业和金融机构进行气候信息披露,但是也在不断完善气候信息披露制度。2021 年 7 月,中国人民银行发布《金融机构环境信息披露指南》,鼓励金融机构每年至少对外披露一次环境信息,并对金融机构环境信息披露形式、频次、应披露的定性及定量信息等提出要求。2021 年 9 月,中国人民银行印发《金融机构环境信息披露操作手册(试行)》和《金融机构碳核算技术指南(试行)》,组织绿色金融改革创新试验区部分金融机构探索开展金融机构碳核算和试编制环境信息披露报告。2021 年 12 月,生态环境部印发了《企业环境信息依法披露管理办法》和《企业环境信息依法披露格式准则》,为企业披露包括温室气体排放在内的环境信息提供了政策依据。2022 年 2 月 8 日,生态环境部正式施行《企业环境信息依法披露管理办法》和格式准则,明确了国内企业环境信息披露的具体要求。

深圳市在强制性环境信息披露方面走在全国前列。2021 年 3 月,《深圳经济特区绿色金融条例》实施,但是其环境信息披露规定中并未明确要求披露气候相关信息。

5. 对气候信息披露的总结

与其他国家相比,我国目前气候信息披露存在以下问题:一是仍未有法律法规支持强制性气候信息披露,虽然鼓励企业和金融机构披露相应信息,但是由于气候风险管理需要付出成本而且短期收益不明显,企业和金融机构披露的积极性不高且披露质量参差不齐;二是还未确定气候信息披露的标准,

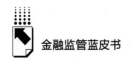
披露内容有待细化。强制性气候信息披露应以统一的标准和细化的内容为基础，以便为信息披露提供方向并且也有利于提高信息的一致性与可用性。

四　我国应对气候风险的监管政策建议

我国目前在气候风险的应对和监管方面任重而道远，要加强经济和金融体系面对气候风险的韧性，加快我国气候风险的应对进程。应完善顶层设计，继续推进压力测试和信息披露的进度，并加强与国际组织、其他国家和地区的合作，共同应对气候风险。

（一）完善顶层设计，平衡好经济发展与气候风险管理

一是制定绿色转型路线图。目前我国已经确定了"双碳"目标，应进一步制定具体的行动路线图，为重要的减排工作设置对应时间节点，并根据路线图有序开展绿色转型。制定绿色转型路线图时，应充分考虑我国作为发展中国家的国情，在经济稳定发展的基础上有序推进转型。二是设立专门机构制定标准并协调各部门工作。气候风险的应对和监管涉及众多部门，并且需要制定较多详细的标准与规定。建议设立应对气候风险的专门机构，吸收不同方面的专家与人才，负责制定全国通用的、与国际接轨的可持续发展标准，避免各部门发布的标准不一。同时此专门机构还可以负责协调中国人民银行、生态环境部、银保监会等不同部门的气候相关工作，降低沟通成本并提高工作效率。三是注重引导和激励企业和金融机构制订自身的转型计划。宏观的转型目标需要落实到微观个体，提高企业和金融机构对气候风险的认识，增强企业和金融机构精准识别和管理风险的能力，并对表现优秀的企业和金融机构进行激励，将优秀实践进行推广。

（二）加快推进气候风险压力测试和气候相关信息的披露

在压力测试方面，首先应丰富压力测试情景。我国应在 NGFS 情景基础上，根据自身产业结构和经济发展阶段对测试情景进行改进和扩充，在情景

中纳入物理风险对经济的影响，选择对我国影响较大的极端天气事件进行测试。其次，应进一步完善气候风险度量指标和模型，考虑气候变化影响的长期性和非线性特征。最后，拓宽压力测试的行业覆盖范围。除了银行业，保险业和证券业也容易受到气候风险的冲击。我国应尽快将更多金融机构纳入压力测试范围，以更加全面准确地反映我国金融系统所面临的气候风险。

在气候相关信息披露方面，应根据我国的行业、产业情况等制定与TCFD框架接轨的信息披露标准，设置详细的披露内容和模板，以提高披露信息的统一性和质量。与此同时，通过出台相应的法律法规，逐步推广强制性的气候信息披露，先从大型企业着手，再逐渐拓展至中小型企业。此外，还需引入第三方机构对所披露的信息进行审计，加强对信息质量的约束。

（三）进一步加强国际合作

气候问题一旦发生，便将在全球范围内蔓延，各国均无法独立应对，也不可能独善其身。由于气候风险具有显著的负外部性特征，可能会存在"搭便车"行为，国际合作也就更为重要。我国作为发展中国家代表，应主动参与各项气候相关标准的协商与制定，主张发展中国家的利益，应积极履行自身的减排承诺，树立负责任的大国形象，起到示范引导作用。同时，加强与各个国际组织、不同国家与地区的协调与合作，推进各项进程，促进各国携手共同应对气候风险。

参考文献

［1］ Bank for International Settlements，"Green Swan 2021：Coordinating Finance on Climate"，August 2022.

［2］ Bank for International Settlements，"The Green Swan：Central Banking and Financial Stability in the Age of Climate Change"，January 2020.

［3］ Bank of England，"Results of the 2021 Climate Biennial Exploratory Scenario（CBES），May 2022.

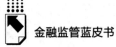
［4］ Campiglio E., Dafermos Y., Monnin P., et al., "Climate Change Challenges for Central Banks and Financial Regulators", *Nature Climate Change*, 2018, 8 (340).

［5］ Chenet H., "Planetary Health and the Global Financial System", *Social Science Electronic Publishing*, 2019.

［6］ Lamperti F., Bosetti V., Roventini A., et al., "The Public Costs of Climate-Induced Financial Instability", *Nature Climate Change*, 2019, 9 (11).

［7］ European Central Bank, "2022 Climate Risk Stress Test", July 2022.

［8］ Financial Stability Board, "Climate Scenario Analysis by Jurisdictions", November 2022.

［9］ Financial Stability Board, "FSB Roadmap for Addressing Climate-Related Financial Risks", July 2021.

［10］ Network for Greening the Financial System, "Annual Report 2021", March 2022.

［11］ Network for Greening the Financial System, "NGFS Scenarios for Central Banks and Supervisors", September 2022.

［12］ Task Force on Climate-related Financial Disclosures, "Recommendations of the Task Force on Climate-related Financial Disclosures", June 2017.

［13］ Task Force on Climate-related Financial Disclosures, "2022 Status Report", October 2022.

［14］陈雨露：《当前全球中央银行研究的若干重点问题》，《金融研究》2020年第2期。

［15］高睿、王营、曹廷求：《气候变化与宏观金融风险——来自全球58个代表性国家的证据》，《南开经济研究》2022年第3期。

［16］王信：《审慎管理气候变化相关金融风险》，《中国金融》2021年第4期。

［17］中国人民银行货币政策分析小组：《2021年第四季度中国货币政策执行报告》，2022年2月。

［18］于孝建、詹爱娟：《基于碳税冲击的我国商业银行气候转型风险压力测试分析》，《南方金融》2021年第6期。

Abstract

Faced with the complex and severe international situation and the test of "triple pressures" of shrinking demand, supply shock and weakening expectations, China's financial regulators have further promoted reform and innovation in China's financial regulation while stabilizing growth and preventing risks. The report to the 20th National Congress of the Communist Party of China pointed out that modern financial supervision should be strengthened and improved, and the financial stability guarantee system should be strengthened. The disposal of problem financial institutions is one of the key steps to maintain financial stability and guarantee the high-quality development of the financial industry. In the present and future period, it is one of the key points to improve the financial supervision system to improve the financial risk disposal mechanism and the problem of financial institutions, improve the effectiveness of risk disposal. In 2022, China's banking regulatory work focused on the three tasks of risk mitigation, reform and development, steadily and orderly defuse risks in real estate and small and medium-sized financial institutions, and continued to improve the regulatory system. We deepened the reform of securities regulation, deepened the reform of the registration system, and continued to build basic institutions in key areas such as issuance, trading and information disclosure. We accelerated the development of a modern capital market with Chinese characteristics. The supervision of the insurance industry has been continuously promoted in such aspects as perfecting the operation norms of property insurance and endowment insurance, strengthening the protection of consumers' rights and interests, and strengthening the management of related transactions of banking and insurance institutions. The regulatory tone of trust industry has changed from strict regulation to steady

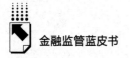

regulation, but the hidden risks and regulatory pressure are still prominent. Foreign exchange management effectively prevented and defused the risks of external shocks, intensified the operation and management of foreign exchange reserves, and achieved overall stability in the size of foreign exchange reserves. Looking ahead to 2023, we should continue to guard against and defuse financial risks, improve the mechanism for handling financial risks, improve the modern financial regulatory system, strengthen financial services to serve the real economy, deepen the high-level opening up of the financial sector, and do a good job in preventing and defusing risks in key areas. In particular, we will further coordinate development and security in such areas as insuring small and medium-sized banks, managing local government debt, reforming the local financial regulatory system, reforming and supervising rural credit cooperatives, financial management of enterprise groups, and climate risk and regulation.

Keywords: Financial Regulation; Problematic Financial Institutions; Reform of the Regulation System

Contents

I General Reports

Abstract: The disposal of problem financial institutions is one of the key steps to maintain financial stability and ensure the healthy development of the financial industry. It is also an important measure to deepen the structural reform of the financial supply side and promote the high-quality development of the financial industry. As an important part of the financial regulation system, the goal of the disposal of problem financial institutions mainly includes maintaining the overall stability of the financial system, ensuring the sustainability of key financial functions and protecting stakeholders. At present, developed economies such as the United States, the United Kingdom and the European Union have established relatively complete risk disposal mechanisms for troubled financial institutions, which have been perfected from the aspects of legal system construction, risk disposal subject, disposal process and disposal fund source, etc. From the perspective of risk disposal practices in recent years, good results have been achieved. Along with the increasing interrelation and complexity of Chinese financial markets, the difficulty of the disposal of financial institutions has also risen. Although the construction of standardized disposal mechanism has been completed initially, there are still some

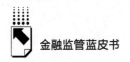

problems to be solved urgently. Based on this, in the future, our country should improve the top-level design, improve the relevant legal system, coordinate the division of responsibilities of various departments, formulate the optimal disposal strategy to meet the disposal objectives, choose the appropriate form of disposal, improve the effectiveness of risk disposal, fully guarantee the rights of depositors and ensure the sound operation of the financial system.

Keywords: Problem Financial Institutions; Financial Risk Disposal; Financial Stability; Financial Regulation

B.2 Financial Supervision in China: A Review of Major Events in 2022   *Yin Zhentao, Hou Shuqi* / 033

Abstract: Faced with the complicated and severe international environment and the test of "threefold pressure" of shrinking demand, supply shock and weaker expectation, China's financial supervision institutions have further promoted the reform and innovation of financial supervision in China while helping to stabilize the macro-economic market. In 2022, the financial regulatory authorities have made outstanding achievements in assisting the recovery of the real economy, continuously resolving financial risks, further improving regulatory rules, enhancing the level of financial services, expanding high-level financial openness to the outside world, standardizing green financial development, developing high-quality financial technology and accelerating the construction of a personal pension system. This report sorts out the major domestic financial regulatory events in 2022, summarizes the views of various parties, gives corresponding comments, and looks forward to 2023.

Keywords: Financial Supervision; Stability Guarantee; Prevent Risk

Ⅱ   Sub-reports

B.3   Annual Report of Banking Regulatory Report in 2022

Bai Xiaowei, Li Yufeng and Ba Jinsong / 052

Abstract: In 2022, China's banking regulatory work closely revolves around the three major tasks of risk management, reform, and development, guiding the banking industry to increase support for key areas of the economy, steadily and orderly resolving risks in real estate and small and medium-sized financial institutions, continuously improving the regulatory system, continuously deepening the reform and opening up of the banking industry, and maintaining overall stability of the banking system. Looking ahead to 2023, it is expected that banking regulation will continue to adhere to the overall tone of seeking progress while maintaining stability. On the one hand, we will increase financial support for the consumer sector, highlight the work of stabilizing growth, employment, and prices, and fully support the overall improvement of economic development; On the other hand, prevention and resolution of systemic risks should be given top priority, efforts should be made to promote the normal circulation of finance and real estate, accelerate the risk response of small and medium-sized banks, and effectively respond to the rebound of credit risks. At the same time, we should focus on corporate governance, continuously strengthen the construction of financial institution governance framework, and take multiple measures to continuously improve the effectiveness of supervision.

Keywords: Bank; Systemic Risks; Financial Supervision

B.4   Annual Report of Securities Regulation in 2022

Xing Yan, Yang Guang and Li Siming / 086

Abstract: The international situation in 2022 was stormy, but the overall

performance of the capital market was stable, withstanding the impact of multiple adverse factors that exceeded expectations. The regulatory authorities will build a modern capital market with Chinese characteristics, advance the capital market reform system, and enhance the ability to serve the real economy. Equity, bond financing scale maintained a record high. The "third arrow" was released to support the expansion of financing for real estate enterprises. The foundation of the comprehensive registration system reform has been consolidated, the regular delisting work continues to advance, the management level of listed companies has been improved, and the financial audit issues of China concept shares have reached consensus. Risks such as bond defaults were handled prudently, which created a sound financial environment for the Party's 20 victories.

Keywords: Securities Industry; Registration System; Direct Financing

B.5 Annual Report on China's Insurance Supervision and Regulation in 2022 *Fan Lingjian* / 110

Abstract: In 2022, China's insurance premium income showed a significant increase. The regulatory authorities have adhered to the development concept of putting the people at the center, continued to promote the supply side structural reform of the insurance industry, continuously improved the operation and management standards of insurance businesses such as property insurance and pension insurance, strengthened consumer rights protection work, deepened the reform of the insurance asset management industry, strengthened the management of related party transactions of banks and insurance institutions, and improved the supervision and evaluation mechanism of insurance institutions, And actively support and encourage the banking and insurance industry to serve the national strategy and promote high-quality socio-economic development. In 2023, the regulation of the insurance industry will be further deepened, including the use of insurance funds, digital transformation of the insurance industry, and its regulation.

Keywords: Insurance Regulatory Insurance; Asset Management; Related Party Transactions

B.6 Annual Report of Trust Regulation in 2022

Yuan Zengting / 133

Abstract: The regulation of the trust industry has entered a "post-adjustment period" starting from 2022, and the tone will gradually shift from "strict regulation" to "relaxed regulation". The "transformation and adjustment period", which is determined by the new asset management regulations and its rectification period, ended last year. However, the trust business situation is still grim, hidden risks and regulatory pressure is still prominent. This may be typical of the post-adjustment period. The business scale of the trust industry began to stabilize after the ongoing impact of the COVID-19 pandemic between 2020 and 2022, but the deterioration of major financial performance indicators has not been reversed. We expect the post-adjustment period to last for several years as there are still great uncertainties in both the internal and external macro environment of the industry. The most important regulatory policy for 2022 is the trust business classification notice issued by the CBIRC at the end of the year.

Keywords: Trust Industry Regulation; Trust Business Classification; Adjustment Period

B.7 The Annual Report of Foreign Exchange Management in 2022

Lin Nan / 151

Abstract: In 2022, foreign exchange management created a good environment to accelerate the construction of a new development pattern. Maintain the dynamic stability of the RMB exchange rate and the equilibrium of balance of

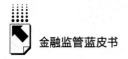

金融监管蓝皮书

payments balance, which help to build a new development pattern and promote high-quality development. The implementation of the cross-border trade facilitation policy had taken effect, the new trade formats under the trade power strategy had been developed in a standardized manner, and the coverage of the high-quality enterprise trade foreign exchange revenue and expenditure facilitation policy had been expanding. Foreign exchange management of capital accounts, coordinated development and security, improved cross-border investment and financing facilitation, and steadily and orderly promoted high-level opening of capital accounts and RMB internationalization. On the whole, foreign exchange assistance to enterprises and reform and opening up had been effective, trade facilitation had been steadily improved, cross-border financing for enterprises had been further facilitated, enterprise exchange rate risk management services had been continuously improved, and the convenience of cross-border investment and financing for investors had been steadily improved. Under the new development pattern, the stability of the RMB exchange rate and the security of the balance of payments are crucial. Foreign exchange reserves are an important guarantee against external shocks. The net outflow pressure of cross-border short-term capital flows is still large. We should maintain the security of the balance of payments and promote the internationalization of the RMB in an orderly manner, deepen the reform and opening up of the foreign exchange field and improve the management of the foreign exchange market, prevent cross-border short-term capital movements and external shock transmission risks, and achieve the coordination between the prevention of external shocks and the orderly promotion of RMB internationalization.

Keywords: Foreign Exchange Management; New Development Pattern; RMB Internationalization

280

Ⅲ   Special Reports

B . 8   Optimize Merger and Restructuring Measures to Promote
Small and Medium-sized Banks to Resolve Risks

Wang Gang , Chang Haoran and Guo Zhiyuan / 174

Abstract: At present, China's small and medium-sized banks have high risk, concentrated distribution, and difficult capital replenishment. Merger and restructuringhas become an important means of resolve risk. However, in the practice of resolve risk, the merger and restructuring of small and medium-sized banks face a series of challenges, such as the strong leadership of local governments, the limited scope of merger and restructuring, the insufficient means, the unsustainable support measures, and the lack of empowerment at the industrial and social levels. International experience shows that merger and restructuring is a strategic measure to promote the structural optimization of a country's banking industry. The key to success is to adhere to the priority of quality, seize the opportunity and do a good job in policy coordination. It is suggested to enhance the position of merger and restructuring measures in the risk resolve toolbox of small and medium-sized banks in China, strengthen the principle of marketization promotion under the support of administrative guidance, appropriately liberalize the geographical and institutional restrictions of merger and restructuring, enrich the means, and implement precise policies for urban, rural commercial banks and village banks. Encourage strong and weak mergers, support strong and weak mergers, and strictly control weak and weak mergers. At the same time, improve supporting policies from multiple perspectives.

Keywords: Small and Medium-sized Banks; Merging and Reorganization; Risk Resolution

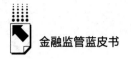
金融监管蓝皮书

B.9 Research on Local Government Debt Management

Cao Jing / 184

Abstract: In 2022, under the background of the increasing downward pressure on the economy and the tightening supervision of implicit debt, China accelerated local government bond issuance to stabilize investment, while the scale of urban investment bonds declined significantly. The "advance" of special-purpose bonds and the "retreat" of urban investment bonds highlight the policy orientation of seeking balance between stable growth and risk prevention. Relevant departments adhered to the regulatory idea of "opening the front door and closing the back door strictly", and continued to optimize local government debt management. On the one hand, innovate the issuance mechanism of local government bonds, reasonably expand the scope of use of special-purpose bonds, and improve the government debt management system. On the other hand, debt of local government financing vehicles was regulated differently, strengthen punishment and accountability of increasing the implicit debt illegally, insist on preventing and resolving debt risks during the high-quality development process.

Keywords: Government Debt Management; Local Government Bond; Urban Investment Bond

B.10 Construction of Local Financial Supervision System:
Progress, Weaknesses and Suggestions

Zheng Liansheng, Meng Yajing / 202

Abstract: After the Third Plenary Session of the 18th CPC Central Committee, China has gradually built and improved a financial supervision system that combines central supervision with local supervision. With the continuous development and increasing complexity of the financial industry, the importance of local financial supervision in preventing and defusing financial risks and establishing a macro-prudential supervision system has become increasingly prominent. This paper firstly introduces the development process of China's local financial supervision system construction, and reviews the progress of China's local financial supervision legislation. It is found that more than half of China's provincial administrative units have issued programmatic financial supervision regulations, and continue to rely on practical experience to promote the introduction of classified supervision measures. At the same time, the past practice has exposed the weaknesses and deficiencies of the existing local financial supervision system, which are mainly reflected in the lack of upper legal division of responsibilities in local financial supervision, the inconsistency of central and local financial supervision objectives, the difficulties of horizontal coordination between different institutions and between different local governments, and the new challenges brought by the emerging financial technology. Finally, this paper puts policy recommendations on the existing regulatory weaknesses.

Keywords: Local Financial; Public Management; Supervision Coordination; Financial Stability

B.11　Study on the Reform and Supervision of Rural Credit

　　Cooperatives　　　　　　　　　　　　　*Zhang Heng* / 219

　　Abstract: As the main force of rural finance in our country, rural credit cooperatives play a vital role in the reform and development of rural financial service system during the difficult exploration process from "unified leadership" to "collection of management rights", from "private" to "government-run". Since the 18th National Congress of the CPC, further deepening the reform of rural credit cooperatives has become the difficulty and focus of the current financial system reform under the background of comprehensively promoting rural revitalization. Therefore, under the triple pressure of shrinking demand, supply shock and weakening expectations, accelerating the reform of rural credit cooperatives is not only the driving force to achieve high-quality development of

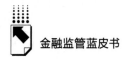

rural finance, but also the necessary connotation to help rural revitalization and achieve common prosperity. Based on the analysis of the development status and reform results of rural credit cooperatives, this report deeply analyzes the existing problems and deficiencies in the reform and supervision of rural credit cooperatives, and according to these problems, puts forward countermeasures and suggestions to deepen the reform and supervision of rural credit cooperatives and promote the high-quality development of rural finance.

Keywords: Rural Credit Cooperative; Structural Reform; Rural Revitalization

B. 12   Research on the New Measures for Managing Finance

Companies of Enterprise Groups and Its Implications

Wang Heng / 236

Abstract: In order to implement the requirements of high-quality development and emphasize the industry positioning of financial companies, China Banking and Insurance Regulatory Commission has revised the new Measures for the Administration of Enterprise Group Financial Companies. This paper studies the main revision content and its impact: new Measures focus on raising industry standards and expanding the openness, adjusting the scope of business and implementing hierarchical supervision, increasing regulatory indicators and strengthening risk warning, strengthening corporate governance and shareholder equity supervision, improving the risk disposal and exit mechanism. This reflects the idea of returning to the origin and strengthening the regulation of key links. The new Measures standardize the main responsibilities of financial companies to focus on serving the real economy and clarify their development direction, guide them to pay attention to the effectiveness and integrate into the new pattern of high-quality development, highlight the function of treasurer and deepen service innovation, improve management and reshape the ecology of relevant industries. The new Measures have a broad and profound impact on China's economic and social development and the progress of financial industry.

Keywords: Enterprise Group Finanical Companies; Corporate Governance; Shareholder Regulation; Risk Prevention

B.13 Climate Risk Management and Regulation

Liu Liang, Chen Zhiying / 259

Abstract: Climate risk has become one of the sources of financial risk. The international community and countries have taken a series of measures to deal with climate risk. This paper compares the progress of Europe, the United Kingdom and China from the aspects of stress test and climate-related disclosures. At present, the progress of stress test and climate-related disclosures in China is relatively slow. We should further enrich the stress test scenarios, expand its industry coverage, and speed up the development of indicators and models adapted to China's national conditions; and we should also gradually promote mandatory climate-related disclosures and unify the standards for disclosure as soon as possible.

Keywords: Climate-related Risk; Stress Test; Climate-related Disclosures

皮 书

智库成果出版与传播平台

❖ 皮书定义 ❖

皮书是对中国与世界发展状况和热点问题进行年度监测，以专业的角度、专家的视野和实证研究方法，针对某一领域或区域现状与发展态势展开分析和预测，具备前沿性、原创性、实证性、连续性、时效性等特点的公开出版物，由一系列权威研究报告组成。

❖ 皮书作者 ❖

皮书系列报告作者以国内外一流研究机构、知名高校等重点智库的研究人员为主，多为相关领域一流专家学者，他们的观点代表了当下学界对中国与世界的现实和未来最高水平的解读与分析。截至2022年底，皮书研创机构逾千家，报告作者累计超过10万人。

❖ 皮书荣誉 ❖

皮书作为中国社会科学院基础理论研究与应用对策研究融合发展的代表性成果，不仅是哲学社会科学工作者服务中国特色社会主义现代化建设的重要成果，更是助力中国特色新型智库建设、构建中国特色哲学社会科学"三大体系"的重要平台。皮书系列先后被列入"十二五""十三五""十四五"时期国家重点出版物出版专项规划项目；2013~2023年，重点皮书列入中国社会科学院国家哲学社会科学创新工程项目。

皮书网

（网址：www.pishu.cn）

发布皮书研创资讯，传播皮书精彩内容
引领皮书出版潮流，打造皮书服务平台

栏目设置

◆ **关于皮书**

何谓皮书、皮书分类、皮书大事记、
皮书荣誉、皮书出版第一人、皮书编辑部

◆ **最新资讯**

通知公告、新闻动态、媒体聚焦、
网站专题、视频直播、下载专区

◆ **皮书研创**

皮书规范、皮书选题、皮书出版、
皮书研究、研创团队

◆ **皮书评奖评价**

指标体系、皮书评价、皮书评奖

◆ **皮书研究院理事会**

理事会章程、理事单位、个人理事、高级
研究员、理事会秘书处、入会指南

所获荣誉

◆ 2008 年、2011 年、2014 年，皮书网均
在全国新闻出版业网站荣誉评选中获得
"最具商业价值网站"称号；
◆ 2012 年，获得"出版业网站百强"称号。

网库合一

2014 年，皮书网与皮书数据库端口合
一，实现资源共享，搭建智库成果融合创
新平台。

皮书网

"皮书说"
微信公众号

皮书微博

权威报告·连续出版·独家资源

皮书数据库
ANNUAL REPORT(YEARBOOK)
DATABASE

分析解读当下中国发展变迁的高端智库平台

所获荣誉

- 2020年，入选全国新闻出版深度融合发展创新案例
- 2019年，入选国家新闻出版署数字出版精品遴选推荐计划
- 2016年，入选"十三五"国家重点电子出版物出版规划骨干工程
- 2013年，荣获"中国出版政府奖·网络出版物奖"提名奖
- 连续多年荣获中国数字出版博览会"数字出版·优秀品牌"奖

皮书数据库

"社科数托邦"
微信公众号

成为用户

登录网址www.pishu.com.cn访问皮书数据库网站或下载皮书数据库APP，通过手机号码验证或邮箱验证即可成为皮书数据库用户。

用户福利

- 已注册用户购书后可免费获赠100元皮书数据库充值卡。刮开充值卡涂层获取充值密码，登录并进入"会员中心"—"在线充值"—"充值卡充值"，充值成功即可购买和查看数据库内容。
- 用户福利最终解释权归社会科学文献出版社所有。

社会科学文献出版社 皮书系列
SOCIAL SCIENCES ACADEMIC PRESS (CHINA)
卡号：576179861211
密码：

数据库服务热线：400-008-6695
数据库服务QQ：2475522410
数据库服务邮箱：database@ssap.cn
图书销售热线：010-59367070/7028
图书服务QQ：1265056568
图书服务邮箱：duzhe@ssap.cn

S 基本子库
SUB DATABASE

中国社会发展数据库（下设 12 个专题子库）

　　紧扣人口、政治、外交、法律、教育、医疗卫生、资源环境等 12 个社会发展领域的前沿和热点，全面整合专业著作、智库报告、学术资讯、调研数据等类型资源，帮助用户追踪中国社会发展动态、研究社会发展战略与政策、了解社会热点问题、分析社会发展趋势。

中国经济发展数据库（下设 12 专题子库）

　　内容涵盖宏观经济、产业经济、工业经济、农业经济、财政金融、房地产经济、城市经济、商业贸易等 12 个重点经济领域，为把握经济运行态势、洞察经济发展规律、研判经济发展趋势、进行经济调控决策提供参考和依据。

中国行业发展数据库（下设 17 个专题子库）

　　以中国国民经济行业分类为依据，覆盖金融业、旅游业、交通运输业、能源矿产业、制造业等 100 多个行业，跟踪分析国民经济相关行业市场运行状况和政策导向，汇集行业发展前沿资讯，为投资、从业及各种经济决策提供理论支撑和实践指导。

中国区域发展数据库（下设 4 个专题子库）

　　对中国特定区域内的经济、社会、文化等领域现状与发展情况进行深度分析和预测，涉及省级行政区、城市群、城市、农村等不同维度，研究层级至县及县以下行政区，为学者研究地方经济社会宏观态势、经验模式、发展案例提供支撑，为地方政府决策提供参考。

中国文化传媒数据库（下设 18 个专题子库）

　　内容覆盖文化产业、新闻传播、电影娱乐、文学艺术、群众文化、图书情报等 18 个重点研究领域，聚焦文化传媒领域发展前沿、热点话题、行业实践，服务用户的教学科研、文化投资、企业规划等需要。

世界经济与国际关系数据库（下设 6 个专题子库）

　　整合世界经济、国际政治、世界文化与科技、全球性问题、国际组织与国际法、区域研究 6 大领域研究成果，对世界经济形势、国际形势进行连续性深度分析，对年度热点问题进行专题解读，为研判全球发展趋势提供事实和数据支持。

法律声明